Bartz

Gespräche mit Schülern und Eltern führen

Anregungen und Hilfen für die Beziehungs- und Kommunikationsgestaltung

Adolf Bartz

GESPRÄCHE MIT SCHÜLERN UND ELTERN FÜHREN

Anregungen und Hilfen für die Beziehungs- und Kommunikationsgestaltung

RITTERBACH
VERLAG

Impressum

Reihe: Professionalität weiterentwickeln – Wirksamkeit stärken

Titel: Gespräche mit Schülern und Eltern führen

Autor: Adolf Bartz

ISBN: 978-3-86837-132-1

Bildnachweis:
S. 3–5, 11, 39, 91, 133, 183, 227 © Fotolia

Layout/Gestaltung: af grafik – Annika Funck, Hürth

2014 Printed in Germany

www.schul-welt.de

Auf zertifiziertem FSC-Papier gedruckt

Alle im Download befindlichen Vorlagen finden Sie unter: www.schul-welt.de/lp001.html

PDF

GESPRÄCHE MIT SCHÜLERN UND ELTERN FÜHREN

Anregungen und Hilfen für die Beziehungs- und Kommunikationsgestaltung

Inhaltsübersicht

3 MIT BESCHWERDEN UMGEHEN

4 GESPRÄCHE FÜHREN

5 GESPRÄCHSTYPEN UND DIE GESPRÄCHSTYPISCHE PHASENSTRUKTUR

6 FAZIT

7 LITERATUR

VORWORT

Unterrichten ist das Kerngeschäft von Lehrerinnen und Lehrern, aber ihre Aufgabenbereiche sind weit umfassender. Dabei ist die Beziehungs- und Kommunikationsgestaltung mit den Schülerinnen und Schülern sowie den Eltern von besonderer Bedeutung, denn die Beziehung ist die Grundlage für Lernen und damit auch für die Förderung der Entwicklung und des Lernens von Kindern und Jugendlichen.

Während Gespräche mit Schülerinnen und Schülern in der Regel eher wenig Probleme bereiten, werden Elterngespräche häufig als schwierig erlebt. Das hat damit zu tun, dass die Rollenbeziehung zwischen Schülern und Lehrern klarer ist als die zwischen Lehrern und Eltern. Zudem ist die Beziehung zu den Schülern eher kontinuierlich, die mit den Eltern dagegen eher punktuell. Das bietet viel Spielraum für wechselseitige Fantasien und Projektionen und das kann auch wechselseitige Ängste hervorrufen. Der Schwerpunkt der Darstellung liegt deshalb bei Klärungs- und Praxishilfen, wie (schwierige) Elterngespräche professionell geführt werden können.

Das Werk spricht die vier Dimensionen professioneller Kompetenz an:

- ✓ **Die Selbstkompetenz:** Dabei geht es um die Klärung der eigenen Rolle, der Aufgaben und Verantwortlichkeit. Es geht um die Werte, die dem professionellen Handeln zugrunde liegen, und um die Entwicklung einer professionellen Haltung, ohne die auch die raffiniertesten Instrumente der Gesprächsführung wirkungslos sind.
- ✓ **Die Sozialkompetenz:** Hier geht es um all die Aspekte, die eine wertschätzende Beziehungsgestaltung ermöglichen. Dazu gehören auf der einen Seite Empathie und Zuwendung, auf der anderen Seite aber auch die Bereitschaft zu Klarheit im Hinblick auf Erwartungen an die Gesprächspartner bis hin zur Konfrontation da, wo sie erforderlich ist. Umgekehrt setzt eine solche Kritikbereitschaft auch voraus, sich selbst kritisieren und in Frage stellen zu lassen.
- ✓ **Das Wissen:** Dazu gehört, die Konstellation und Dynamik von Beziehungen und Kommunikation verstehen zu können. Dazu gehört auch die Kenntnis, wie Meinungsunterschiede geklärt, Normen begründet und

Missverständnisse vermieden oder ausgeräumt werden können. Hinzu kommt die Kenntnis von Gesprächstypen und -strukturen.

- ✓ **Die Methodenkompetenz:** Wirksame Gespräche setzen voraus, dass man das Wissen in Handlungen umsetzen kann. Dabei helfen Instrumente, wie Gespräche strukturiert und zielorientiert geführt, Kommunikationsfallen vermieden und schwierige Gesprächssituationen bewältigt werden können.

Als Lehrkraft mit Schülerinnen und Schülern sowie Eltern Gespräche zu führen setzt als Grundsatz voraus: Ich habe als die hierarchisch Höherstehende gegenüber den Schülern oder als Professionelle gegenüber den Eltern als Laien die Verantwortung für die Beziehungsgestaltung. Ich bin zu einer professionellen Gesprächsführung verpflichtet, während ich von den Schülern und Eltern kein professionelles Verhalten erwarten darf. Verhalten sie sich unprofessionell und sind sie schwierige Gesprächspartner, ist es meine Aufgabe und Verantwortung, damit professionell klar zu kommen und das Gespräch selbst dann, wenn ich es abbreche, mit einer Vereinbarung abzuschließen.

Ich danke den Schülerinnen und Schülern sowie den Eltern – gerade auch den schwierigen unter ihnen –, die mir von 1987 bis 2000 an der Gesamtschule Langerwehe und von 2007 bis 2010 am Couven Gymnasium Aachen die Gelegenheit boten, einen vielfältigen und erfahrungsreichen Gesprächsalltag als Schulleiter zu erleben und zu gestalten. Ich danke Georgia Mosing, Dorothea Herrmann, Eckard König und Wolfgang Boettcher, die mir als Referentinnen und Referenten in der Schulleitungsfortbildung NRW geholfen haben, die Konstellation und Dynamik von Beziehungen und Kommunikation besser verstehen und handhaben zu können. Sie haben mich nicht nur durch ihr Wissen, sondern vor allem auch durch ihr persönliches Vorbild dabei unterstützt, meine Kommunikation und meine Gespräche mit Eltern, Schülern und Lehrkräften deutlicher an Rollenklarheit und Wertschätzung auszurichten.

Adolf Bartz

Frechen, im Januar 2014

DER AUTOR

Adolf Bartz

1974-1987 Lehrer am Gymnasium Hückelhoven, 1977–1987 Fachleiter in der Lehrerausbildung für Deutsch (Sekundarstufe I), 1987–2000 Schulleiter der Gesamtschule Langerwehe, 2000–2007 Referent für die Schulleitungsfortbildung in NRW am Landesinstitut für Schule in Soest, 2007–2010 Schulleiter des Couven Gymnasiums Aachen, seit 2010 im Ruhestand mit Aufgaben in der Fortbildung und Schulleitungsberatung (zahlreiche Publikationen zu diesen Themen)

1 KOMMUNIKATION ALS BEZIEHUNGSGESTALTUNG

Die professionelle Tätigkeit von Lehrerinnen und Lehrern vollzieht sich im Wesentlichen im Medium von Kommunikation. Sie ist die Grundlage für die Gestaltung von Unterrichts- und Lernprozessen. Dabei geht es auf der einen Seite um die Kommunikation zwischen der Lehrperson und der Lerngruppe sowie zwischen der Lehrperson und einzelnen Schülerinnen und Schülern, indem Inhalte präsentiert, Sachverhalte erläutert und Arbeitsaufträge gestellt werden. Auf der anderen Seite geht es darum, den Raum für die Kommunikation zwischen den Schülerinnen und Schülern zu gestalten und Lernen im Austausch zu ermöglichen. Dieser Austausch wirkt sich auf vier Ebenen aus (vgl. Mayer 2003, S. 240 f)[1]:

- ✓ Die Inhalte haften besser, wenn sie von den Lernenden selber kommen statt durch einen Lehrerinput.
- ✓ Die Lernenden erleben, welches Potenzial in Gruppen steckt. Das Wissen der Lernenden wird dadurch höherwertig, mindestens jedoch gleichwertig behandelt wie das Wissen der Lehrerinnen und Lehrer.
- ✓ Die Lernenden erleben wichtige Aspekte der Teambildung, Kooperation und Kommunikation in Gruppen. Ebenso wie die Kooperation ist auch die Kommunikation zugleich Lernmedium wie Lernziel und diese Lernziele lassen sich nur glaubwürdig und nachhaltig erreichen, wenn sie erlebt und angewandt werden.
- ✓ Die Verständigung über unterschiedliche Sichtweisen in der Lerngruppe führt zu einer Überprüfung und Revision der individuellen subjektiven Theorien, Meinungen und Konzepte.

Sowohl durch die direkte Kommunikation wie die Initiierung und Steuerung der Kommunikation zwischen den Schülerinnen und Schülern gestaltet die Lehrperson zugleich Beziehungen. Diese Beziehungsgestaltung ist eine grundlegende Voraussetzung dafür, dass Lernen überhaupt stattfinden kann. Denn wenn ein Schüler keine Anerkennung findet, wenn die Lehrperson ihm nichts zutraut, wenn die Beziehung zur Lehrperson als Bedrohung der persönlichen Würde und Identität erlebt wird, dann wird Lernen blockiert. Je traumatischer Schülerinnen und Schüler die Beziehung zu einer Lehrperson als Bedrohung

[1] Mayer hat diese vier Wirkungen bei der Untersuchung der Wirksamkeit von Konzepten der Führungskräftequalifizierung festgestellt. Sie gelten aber auch generell für alle Settings, in denen Lernen in Gruppen unter einer hierarchisch höher gestellten Leitung stattfinden.

und persönliche Abwertung erleben, umso nachhaltiger wirkt sich die Lernblockade aus. Sie kann dann durch eine Generalisierung zur Verweigerung von Lernen überhaupt führen, wenn sie eine tief greifende Angst vor Versagen und Scheitern hervorruft und die Folge hat, Lernen, Aufgaben und Anforderungen zu meiden.

Umgekehrt kann die Beziehung zwischen der Lehrperson und den Schülern als Quelle der Ermutigung das Lernen stimulieren, z.B. durch die Lehrerbotschaft: „Du bist mir persönlich wichtig und ich traue dir zu, bis an deine Grenzen und dann auch noch darüber hinaus zu gehen".

Dabei ist wichtig: So gut es ist, so etwas auch mal zu sagen – wichtiger ist, dass die Schülerinnen und Schüler das erleben: durch die Art und Weise, wie die Lehrperson mit ihnen umgeht, sie an Entscheidungen beteiligt, ihr Feedback einfordert und ernst nimmt und ihre Leistungen und Lernergebnisse würdigt. Eine solche Haltung und Beziehungsgestaltung heißt nicht, einfach nur nett zu den Schülerinnen und Schülern zu sein. Denn nett zu sein, heißt, dem anderen nichts zuzumuten und zuzutrauen und wird deshalb als Abwertung erlebt. Würdigen dagegen heißt, ein ehrliches Feedback geben, Fehler und Leistungsdefizite offen kennzeichnen und deutlich machen, wie sie aufgearbeitet werden können. Und dazu gehört dann wieder die Botschaft: „Ich traue dir zu, deine Defizite aufzuarbeiten. Ob du das willst, entscheidest du. Wenn du dafür Unterstützung durch einen Mitschüler oder mich brauchst, liegt es in deiner Verantwortung, das zu äußern."

Unterricht und Erziehung sind deshalb nicht zu trennen und Erziehung ist wesentlich die Gestaltung von Beziehungen durch die hierarchisch Höherstehenden, seien es die Eltern oder die Lehrpersonen.

Für die Schulen gilt deshalb ein Merkmal, das sie mit anderen sozialen Organisationen gemeinsam haben, das sie aber von Wirtschaftsunternehmen und öffentlicher Verwaltung deutlich unterscheidet. Während in diesen Führung nur von der Steuerungsebene wahrgenommen wird, ist in der Schule Führung zugleich die zentrale Dienstleistung, nämlich als Führung der Kinder und Jugendlichen durch die Lehrpersonen. Dabei geht es darum, Anforderungen zu stellen, auf Ziele zu orientieren, Leistungen und Verhalten zu bewerten, bei

Fehlverhalten Grenzen zu setzen, aber auch darum, die Unterstützung zu bieten, die die Kinder und Jugendlichen für ihr Lernen und ihr Aufwachsen brauchen.

Wie gut es den Lehrpersonen gelingt, die Kommunikation und Beziehung zu den Schülerinnen und Schülern zu gestalten, hängt von der Art und Weise ab, wie die Schulleitung ihre Führung und ihre Kommunikation und Beziehung zu den Lehrpersonen gestaltet. Denn das Führungshandeln der Schulleitung gegenüber dem Kollegium und den einzelnen Lehrerinnen und Lehrern wirkt sich auf das Führungshandeln der Lehrpersonen gegenüber der Lerngruppe und den einzelnen Schülerinnen und Schülern aus (Bartz 2007).

Wenn die Lehrerinnen und Lehrer nicht selbst Wertschätzung durch die Schulleitung erleben, wird es ihnen schwer fallen, ihre Beziehung zu den Schülerinnen und Schülern wertschätzend zu gestalten.

1.1 Professionelle Werte und professionelle Ethik

Die Lehrpersonen handeln im Umgang mit Schülern und Eltern in ihrer Berufsrolle und die Beziehungen zu ihnen sind Arbeits- und Rollenbeziehungen. Das fordert von ihnen, ihre Beziehungen in der Schule professionell zu gestalten.

Ein wesentliches Unterscheidungsmerkmal im Vergleich mit privaten Beziehungen ist die professionelle Distanz.

Sie steht in einem Spannungsverhältnis zu Nähe. Distanz ist erforderlich, um professionell handeln zu können, und Nähe ist erforderlich, weil es im Umgang mit den Schülerinnen und Schülern ebenso wie mit deren Eltern um die Beziehung zu Menschen geht. Eine solche Beziehung lässt sich nur gestalten, wenn in die Art und Weise, wie man die Rolle gestaltet, auch die eigene Person und Persönlichkeit eingebracht wird. Denn nur dann können die Kommunikationspartner die Lehrerinnen und Lehrer als glaubwürdig und authentisch erleben.

Beziehungen in sozialen Organisationen wie der Schule zu gestalten setzt deshalb eine reflektierte und achtsame Balance von Distanz und Nähe, Berufsrolle und Persönlichkeit voraus. Eine zu große Distanz macht es unmöglich, den professionellen Auftrag zu erfüllen, nämlich das Lernen und die Entwicklung von Kindern und Jugendlichen zu fördern. Eine zu große Nähe bringt die Gefahr von Übergriffigkeit bis hin zum Missbrauch mit sich.

Im Unterschied zur Profession der Ärzte, die mit dem Hippokratischen Eid schon in der Antike eine Berufsethik als Leitlinie ihres professionellen Handelns formuliert und verbindlich normiert haben, ist Lehrerprofessionalität erst in den letzten Jahrzehnten thematisiert worden.

Sich auf eine Professionsethik der Lehrpersonen zu verständigen, hat seinen deutlichsten Ausdruck im Beschluss der Bildungsinternationale auf ihrem dritten Weltkongress 2001 gefunden. Artikel 2 bezieht sich auf den Umgang mit den Schülerinnen und Schülern, Artikel 5 auf den mit den Eltern (http://download.eiie.org/docs/IRISDocuments/EI%20Publications/Declaration%20of%20Professional%20Ethics/2008-00166-01-E.pdf). Beide Artikel sind als derzeit verbindlichste berufsethische Grundlage für die Gestaltung von Beziehungen und Kommunikation mit den Schülern und ihren Eltern zu betrachten.

ARTIKEL 2 – Verpflichtung gegenüber Schülerinnen, Schüler/Studentinnen, Studenten:

Im Bildungswesen Beschäftigte wollen

a) das Recht aller Kinder, den Bestimmungen der UN-Kinderrechtskonvention gemäß behandelt zu werden, respektieren, insbesondere im Hinblick auf das Recht auf Bildung und Ausbildung;

b) die Einzigartigkeit und Individualität sowie die besonderen Bedürfnisse jedes Lernenden anerkennen und alle dazu anleiten und darin unterstützen, ihr volles Potenzial auszuschöpfen;

c) den Lernenden das Gefühl vermitteln, Teil einer Gemeinschaft zu sein, in der man sich wechselseitig respektiert und die doch jedem und jeder Einzelnen genügend Raum für sich lässt;

d) mit den Lernenden einen rein professionellen Umgang pflegen;

e) die Interessen und das Wohlergehen aller Lernenden schützen und fördern und sich bemühen, sie vor Mobbing und körperlichem oder psychischem Missbrauch zu bewahren;

f) alles in ihren Möglichkeiten Stehende tun, um die Lernenden vor sexuellem Missbrauch zu schützen;

g) in allen Angelegenheiten, in denen es um das Wohlergehen der ihnen Anvertrauten geht, mit Achtsamkeit, Sorgfalt und Diskretion vorgehen;

h) die Lernenden bei der Entwicklung eines Wertesystems unterstützen, das mit den Menschenrechten in Einklang steht;

i) ihre Autorität gerecht und mit Mitgefühl ausüben;

j) sicherstellen, dass die besondere Beziehung zwischen Lehrenden und Lernenden in keiner Weise missbraucht wird, insbesondere nicht, um ihnen einen bestimmten Glauben, eine Weltanschauung oder eine Ideologie aufzudrängen oder deren Befolgung zu kontrollieren.

ARTIKEL 5: Verpflichtung gegenüber Eltern

Im Bildungswesen Beschäftigte wollen

a) das Recht der Eltern, in bestimmten geregelten Verfahren über das Ergehen und die Fortschritte ihrer Kinder informiert zu werden, anerkennen;

b) das elterliche Sorgerecht respektieren, aber die Eltern im Interesse des Kindes aus professioneller Sicht beraten;

c) die Eltern unter allen Umständen ermutigen, sich aktiv an der Erziehung und Bildung ihrer Kinder zu beteiligen und ihr Lernen gezielt zu unterstützen, auch indem sie sicherstellen, dass die Kinder nicht zu Arbeiten herangezogen werden, die sie an der Bildung hindern.

Eine professionelle Ethik legt nicht nur Normen professionellen Handelns und die damit verbundenen Verpflichtungen fest, sondern klärt zugleich, auf welchen Werten diese Normen beruhen. Was sind nun für die Schule die Werte, die Voraussetzung dafür sind, den Bildungs- und Erziehungsauftrag angemessen wahrnehmen und das Lernen und die Entwicklung von Kindern und Jugendlichen fördern zu können?

Grundlegend sind

- ✓ die Balance von Zugehörigkeit und Autonomie, die einerseits Sicherheit bietet und andererseits das persönliche Wachstum durch die eigenständige Bewältigung anspruchsvoller Herausforderungen ermöglicht,
- ✓ Vertrauen, denn ohne Vertrauen gibt es keine Beziehung,
- ✓ Diversität, denn ihre Anerkennung ist die Voraussetzung dafür, die individuelle Einzigartigkeit von Schülerinnen und Schülern zu achten,
- ✓ die Anerkennung von Eigensinn und Dissens, denn nur dann können kulturelle, religiöse und politische Überzeugungen vor einer uniformierenden Überwältigung geschützt werden und nur dann kann es zum dialogischen Austausch unterschiedlicher Überzeugungen kommen,

- ✓ Verantwortung, denn wer mit seinen Überzeugungen ernst genommen werden will, muss auch bereit sein, für die Konsequenzen seines Handelns einzustehen.

Im Einzelnen:

Zugehörigkeit und Autonomie

Grundbedingung menschlicher Entwicklung und menschlichen Lernens ist die Balance von Zugehörigkeit und Bindung auf der einen und Autonomie auf der anderen Seite (Hüther 2005, S. 89 ff.):

- ✓ Zugehörigkeit bietet die emotionale Sicherheit, ohne die das Gehirn seine Fähigkeit zu Wahrnehmung, Neugier, Erfahrung und Wissen sowie zur Teilhabe und Gestaltung sozialer Beziehungen nicht entwickeln kann, weil es sich – wie in Angst- und Stresssituationen – auf die Sicherung des eigenen Überlebens konzentrieren müsste.
- ✓ Autonomie heißt, sich zu lösen, sich neuen Herausforderungen zu stellen und sich als kompetent und selbstwirksam zu erfahren.

Sichere emotionale Bindungen sind die Basis, um eigenes Wissen und eigene Fertigkeiten sowie eine eigene innere Orientierung und eigene innere Leitbilder zu entwickeln. Ein solches Vertrauen zu sich selbst, zu anderen und zum Leben ermöglicht, die Welt als verstehbar, den Umgang mit der Welt als handhabbar und die Erfahrungen in diesem Umgang als bedeutsam und sinnhaft zu erleben.

Vertrauen

Werte können sich nur im Medium wechselseitigen Vertrauens bilden. Dabei gilt der Grundsatz, dass die hierarchisch höher stehende Person Vertrauen nicht erwarten kann, sondern erwerben muss. Das kann sie nur, wenn sie umgekehrt den Personen, die sie führt, einen Vertrauensvorschuss schenkt: Sie vertraut darauf, dass diese sich an Sinn und Zielen orientieren und dass sie Aufgaben und Verantwortung übernehmen, ihre bestmöglichen Leistungen erbringen und sich sozial verträglich verhalten wollen. Diese Erwartungen sind die Voraussetzung dafür, dass an der Schule eine Vertrauenskultur entsteht – und das Spannende ist, dass in dieser Kultur der Vertrauensvorschuss Vertrauen erzeugt und in der Regel auch bestätigt.

Für die Schulleitung gegenüber den Lehrpersonen wie für die Lehrpersonen gegenüber den Schülerinnen und Schülern gilt gleichermaßen: Haben sie als Führungskräfte ein positives Menschenbild und gehen sie davon aus, dass Menschen zu Anstrengung bereit sind, wenn sie Aufgaben für bedeutsam und sinnvoll halten, dann ermöglichen sie breite Gestaltungsspielräume und das motiviert die Mitarbeiterinnen und Mitarbeiter dazu, ihre Potenziale kreativ zu entfalten. Die Folge sind gute Leistungen und ein hohes Engagement – und diese bestätigen das positive Menschenbild.

Umgekehrt gilt auch: Gestalten die Führungskräfte Führung und Kontrolle eng, weil sie den Mitarbeiterinnen und Mitarbeitern nichts zutrauen, dann demotiviert das. Die Folge ist genau der Mangel an Engagement und Qualität, den ihr negatives Menschenbild erwartet hat.

Diversität

Den Vertrauensvorschuss brauchen alle Menschen in gleicher Weise. Das heißt aber nicht, dass die damit verbundenen Erwartungen gleich sind. Denn die Begabungen und Potenziale sind ebenso unterschiedlich wie die lebensgeschichtlich erworbenen sozialen Erfahrungen sowie die aktuellen Lebenslagen und Belastungen.

Diese individuell unterschiedlichen Leistungsvoraussetzungen, Fähigkeiten und Lebenslagen zu berücksichtigen haben zur Folge, nicht alle Schülerinnen und Schüler gleich, sondern individuell ungleich behandeln zu müssen, um vergleichbare Voraussetzungen überhaupt erst herzustellen.

Damit die Ungleichbehandlung im Sinne eines Nachteilsausgleichs nicht als unfair erlebt wird, muss sie transparent kommuniziert werden. Denn nicht nur die Lehrperson, sondern alle Schülerinnen und Schüler einer Lerngruppe müssen akzeptieren, dass die Lerngruppe heterogen ist.

Die Zufriedenheit mit der eigenen Leistung und das Erleben von Kompetenz und Selbstwirksamkeit prägen sich umso stärker aus, je klarer Diversität als Chance genutzt wird. Sind dagegen alle Personen in der Schule gleich gültig, weil ihre individuelle Einzigartigkeit nicht wahrgenommen wird, dann sind sie auch gleichgültig.

Die Anerkennung von Heterogenität und Diversität ist deshalb eine grundlegende Voraussetzung für eine Kultur der Wertschätzung.

Darüber hinaus gilt wie für die Biodiversität in natürlichen Systemen auch für soziale Systeme wie die Schule: „Systeme sind umso stabiler, je höher in ihnen die Vielfalt (...) ausgeprägt ist. Nur Systeme mit hoher Diversität sind strukturell elastisch genug, um negative Einwirkungen von innen oder außen, die in jedem System jederzeit auftreten können, auszugleichen und damit den Erhalt des Gesamtsystems zu gewährleisten" (Fischer 2012, S. 164).

Eigensinn und Dissens

Diversität und individuelle Einzigartigkeit anzuerkennen ist zudem erforderlich, um mit dem Eigensinn aller Beteiligten umgehen zu können. Das ist für die Führungspersonen schwierig, denn der Eigensinn steht in einem Spannungsverhältnis zum Ordnungsrahmen und sie sind verpflichtet, den Ordnungsrahmen durchzusetzen und Regelverstöße zu sanktionieren. Sie sind aber zugleich auf den Eigensinn angewiesen, weil er die Quelle von Motivation, Energie und Engagement ist. Findet er keine Anerkennung, dann mag die Schule hervorragend funktionieren, weil sich alle an die Regeln halten, aber sie erstarrt, statt Vielfalt in einer lebendigen Organisation zu ermöglichen.

Der Eigensinn ist zudem schwierig, weil er zum Dissens von Überzeugungen, Werten und Zielen führen und gemeinsames Handeln erschweren kann. Wichtig ist hier, Dissens als den Normalzustand in Organisationen und Gruppen zu verstehen. Statt einen Konsens zu erzwingen, sollte hier der Grundsatz gelten: Wenn du vom anderen erwartest, dass er deine Meinungen und Überzeugungen achtet, bist du verpflichtet, umgekehrt seine Überzeugungen zu achten.

Worum es dann geht, ist, einen Raum dafür zu schaffen, dass die unterschiedlichen Überzeugungen, z.B. in Austauschforen, geäußert und Sichtweisen miteinander abgeglichen werden können. Bleibt es nach diesem Abgleich bei einem Dissens, muss geklärt werden, wie die Schule oder Klasse mit ihm umgeht. Das kann z.B. heißen, Spielräume für Abweichungen so auszuhandeln, dass diese nicht die Geltung der generellen Normen in Frage stellen.

Allerdings: Nur wer sich selbst ernst nimmt, kann erwarten, von anderen ernst genommen zu werden. Wer z.B. auf Beteiligungsmöglichkeiten verzichtet, muss bereit sein mitzutragen, was in Gruppen und Konferenzen vereinbart worden ist. Auf diese Weise entsteht Verbindlichkeit im Prozess: Wenn alle die Möglichkeit haben, ihre Sichtweisen und Bedenken einzubringen, müssen sie dann auch zu Loyalität bereit sein.

Verantwortung

Ernst nehmen kann ich einen Menschen nur, wenn ich ihm Verantwortung zuschreibe. Das steht im Gegensatz zur Abwertung, die sich einerseits als Überfürsorglichkeit und andererseits als Kritik der Person statt des Verhaltens äußert. In beiden Fällen hat das Führungshandeln die Folge, dass die andere Person keine Verantwortung für ihr Handeln übernehmen kann und muss.

Wertschätzung setzt dagegen voraus, dass ich einer anderen Person den Spielraum für die Verwirklichung ihres Eigensinns gebe – unter der Voraussetzung, dass sie bereit ist, für das eigene Handeln und die Handlungsfolgen einzustehen und Verantwortung zu übernehmen.

Ob diese Werte in der Schule wirksam sind, hängt nicht davon ab, dass sie – z.B. im Leitbild des Schulprogramms – erklärt, sondern dass sie erlebt werden. Denn an welchen Werten sich Kinder und Jugendliche orientieren, hängt von ihren sozialen und kommunikativen Erfahrungen in der Familie, der Schule und den Freundesgruppen ab. Welche Werte Schülerinnen und Schüler ausbilden, wird deshalb durch die Art und Weise mit geprägt, wie Lehrerinnen und Lehrer ihre Kommunikation mit ihnen gestalten.

Gibt man den Schülerinnen und Schülern die Möglichkeit, sich darüber auszutauschen und aufzuschreiben, welche Werte und welche Erfahrungen ihnen wichtig sind, ermöglicht dies Rückschlüsse darauf, wie die Schüler ihre Schule und die sozialen Erfahrungen, die sie ihnen bietet, erleben. Dazu als Beispiel einzelne Ergebnisse eines solchen Klärungsprozesses in einer Lerngruppe der Laborschule Bielefeld (Geist/von der Groeben 2013):

Soziale Erfahrungen in der Schule: Was ist Schülerinnen und Schülern wichtig?

Zugehörigkeit und Bindung:

- ✓ Seine Familie schätzen und mögen, familiäre Liebe erfahren haben
- ✓ Das Gefühl von Freundschaft, Freunde wertschätzen
- ✓ Wissen, was die Eltern und andere Leute für einen tun
- ✓ Das Gefühl haben, dass man von jemandem gemocht wird, dass jemand stolz auf einen war
- ✓ Hilfe in schwierigen Situationen bekommen haben
- ✓ Sich für andere gefreut, jemandem eine Freude gemacht zu haben
- ✓ Ausgeschlossen und eingeschlossen gewesen sein
- ✓ Vertrauen

Autonomie und Umgang mit Herausforderungen:

- ✓ Das Gefühl haben, etwas gut gemacht zu haben
- ✓ Selbst eine (schwere) Entscheidung getroffen haben
- ✓ Gefahren einschätzen können
- ✓ Nicht mehr können und trotzdem weitermachen
- ✓ Wissen, wann es genug wird; Grenzen kennen
- ✓ Angst überwunden haben
- ✓ Einen Fehler einsehen, sich bei jemandem entschuldigen und es ernst gemeint haben

- ✓ Eine verbockte Sache wieder gerade gerückt zu haben
- ✓ Verantwortung übernommen haben

Diversität und Dissens:

- ✓ Seine Meinung vertreten, eine eigene Meinung haben, zu sich und seiner Meinung stehen
- ✓ Viele verschiedene Leute kennen gelernt haben
- ✓ Gelernt haben, mit Leuten, auch wenn man sie nicht mag, auszukommen
- ✓ Kompromisse eingehen

1.2 Wertschätzung als Grundhaltung

Auf der Grundlage dieser Werte die professionelle Gestaltung von Beziehungen und Kommunikation mit Wertschätzung zu verbinden, setzt Klarheit über den Unterschied zwischen Abwertung und Wertschätzung und eine Auseinandersetzung mit den eigenen inneren Motiven und Strebungen voraus. Dafür ist das Persönlichkeitsmodell der Transaktionsanalyse eine Klärungs- und Deutungshilfe (Mosing 2005).

Dieses Modell unterscheidet drei Ich-Zustände, die Menschen in ihrer Lebensgeschichte erwerben:

- ✓ **Das Erwachsenen-Ich:** Die autonome Persönlichkeit, die sich den Herausforderungen des Lebens stellt, aktuelle Probleme rational löst, sich situativ angemessen verhält und für das eigene Handeln Verantwortung übernimmt.
- ✓ **Das Eltern-Ich:** Es repräsentiert die Erwartungen und Anforderungen der Eltern, so wie sie ein Mensch in seiner Kindheit erlebt und verinnerlicht hat. Dabei geht es einerseits um Orientierung und andererseits um Fürsorge.
- ✓ **Das Kind-Ich:** In jedem Erwachsenen steckt noch das Kind, das er gewesen ist. Dabei geht es einerseits um Anpassung an Normen und Gebote als Voraussetzung für Zugehörigkeit und andererseits um Freiheit und Eigensinn.

Die beiden Versionen des Eltern- und des Kind-Ichs haben eine positive Variante, die Grundlage einer wertschätzenden Beziehungsgestaltung ist, und eine negative Variante, die Grundlage von Abwertung ist. Daraus ergibt sich folgendes Bild:

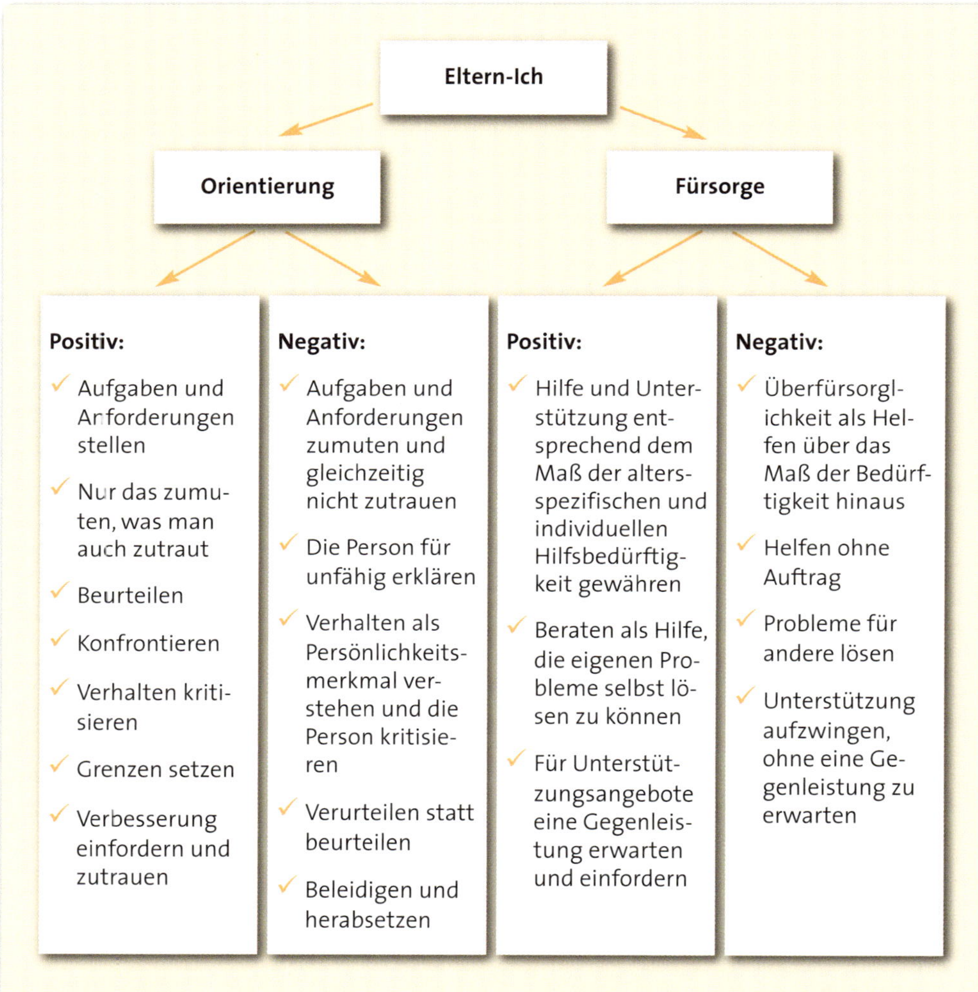

Abbildung 1: Das Persönlichkeitsmodell der Transaktionsanalyse: Das Eltern-Ich

Während die positiven Varianten die Botschaft vermitteln: „Du bist kompetent. Dir kann man etwas zumuten und du bist auch in der Lage, dein Verhalten zu verbessern“, ist die Botschaft der negativen Varianten: „Du taugst nichts und du kannst nichts.“

Während die beiden positiven Varianten die persönliche Weiterentwicklung mit dem Ziel der (Selbst-)Bildung zu einer reifen und autonomen Persönlichkeit fördern, wird sie bei den negativen Varianten blockiert. Denn sowohl die Abwertung der Person bei Kritik wie die Überfürsorglichkeit fixieren den Betroffenen auf dem Stand eines unfähigen und hilflosen Kindes und machen ihn zum Opfer, das nicht einmal für sich selbst sorgen kann. Zugleich sind die negativen Varianten mit Beziehungsfallen und -verstrickungen verbunden:

- ✓ Wer aus dem negativ orientierenden Eltern-Ich heraus als Verfolger handelt, bringt den Betroffenen in eine paradoxe Situation. Er soll Aufgaben und Anforderungen bewältigen und das wird ihm gleichzeitig nicht zugetraut. Er soll Leistungen erbringen und weiß, dass sie den Ansprüchen des kritischen Eltern-Ichs nie genügen werden. Typisch ist eine solche Haltung bei Erwachsenen insbesondere dann, wenn sie das Gefühl brauchen, Macht über andere Menschen zu haben. Dahinter steht das Gefühl: Ich bin nur dann groß, wenn die anderen klein sind, und damit sie klein sind, muss ich sie zu Opfern (meiner Verfolgung) machen.
- ✓ Wer aus dem überfürsorglichen Eltern-Ich heraus als Retter handelt, bringt sich selbst in eine paradoxe Situation. Er opfert sich für andere auf und erntet in der Regel statt der erwarteten Dankbarkeit die Undankbarkeit der Betroffenen – und zwar einfach deshalb, weil er keine Gegenleistung eingefordert und sie zu nichts verpflichtet hat. Dennoch gibt es aber auch hier eine – allerdings nur heimliche – Belohnung, die sich der Retter nicht eingestehen kann, nämlich das Gefühl, gut und grandios zu sein. Und wie beim Verfolger ergibt sich als Effekt: Ich kann mich nur dann groß fühlen, wenn die anderen klein sind, und damit sie klein sind, muss ich sie zu (hilflosen und abhängigen) Opfern machen.

Die Verwirrung in einer solchen Beziehungsdynamik wird nun dadurch noch komplizierter, das die Kommunikation aus den negativen Varianten des Eltern-Ichs heraus als Reaktion die negativen Varianten des Kind-Ichs aktiviert.

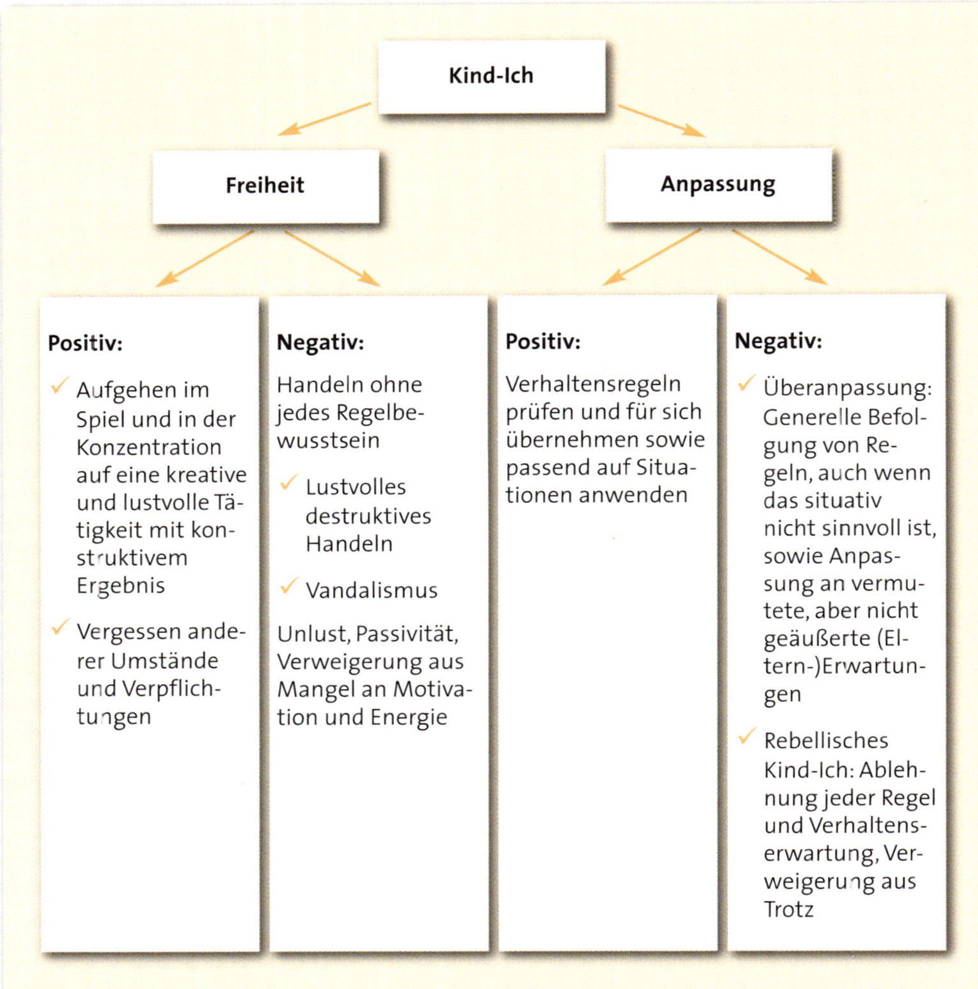

Abbildung 2: Das Persönlichkeitsmodell der Transaktionsanalyse: Das Kind-Ich

Drama-Dreieck

Das Zusammenwirken der negativen Varianten des Eltern- und Kind-Ichs führt zur Dynamik des Drama-Dreiecks, das durch den Verfolger, die negativ-kritische Elternvariante, den Retter, die negativ-fürsorgliche Elternvariante und das Opfer als passives oder überangepasstes negatives Kind-Ich gebildet wird.

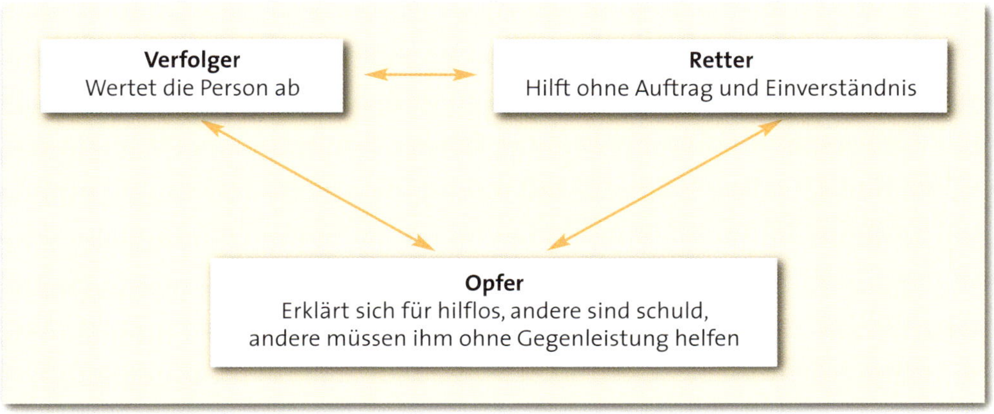

Abbildung 3: Das Drama-Dreieck

Die Beziehungen in diesem Drama-Dreieck zeichnen sich durch vier Merkmale aus:

1) Sie sind durch Abwertung gekennzeichnet: Die Verfolger und der Retter werten das Opfer ab und das Opfer wertet sich selbst ab.
2) Sie sind zwischen den Beteiligten nicht geklärt und vereinbart.
3) Deshalb können die drei Positionen nicht gehalten werden.
   Beispiel: Ein Schüler fordert vom Lehrer Hilfe ohne Gegenleistung an und erklärt schließlich, nachdem er mehrere Ideen des Retters als ungeeignet beurteilt hat: „Das habe ich mir schon halb gedacht, dass Sie auch keine Idee haben, was man tun kann. Ich frage mich nur, wie Sie bei einer solchen Inkompetenz überhaupt Lehrer werden konnten.“ Auf diese Weise wird plötzlich aus dem Opfer ein Verfolger, der den Retter nun zum Opfer macht.
4) Kein Beteiligter im Drama-Dreieck übernimmt für sich und sein Handeln Verantwortung. Dass ich in der Verfolgerrolle das Opfer kritisieren muss, liegt ja nicht an mir, sondern am Opfer. Hätte es sich nicht fehlverhalten, hätte ich es auch nicht kritisieren müssen. Als Retter kann ich mich mit der Begründung aus der Verantwortung schleichen, dass ich ja ohne Auftrag helfe und deshalb jederzeit meine Hilfe abbrechen kann. Als Opfer mache ich grundsätzlich die anderen für meine Widrigkeiten verantwortlich; denn übernähme ich Verantwortung, wäre ich ja kein Opfer mehr.

Immer wieder in die Dynamik des Drama-Dreiecks zu geraten, ist in hierarchischen Beziehungen unvermeidlich. Denn diese aktivieren – auch zwischen Erwachsenen – immer wieder das Eltern- und das Kind-Ich und das erschwert eine Beziehung auf Augenhöhe, in der Erwachsene Aufgaben, Probleme und strittige Fragen vernünftig klären und bereit sind, Aufgaben selbst zu erledigen, Probleme selbst zu lösen und Verantwortung zu übernehmen.

Ursache für den Einstieg ins Drama-Dreieck können eigene Antriebe sein, wenn ich z.B. als Führungsperson aus Ärger heraus einen Mitarbeiter als Person fertig mache. Ursache sind aber auch Einladungen ins Drama-Dreieck durch Untergebene, auf die die ranghöhere Person z.B. aus Mitleid hereinfällt.

Wege aus dem Drama-Dreieck

Für eine wertschätzende Gestaltung von Beziehung und Kommunikation sollte nicht das Ziel sein, jeden Einstieg in die Dynamik des Drama-Dreiecks zu vermeiden. Denn ein solches Ziel wäre unrealistisch. Ziel sollte vielmehr sein, sich bewusst zu werden, wenn man in diese Beziehungsdynamik hineingeraten ist, und zu wissen, wie man wieder aus ihr herauskommt. Voraussetzung dafür ist die Klärung, wie und warum man in diese Dynamik geraten ist: Es fehlt an einer expliziten Vereinbarung, an einem Kontrakt, der die wechselseitigen Verpflichtungen festlegt.

Ein solcher Kontrakt heißt:

- ✓ **Ausstieg aus der Verfolgerrolle:** Ich mache bei einem Kritikgespräch zu Beginn klar, dass es um Kritik mit dem Ziel einer Verhaltensänderung geht und dass ich dieses Gespräch unabhängig vom Einverständnis der betroffenen Person führe. Dagegen entscheidet sie, wie sie mit meiner Kritik umgeht und ob sie bereit ist, ihr Verhalten zu ändern. Das setzt wiederum die Klarheit voraus, welche Konsequenzen es hat, wenn der Betroffene sein Verhalten nicht ändert, und die Verantwortung, für diese Konsequenzen dann auch gerade zu stehen. Ich wechsle damit von der Verfolgerrolle in die Rolle der Orientierung.
- ✓ **Ausstieg aus der Retterrolle:** Ich gebe meine Hilfe nach einer Klärung, was genau der Hilfsbedürftige braucht, um mit seinem Problem selbst

klar zu kommen, und was er als Gegenleistung für meine Hilfe zu erbringen bereit ist. Ich wechsle damit von der Rolle des Retters in die des Helfers.

✓ **Ausstieg aus der Opferrolle:** Ich erläutere meine Bedürftigkeit und mache deutlich, in welchem Maß ich die Qualität, mit der ich eine Aufgabe wahrnehme, reduzieren muss, wenn die erforderliche Unterstützung, z.B. zeitliche oder finanzielle Ressourcen, nicht zur Verfügung gestellt werden können. Ich wechsle damit von der Rolle des Opfers in die des Bedürftigen.

Diesen Ausstieg aus dem Drama-Dreieck macht die folgende Skizze deutlich:

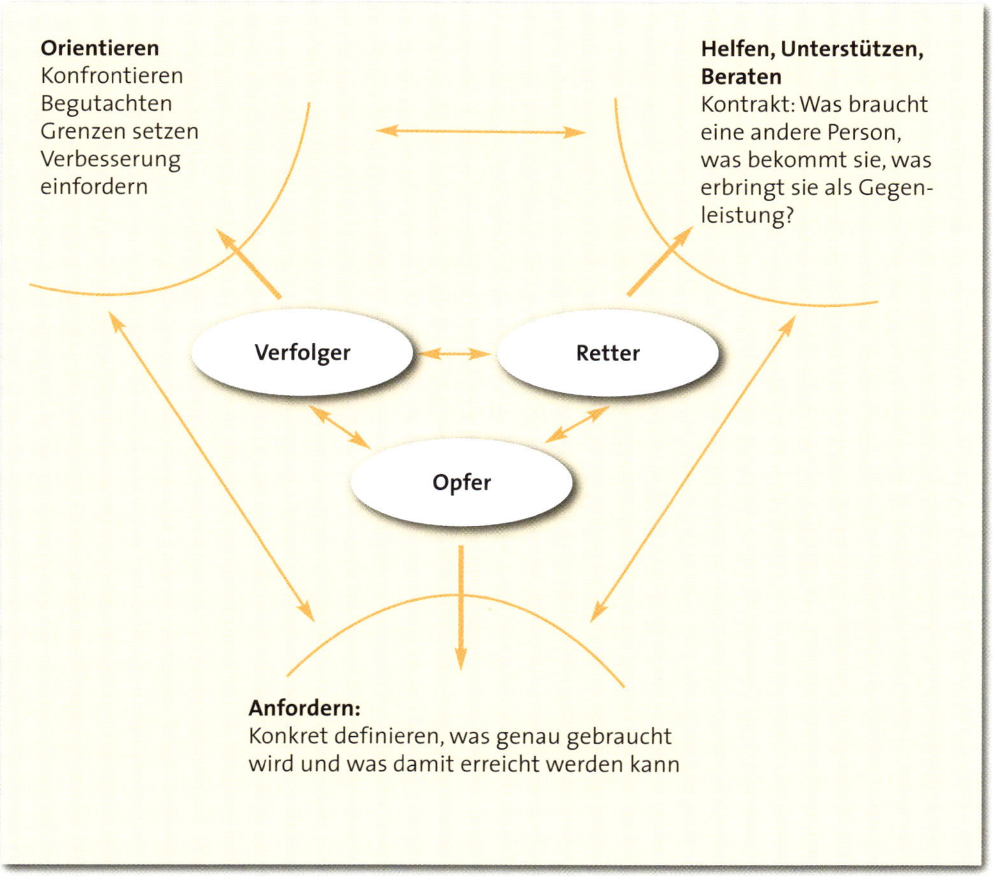

Abbildung 4: Der Ausstieg aus dem Drama-Dreieck (Nach: Mosing 2005, S. 4)

Die Klarheit, wie man aus dem Drama-Dreieck aussteigen kann, ist aber nur eine Voraussetzung für den Ausstieg. Denn hinzu kommen muss die Bereitschaft und die kann fehlen, auch wenn in der Regel die Beteiligten unter der Beziehungsverwirrung und der Abwertung im Drama-Dreieck leiden.

Der Grund dafür ist, dass das Drama-Dreieck allen Beteiligten auch heimliche Vorteile bietet:

- ✓ Als Opfer brauche ich nichts tun und kann jede Verantwortung von mir auf andere abschieben.
- ✓ Als Retter komme ich mir grandios und überlegen vor.
- ✓ Als Verfolger genieße ich es, Macht über andere Menschen ausüben und auf andere als Opfer herabblicken zu können.

Ein Ausstieg gelingt deshalb nur dann, wenn man sich die heimlichen Vorteile bewusst gemacht und dann im Abgleich für die Vorteile entschieden hat, die ein Ausstieg verspricht: Transparenz durch die Vereinbarung wechselseitiger Verpflichtungen, Offenheit und wechselseitige Anerkennung, Autonomie und Verantwortlichkeit als Ausdruck des Erwachsenen-Ichs statt einer entwürdigenden regressiven und infantilen Handlungs- und Beziehungsebene.

Eine wertschätzende Beziehungsgestaltung erfordert entsprechend, den anderen ernst zu nehmen und als autonomen und verantwortlichen Menschen zu achten – und das auch dann, wenn Kinder und Jugendliche noch nicht die Reife, die Voraussetzung für Autonomie ist, aus sich herausgebildet haben. Denn Verantwortung übernehmen kann nur der, dem Verantwortung zugemutet und zugetraut wird, und Autonomie kann nur der entwickeln, dessen Autonomie anerkannt wird. „Wenn Schule als Institution erzieht, muss Schule auch ein Modell dafür sein, wozu sie erzieht (...). Das heißt, (...) die Schule zu einer Institution entwickeln zu helfen, in der Mündigkeit erworben und respektiert wird, in der die Anerkennung des Anderen und der eigenen Person erfahrbar ist, in der Entscheidungen getroffen und verantwortet werden und in der Kooperation als Handlungsmaxime und Kooperationsfähigkeit als Zielvorstellung vorherrschen“ (Rosenbusch 2005, S. 11, S. 15).

1.3 Führung als Orientierung und Unterstützung gestalten

In jeder hierarchischen Beziehung nimmt die mit Macht ausgestattete Person die Aufgabe der Führung wahr. Das gilt für die Schulleitung im Umgang mit den Lehrkräften und für die Lehrkraft im Umgang mit den Schülerinnen und Schülern. Dabei ist die Schulleitung von prägender Bedeutung, denn wie sie Macht nutzt und Führung wertschätzend oder abwertend gestaltet, hat eine Modellwirkung für die Beziehungskultur der Schule.

Voraussetzung für einen professionellen Umgang mit der Hierarchiemacht ist, die Autonomie und Eigenverantwortung der Schülerinnen und Schüler zu respektieren. Das heißt,

- ✓ als Lehrkraft die eigene Position und Aufgabe klar zu vertreten, Anforderungen zu stellen und Qualität einzufordern sowie Grenzen zu setzen, zugewandt zu konfrontieren und für Konsequenzen bei Fehlverhalten zu sorgen,
- ✓ in dem Maß zu unterstützen und zu helfen, wie es eine Schülerin oder ein Schüler braucht oder anfordert und eine angemessene Gegenleistung zu vereinbaren,
- ✓ bei der Anforderung von Unterstützung durch die Schülerin oder den Schüler konkret zu definieren, was genau gebraucht wird und was mit der Unterstützung erreicht werden soll und kann.

Wie jede Führungskraft nimmt die Lehrkraft im Umgang mit den Schülerinnen und Schülern zwei Rollen und Aufgaben wahr, die der Orientierung und die der Unterstützung (Bartz 2005 a).

Orientierung gibt die Lehrkraft, indem sie auf der Grundlage der Vorgaben durch Schulgesetz, Lehrpläne und Schulprogramm deutlich macht, welche Leistungsanforderungen und Verhaltenserwartungen an die Schülerinnen und Schüler gestellt werden, und indem sie Verhalten konfrontiert, das diesen Ansprüchen nicht gerecht wird.

Als Unterstützer bietet die Lehrkraft Beratung bei schulischen Problemen an und kümmert sich auch um persönliche und private Belastungen (Caring; vgl. Dubs 2002). Dabei lässt sie den Beratungsnehmer entscheiden, ob er ihr Angebot annimmt oder ihr Problem ohne Unterstützung/selbstständig lösen möchte.

Führungsrollen und -aufgaben der Lehrerin oder des Lehrers

Orientierung

- ✓ Beauftragt mit Aufgaben
- ✓ Stellt Anforderungen und gibt den Schülerinnen und Schülern Ziele vor
- ✓ Überprüft die Zielerreichung und bewertet den Grad und die Qualität der Zielerreichung
- ✓ Setzt Grenzen und äußert Änderungsverlangen
- ✓ Bezieht Position
- ✓ Trifft Entscheidungen

↓

Fordert ein auf der Grundlage von Amt und Hierarchie

→ Wirkungsabsicht Klarheit: Sind dir die Anforderungen und Verhaltenserwartungen klar?

Unterstützung

- ✓ Gibt den Schülerinnen und Schülern Verantwortung
- ✓ Vermittelt Information und (Fach-) Wissen, damit die Schülerinnen und Schüler den Anforderungen genügen und die Ziele erreichen können
- ✓ Unterstützt die Schülerinnen und Schüler, selbst Lösungen zu entwickeln
- ✓ Gibt Feedback als Anregung
- ✓ Gibt den Schülerinnen und Schülern den Freiraum, in einem vorgegebenen Rahmen selbst zu entscheiden

↓

Bietet an oder vermittelt

→ Wirkungsabsicht Verstehen, Zustimmung: Willst du meine Unterstützungsangebote wahrnehmen, Hilfe von anderen einholen oder kommst du alleine klar?

Menschenbild: Die Schülerin/der Schüler als autonome, für sich, ihr/sein Handeln und die Ergebnisse ihres/seines Handelns verantwortliche Person

Abbildung 5: Führungsrollen und -aufgaben der Lehrerin/des Lehrers

Wenn die Lehrkraft in der Rolle der Orientierung Grenzen setzt und Fehlverhalten konfrontiert, muss sie auf die Trennung von Person und Verhalten achten: Sie setzt Grenzen, macht deutlich, dass das Verhalten nicht geduldet wird, und traut gleichzeitig der Person zu, ihr Verhalten ändern zu können.

Die Kritik des Verhaltens schließt deshalb die Achtung der Person und ihrer Unantastbarkeit in folgender Weise ein:

1) Das Fehlverhalten ist unwillentlich, ohne Kenntnis der Folgen und ohne Kenntnis, dass es nicht toleriert wird, erfolgt. In diesem Fall geht es darum, den Schüler für ein Bündnis gegen künftiges Fehlverhalten zu gewinnen.
2) Der Schüler hat das Fehlverhalten beabsichtigt und sieht nicht ein, dass es nicht geduldet wird und geduldet werden kann. In diesem Fall achtet die Lehrperson die Autonomie der Person und ihr Recht auf eine abweichende Einschätzung. Sie sorgt aber zugleich dafür, dass der Schüler die Verantwortung für die Folgen seines Handelns übernimmt. Deshalb macht sie klar, welche Konsequenzen das Fehlverhalten hat und dass der Schüler für diese Konsequenzen einstehen muss. Sinnvoll ist, wenn die Lehrkraft den Schüler nicht nur ermahnt, sondern den Schüler vor die Wahl stellt, entweder das Fehlverhalten zu unterlassen oder die angekündigte Sanktion zu akzeptieren. Beispiel: „Kevin, du kannst das Schwatzen mit Marvin einstellen oder an einem Extratisch sitzen. Deine Entscheidung“ (Hoegg 2012, S. 77).

Als Unterstützer bietet die Lehrkraft Beratung mit dem Ziel an, Schülerinnen und Schüler dabei zu unterstützen, dass sie ihre Probleme und Aufgaben selbst lösen können.

Die Klärung, welche der beiden Führungsrollen situativ passend ist, kann sich an der Frage orientieren, wer im Problembesitz ist: Habe ich als Lehrkraft ein Problem, z.B. mit der Qualität der Schülerleistungen oder dem Sozialverhalten eines Schülers, dann bin ich in der Rolle der Orientierung mit dem Ziel gefordert, dass mein Problem zum Problem des Schülers wird. Hat dagegen der Schüler ein Problem, geht es um meine Rolle der Unterstützung.

Wie die beiden Rollen einer Führungskraft zusammenwirken, ohne vermischt werden, lässt sich am Beispiel der Beauftragung einer Schülerin oder eines Schülers mit einer Aufgabe verdeutlichen.

Geht es um den Auftrag, dann bin ich in der Rolle der Orientierung für Klarheit verantwortlich:

- ✓ Was sind die Auftragsvorgaben und die mit dem Auftrag verbundenen Verpflichtungen?
- ✓ Was sind Ziel und Inhalt des Auftrags?
- ✓ Welche Qualität und welche Ergebnisse bei der Auftragserledigung erwarte ich?
- ✓ Ist der Auftrag für die Schülerin eine verpflichtende Weisung oder kann sie entscheiden, ob sie den Auftrag annimmt oder ablehnt?

Um für möglichst günstige Gelingensbedingungen zu sorgen, reicht der Auftrag aber nicht aus, sondern er muss durch einen Kontrakt ergänzt werden, bei dem die Lehrperson in ihrer Rolle als Unterstützerin gefordert ist:

- ✓ Was braucht die Schülerin, um den Auftrag gut wahrnehmen zu können?
- ✓ Was kann ich ihr als Unterstützung (Ressourcen, Beratung u.a.) anbieten?
- ✓ Welche Gegenleistung sagt die Schülerin für diese Unterstützung zu?

Während der Auftrag auf der Ebene des rationalen und zielorientierten Handelns mitgeteilt und ggf. als Weisung verbindlich gemacht wird, geht es beim Kontrakt darum, auf der kommunikativen und interaktionellen Handlungsebene die Bedingungen und wechselseitigen (Selbst-)Verpflichtungen auszuhandeln.

Für beide Rollen, die der Orientierung und die der Unterstützung, gilt der Grundsatz der Wertschätzung:

- ✓ Ich zeige nicht nur als Unterstützer, sondern auch und gerade bei der kritischen Konfrontation, dass mir die Schülerin/der Schüler nicht nur in seiner institutionellen Rolle, sondern auch als Mensch wichtig ist.
- ✓ Ich achte den anderen als einen Menschen, der für sich und sein Handeln Verantwortung übernimmt, und ich traue ihm zu, den Anforderungen und Erwartungen zu entsprechen.

- ✓ Ich respektiere das Spannungsfeld von Ordnungsrahmen und Eigensinn. Als Lehrer/-in durch meinen professionellen Auftrag verpflichtet, den Ordnungsrahmen durchzusetzen, gestehe ich zugleich dem Schüler zu, sich eigensinnig dem Ordnungsrahmen zu widersetzen, allerdings nur unter der Voraussetzung, für die Konsequenzen dann auch einzustehen und Verantwortung für die Konsequenzen zu übernehmen.

1.4 Beziehungen wertschätzend gestalten – eine Übersicht

Auf diese Weise Führung in der hierarchischen Beziehung gegenüber den Schülerinnen und Schülern wertschätzend zu gestalten, muss in ein Gesamtkonzept einer wertschätzenden Beziehungsgestaltung durch die Lehrpersonen eingebunden sein. Die folgende Übersicht soll – ohne Anspruch auf Vollständigkeit – Aspekte eines solchen Konzepts deutlich machen.

Führungshandeln der Lehrkräfte im Sinne einer wertschätzenden Beziehungsgestaltung

- ✓ Die Schüler/-innen durch **Zielvorgaben und Qualitätsansprüche** orientieren und für Ziele sorgen, die subjektiv bedeutsam und sinnvoll erscheinen
- ✓ Hohe und zugleich realistisch **erreichbare Anforderungen** stellen und klare Verhaltenserwartungen an die Lerngruppe und die einzelnen Schüler/-innen richten
- ✓ Bei Anforderungen die **unterschiedliche Leistungsfähigkeit und Belastbarkeit** der einzelnen Schüler/-innen berücksichtigen und akzeptieren, dass nicht von allen Schülerinnen und Schülern die gleichen Leistungen erwartet werden können

- Darauf **vertrauen**, dass die Schüler/-innen so gut, wie es ihnen möglich ist, ihre Arbeit leisten und die vorgegebenen und selbst gesetzten Ziele erreichen wollen
- **Vertrauen und Kontrolle verbinden** und Kontrolle so gestalten, dass sie das Interesse an der Art, wie die Aufgaben bearbeitet werden, und an dem Maß, in dem die Anforderungen bewältigt werden, ausdrückt
- Die **Leistungs- und Verhaltenserwartungen** transparent machen und die Beurteilung an ihnen nachvollziehbar orientieren
- Bei der **Beurteilung** die Einschätzung der Stärken und Schwächen deutlich machen und mit Hinweisen und Unterstützung zur Verbesserung von Leistung und Verhalten verbinden
- Bei der Beurteilung die **Selbsteinschätzung** der Schüler/-innen berücksichtigen und die Selbst- und Fremdeinschätzung abgleichen
- **Kritik** am Führungshandeln und **Beschwerden** als Feedback anhören und ernst nehmen – für ein Klima der Angstfreiheit sorgen, in dem Kritik und Bedenken offen und angemessen geäußert werden können
- **Fehler zulassen** und zugleich für das Lernen aus Fehlern sorgen
- Den Schülerinnen und Schülern bei Bedarf **Unterstützung** anbieten, aber nicht aufzwingen
- Schüler/-innen **individuell begleiten**, Interesse an ihren Problemen und Sorgen zeigen und sich um ihr Wohlergehen kümmern
- Die **Stärken** der Schüler/-innen nutzen und ihre **Schwächen** so gut wie möglich kompensieren; den Blick auf die Ressourcen der Schüler/-innen und nicht auf ihre Defizite richten
- Die **Motivation** und das **Selbstvertrauen** der Schüler/-innen durch Aktivierung, das Erleben von Erfolgen und die Präsentation der Erfolge stärken
- **Verlässlich handeln** und nur zusagen, was die Lehrkräfte gegenüber den Schülerinnen und Schülern auch einhalten können
- Keinen Konsens unter Einsatz der hierarchischen Positionsmacht erzwingen, sondern **Dissens zulassen** und so klären, dass zugleich die Verbindlichkeit von Regeln und Beschlüssen gewährleistet ist

- ✓ Für **Verbindlichkeit** bei der Umsetzung von Aufträgen, der Bearbeitung von Aufgaben und der Einhaltung von Vereinbarungen sorgen
- ✓ Den Schülerinnen und Schülern gegenüber **fair handeln** – Zuwendung nicht nach Sympathie und Gunst verteilen – Ungleichbehandlung (z.B. wegen unterschiedlicher Stärken und Schwächen, unterschiedlicher Voraussetzungen und unterschiedlichen Förderbedarfs) transparent und nachvollziehbar machen
- ✓ Die **Interaktion** mit den Schülerinnen und Schülern authentisch, reversibel, empathisch und berechenbar gestalten

2 DIE KOMMUNIKATION MIT ELTERN UND SCHÜLERN GESTALTEN

2.1 Die Kommunikation mit Schülerinnen und Schülern gestalten

Um den Auftrag zur Führung der Schülerinnen und Schüler wahrnehmen zu können, sind Lehrerinnen und Lehrer mit Macht ausgestattet. Die Ausübung dieser Macht ist an zwei pädagogische Zwecke gebunden und durch diese begrenzt:

- ✓ Eine wesentliche Aufgabe der Erwachsenen im Umgang mit Kindern und Jugendlichen ist die Orientierung darüber, welche Erwartungen an ihr Leistungs- und Sozialverhalten gestellt werden und welches Verhalten gewünscht, geduldet oder nicht geduldet wird. Orientieren heißt deshalb auch, Grenzen zu setzen, wenn das Schülerverhalten den Leistungsanforderungen nicht entspricht oder nicht sozial verträglich ist.
- ✓ Schülerinnen und Schüler lernen nur dann, für ihr Handeln und die Handlungsfolgen Verantwortung zu übernehmen, wenn diese auch Konsequenzen haben (Hoegg 2012, S. 49 f, 60 ff). Für Konsequenz und Verbindlichkeit zu sorgen und bei Fehlverhalten das Änderungsverlangen wirksam zu äußern, setzt Durchsetzungsmacht voraus.

Mit dieser Macht wertschätzend umzugehen erfordert, die Autonomie und Eigenverantwortung der Schülerinnen und Schüler zu respektieren. Deshalb müssen Lehrkräfte vermeiden,

- ✓ Schülerinnen und Schüler herabzusetzen und zu demütigen,
- ✓ Schülerinnen und Schülern überfürsorglich die Verantwortung für sich selbst und ihr Handeln abzunehmen und
- ✓ zuzulassen, dass Schülerinnen und Schüler für ihre Probleme immer nur andere verantwortlich machen und Hilfe ausschließlich von anderen erwarten, statt Wege zu finden, wie sie ihre Probleme selbst lösen können.

Hierarchische Beziehung

Wichtig ist: In einer hierarchischen Beziehung wie der zwischen Lehrpersonen und Schülern hat immer der Ranghöhere die Verantwortung für die Beziehungsgestaltung. Deshalb können Lehrpersonen nicht erwarten und nicht beanspruchen, dass sich Schülerinnen und Schüler kommunikativ angemessen verhalten.

Die Verantwortung der Lehrpersonen bezieht sich darauf,

- ✓ für eine Zielorientierung und eine klare Strukturierung von Gesprächen zu sorgen und die Schüler immer wieder auf die Gesprächsziele hin zu orientieren,
- ✓ die eigene Gesprächsrolle klar zu haben und die Schüler dabei zu unterstützen, ihre Rolle zu finden und im Gespräch ihre Rolle zu halten,
- ✓ eine gute Balance von Nähe und Distanz und von rationaler Sachorientierung und emotionaler Befindlichkeit zu gewährleisten.

Diese Beziehungsverantwortung wahrzunehmen erfordert ein hohes Maß an Professionalität: Ich muss als Gesprächsführer die Fähigkeit haben, die eigenen Emotionen zu kontrollieren und nicht aus der Emotion heraus zu handeln, und ich muss zugleich akzeptieren, dass meine Gesprächspartner in unprofessioneller Weise Emotionen ausleben.

Ich muss meine Rolle im Gespräch wahrnehmen und aus meiner Rolle heraus Position beziehen und ich muss zugleich von der Metaebene aus die gesamte Gesprächssituation überschauen und das heißt, nicht nur meinen Gesprächspartner und sein Agieren, sondern auch mich und mein Agieren zu beobachten. Denn nur dann kann ich das Gespräch steuern.

Die Verantwortung für die Beziehungsgestaltung geht aber über eine professionelle Kommunikationsgestaltung hinaus und erfordert eine berufsethische Grundhaltung. Das ist nicht schwer, wenn Kommunikation gelingt. Das kann aber sehr schwer werden, wenn sie nicht gelingt, weil die Kinder und Jugendlichen sie verweigern oder sich destruktiv verhalten. Dann – so die übliche Lehrersicht – bin doch nicht ich, dann sind doch die Kinder schuld daran, dass Beziehung und Kommunikation nicht gelingen. Dann sind es die Verhaltensschwierigkeiten der Schüler, die das Zusammenleben in einer Klasse unmöglich machen.

Aber: „Die Kinder verantwortlich zu machen, geht nicht. Sie sind zwar kompetent, aber sie verfügen nicht über die Kompetenz, für die Beziehung zu Erwachsenen verantwortlich sein zu können“ (Juul 2011, S. 18).

Selbst die Beziehungsverantwortung zu übernehmen, statt sie mit Verweis darauf zu verweigern, dass andere – z.B. die „schwierigen" Schülerinnen und Schüler – an Beziehungs- und Verständigungsproblemen schuld sind, erfordert als ersten Schritt, nicht in Kategorien wie Schuld zu denken oder Ursachenforschung zu betreiben.

Verantwortung hat nicht der, der schuld ist, sondern der, zu dessen Profession und Führungsrolle diese Verantwortung gehört. In einer Schüler-Lehrer-Beziehung liegt die Verantwortung also bei der Lehrperson und in einer Schulleiter-Lehrer-Beziehung liegt die Verantwortung entsprechend beim Schulleiter, also immer beim Ranghöheren.

Was das heißt und wie man mit dieser Verantwortung umgehen kann, macht ein Fallbeispiel von Jesper Juul (2011, S. 18) deutlich.

Der schwierige Peter

Peter fängt in einer fünften Klasse in einer neuen Schule an. Der Lehrer arbeitet hart, um eine Arbeitsbeziehung mit ihm aufzubauen. Es geht nicht: Er ist unwillig, macht Ärger, viel Unruhe und letztlich bekommt er nicht das, was er bekommen sollte.

Was macht man dann? Dann geht man zu Peter hin: „Hör mal, Peter, ich habe drei Wochen lang versucht, eine Beziehung zu dir aufzubauen."

Und dann kommt dieser furchtbare Satz, den kaum ein Lehrer sagen kann: „Das ist mir nicht gelungen." Es ist so einfach, aber so schwierig. Es ist viel einfacher zu sagen: „Du bist ja unmöglich. Du willst offensichtlich nicht" oder „Was ist überhaupt mit dir los?" Aber zu sagen: „Ich hab's versucht; es ist mir nicht gelungen": Dann hat dieses Kind das erste Mal einen verantwortlichen Erwachsenen getroffen.

Das macht auf Kinder einen tiefen Eindruck, weil es so selten ist. „Peter, ich habe mir gedacht, irgendwie muss ich was Falsches mit dir machen. Jetzt brauche ich Hilfe. Ich habe mit meinen Kollegen darüber geredet, ich habe mit meinem Coach darüber geredet, ich habe mit meiner Frau darüber geredet – ich weiß es nicht. Kannst du mir bitte helfen? Was mache ich bei dir falsch?"

Der Peter hat viel Erfahrung als schwieriger Schüler und er sagt: „Weiß nicht."

Und der Lehrer weiß: Peter hat zum ersten Mal einen verantwortlichen Erwachsenen getroffen und er weiß nicht, ob er ihm vertrauen kann. Er sagt: „Ok., Peter, denk drüber nach. Ich melde mich wieder bei dir."

Dann kommt er nach einer Woche wieder und sagt: „Peter, ich brauche jetzt wirklich diese Antwort: Was mache ich bei dir falsch?" Und der Peter denkt nach, guckt vorsichtig seinen Lehrer an und endlich sagt er: „Du schimpfst immer." Und 99,9 % der Lehrer sagen unmittelbar: „Das stimmt aber nicht" oder die schlauen sagen: „Warum glaubst du das?" Dieser Lehrer nicht.

Er sagt die Wahrheit: „So sieht es für mich überhaupt nicht aus. Darüber muss ich nachdenken. Vielleicht brauche ich mehr Hilfe."

Dann treffen sie sich in der Klasse und der Lehrer merkt, dass Peter seine Energie verliert. Und dann sagt er: „Peter, war das ein Beispiel? Habe ich jetzt geschimpft? Ok, tut mir leid."

Das dauert insgesamt – wenn der Lehrer langsam redet – sechs Minuten. Und die Lehrer sagen immer: „Wir haben keine Zeit für Beziehungen. Aber man wendet in dieser Zeit 160 Minuten für Konflikte auf. Diese sechs Minuten machen den Unterschied aus, denn Peter ist jetzt für seine ganze Schulzeit der Präsident des Fanclubs dieses Lehrers an seiner Schule.

Positionsmacht beachten

Was die Gestaltung von Kommunikation in hierarchischen Beziehungen zusätzlich schwierig macht, ist das strukturelle Unterlegenheitsgefühl der Untergebenen, also der Schülerinnen und Schüler, gegenüber dem Lehrer.

Seine Überlegenheit ergibt sich zum einen aus der hierarchischen Positionsmacht, die Leistungen und das Verhalten der Kinder und Jugendlichen beurteilen und auf diese Weise über ihre Berufs- und Lebenschancen entscheiden zu können und zu müssen. Die Überlegenheit wird verstärkt, wenn der Lehrer Gespräche initiiert, weil er sie für nötig hält, und nicht die Schüler oder Eltern die Gespräche anfordern. Sie wird zudem in der Regel dadurch verstärkt, dass der Lehrer Gastgeber ist, weil die Gespräche in einem Sprechzimmer stattfinden, das den Schülern ansonsten nicht zugänglich ist.

Gerade dann, wenn die Gespräche schwierig sind, kann das für die Schüler heißen: Sie befinden sich auf feindlichem Territorium und da können sie nur überleben, wenn sie entweder möglichst unauffällig und passiv oder möglichst aggressiv und kämpferisch auftreten. Das hat – insbesondere bei der aggressiven Variante – zur Folge, dass Schülerinnen und Schüler dazu neigen können, sich schon vor dem Gespräch aufzurüsten nach dem Motto: „Nur ja nichts gefallen lassen“, denn: „Wer sich nicht wehrt, lebt verkehrt.“

Entwaffnende Kommunikation

Damit dennoch Kommunikation und Verständigung gelingen, muss bereits die Gesprächseröffnung entwaffnend sein. Hilfreich ist dafür, zuerst die Sicht- und Erlebnisweise der Schüler/-innen anzuhören und erst dann die eigene Sichtweise zum Abgleich zu erläutern.

Hat also ein Schüler Verhaltens- oder Leistungsschwierigkeiten, dann sollte nicht zuerst der Lehrer berichten und damit auch definieren, was genau warum als schwierig anzusehen ist, sondern er sollte die Schüler einladen, zuerst zu äußern, wie sie diese Schwierigkeiten wahrnehmen. So könnte er als Gesprächseröffnung formulieren: „Ich habe Schwierigkeiten mit dir. Das ist kein Geheimnis. Ich möchte gerne von dir wissen: Womit bist du unzufrieden? Ich habe alles, was ich weiß und kann, gemacht und ich muss sagen, ich bin mit der Beziehung noch nicht zufrieden und deshalb brauche ich deine Hilfe, was dich dabei unterstützen kann, besser mit mir klar zu kommen.“ Oder: „Ich habe dir eine schlechte Leistungsnote gegeben. Ich kann dir gern die Gründe dafür sagen, warum ich deine Leistungen in meinem Unterricht für schlecht halte. Aber ich weiß nicht genau, warum es dir schwer fällt, bessere Leistungen zu erbringen. Kannst du mir das erklären, damit ich es besser verstehen kann? Und kannst du mir sagen, was ich anders machen sollte, um dich beim Lernen besser zu unterstützen? Und danach kann ich auch gern erklären, wie ich dich im Unterricht erlebe und wir können dann vielleicht zu einem gemeinsamen Bild kommen.“

Durch solche Äußerungen werden die Schüler gleich zu Beginn des Gesprächs entwaffnet und zugleich entlastet.

Sie fühlen sich mit ihren Sorgen und ihrer Sichtweise angenommen und ernst genommen und das ist die Voraussetzung dafür, dass sich auch in schwierigen Beziehungen Vertrauen bilden kann. Geht es der Lehrperson dagegen um die Frage: „Wer hat recht?“ und findet er die Unterstellung, er könne nicht recht haben, als Gesichtsverlust, dann kommt es zu einem Machtkampf mit Angriff und Verteidigung.

Wie auch immer dieser Kampf ausgeht: Sieger im Sinne einer gelingenden Kommunikation und Beziehung gibt es keinen, und wenn es dem Lehrer gelingen sollte, sich im Gespräch mit seiner Sichtweise durchzusetzen, wird es danach für ihn im Unterricht umso schwerer. Denn der betroffene Schüler kann sich nach einer solchen Niederlage kaum anders verhalten, als seine Schwierigkeiten noch zu verstärken, um damit seine verletzte Würde und Autonomie wieder herzustellen.

Beziehung herstellen

Ein entwaffnendes Kommunikationshandeln durch die Lehrkraft setzt nicht die Hierarchie außer Kraft. Sie erweckt nicht den Eindruck, als könne unter Zurückstellung oder Nichtbeachtung der Hierarchie eine Beziehung der Gleichheit hergestellt werden. Denn diese Gleichheit wäre unglaubwürdig. Sie widerspricht der Rollen- und Beziehungsdefinition von Rechten und Pflichten der Lehrerinnen und Lehrer auf der einen und der Schülerinnen und Schüler auf der anderen Seite im Schulgesetz und den Ausbildungs- und Prüfungsordnungen.

Für den Unterricht heißt das (Hattie 2013): Lehrerinnen und Lehrer sind mehr als nur Lernbegleiter; sie ermöglichen nicht nur, sondern sie aktivieren.

So sinnvoll selbstständiges Lernen und Lernen im Austausch und so wichtig sie für die Integration des Gelernten in die individuelle Wissensstruktur der Lernenden sind: Im Zentrum des Unterrichtsgeschehens steht die Lehrperson, die über Vortrag oder Material für den Input sorgt, die Unterrichtsphasen und Lernsequenzen strukturiert, für eine störungspräventive und störungsarme Klassenführung, ein anregungsreiches Lernklima und kognitiv aktivierende Lernaufträge und Erklärungen sorgt.

Aber: Diese zentrale Bedeutung der Lehrperson für den Unterricht wird nur dann positiv wirksam, wenn sie mit einem Perspektivwechsel verbunden ist.

Lernprozesse aktivierend und förderlich zu gestalten, gelingt nur, wenn das Lernen mit den Augen der Lernenden und aus ihrer Sicht wahrgenommen wird. Das setzt voraus, sich in die Lernenden hineinzuversetzen und zu verstehen, was sie wissen und wie sie denken. Das setzt zudem voraus, sich der Wirkungen des eigenen Unterrichtshandelns durch Evaluation und Schülerfeedback zu vergewissern.

Genau das gilt auch für die Gestaltung der Kommunikation mit Schülern. Sie gelingt nur dann, wenn die Lehrpersonen nicht unreflektiert aus ihrer Rolle und Sicht heraus agieren, sondern sich in die Perspektive der Schüler/-innen hinein versetzen und sich der Wirkung ihrer kommunikativen Interventionen vergewissern. Das setzt Klarheit darüber voraus, in welcher Rolle die Lehrperson agiert, denn sie ist einerseits Gesprächsführerin und -moderatorin und andererseits Gesprächspartei und als solche dem Schüler (und entsprechend in Elterngesprächen den Eltern) gleichgestellt.

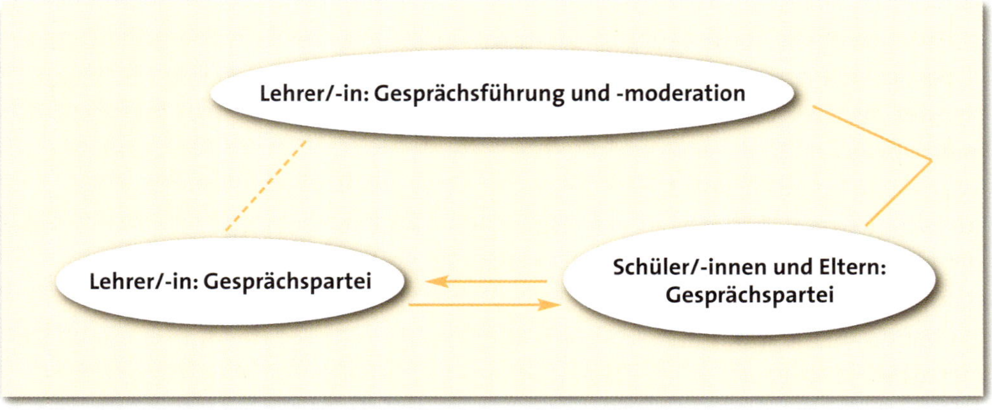

Abbildung 6: Gespräche aus der Sicht der Eltern und Schüler/-innen wahrnehmen

Orientierung geben

Die Bereitschaft und Fähigkeit, zugleich klare Positionen zu beziehen und die Kommunikation aus der Sicht der Schüler zu sehen, setzt eine Haltung der Anerkennung von Schülerinnen und Schülern nicht als Gleiche, aber als Gleichwürdige voraus.

Dabei gilt: Je klarer die Lehrpersonen ihre Rolle und ihre Hierarchiemacht akzeptieren und vertreten, umso besser können sie sich auf Gleichwürdigkeit einlassen.

Umgekehrt: Je klarer die Orientierung für die Schüler/-innen ist, was an der Schule geht und was nicht geht und was genau die Aufgaben und die Grenzen der Lehrermacht aufgrund ihrer Rolle und ihres Auftrags ist, umso mehr können sich Vertrauen bilden und ein reifes Handeln auf der Ebene von Gleichwürdigkeit entwickeln. „Lehrer und Schüler sind nicht gleichrangig, aber sie sind gleichwürdig. Wir reden nicht über Gleichheit, sondern über Gleichwürdigkeit. Wir reden darüber, dass Kinder ernst genommen werden, genauso, wie sie sind. Wir reden über ein Lernumfeld, in dem die Lehrer nicht mit Rotstift arbeiten und nicht defizitorientiert sind“ (Juul 2011, S. 17), sondern das Selbstgefühl der Kinder stärken.

Das setzt eine Schulkultur voraus, in der die Sicht- und Erlebnisweisen der Lernenden genauso geäußert werden können und Beachtung finden wie die Sicht- und Erlebnisweisen der Lehrenden und beide bereit sind, sich in die Perspektive des anderen hineinzuversetzen. Das setzt auch voraus zu akzeptieren, dass eine hierarchisch höherrangige Position nicht bedeutet, alles besser zu wissen und zu können, als die untergebenen Personen. Das setzt den Grundsatz voraus: Dialog statt Rechthaberei (Haller/Wolf 2004, S. 55 ff, S. 131 f).

In ihrem Roman „Wer wir sind“ macht Sabine Friedrich (2012, S. 972 f) diesen Unterschied am Beispiel der Diskussionskultur in der freien Volksbildung in Deutschland deutlich: „Dabei übt man, was den Deutschen so schwerfällt: gegnerische Meinungen zu akzeptieren, das Gespräch auch bei unterschiedlichen Standpunkten fortzusetzen, jenseits konfessioneller und parteipolitischer Voreingenommenheit zu diskutieren und vor allem nicht davon auszugehen, dass der Dialogpartner einen anderen Standpunkt nur deshalb vertritt, weil er moralisch minderwertig ist."

Klarheit und Transparenz

Gleichwürdigkeit in hierarchischen Beziehungen erfordert beides: Klarheit und Transparenz über Rollen, Zuständigkeiten und Berechtigungen auf der einen Seite und den Raum für die Entfaltung von Potenzialen und Überzeugungen sowie von Teilhabe und Partizipation auf der anderen Seite.

Gerade bei schwierigen Schülerinnen und Schülern ist es hilfreich, dass ihr Fehlverhalten in der Regel nicht das Ziel hat, ihre Lehrer/-innen bewusst zu ärgern, sondern dass sie damit auf ihre Weise Fragen an das soziale System ihrer Schule stellen: „Natürlich wissen die Schüler, dass ihr regelwidriges Verhalten vom Lehrer innerlich nicht gebilligt wird. Aber da die Reaktion des Lehrers nicht eindeutig vorhersehbar ist, lohnt sich ein Versuch. Das Verhalten dient also nicht nur dem eigenen Vergnügen, sondern birgt zugleich auch folgende wichtigen Fragen:

- ✓ Was ist in Ordnung, was ist nicht in Ordnung?
- ✓ Wer bestimmt das Geschehen?
- ✓ Wie weit kann ich gehen?
- ✓ Was passiert, wenn ich zu weit gehe?

Dies alles sind mehr als berechtigte Fragen, die jedoch nicht verbal, sondern über Handlungen nach außen getragen werden. Und diese Fragen werden durch die Reaktion des Lehrers immer beantwortet. (…) Wer dies als Lehrer nicht erkennt, wird vielleicht wortreich seine Einstellung darlegen, nicht aber durch sein Verhalten die gewünschte klare Antwort liefern" (Hoegg 2012, S. 68).

2.2 Die Kommunikation mit Eltern gestalten

Während die Kommunikation zwischen den Lehrpersonen und den Schülern sich täglich aus ihrem Zusammensein im Unterricht und in der Schule ergibt, braucht die Kommunikation zwischen Lehrern und Eltern einen Anlass und eine Absprache.

Die Initiative kann von den Lehrpersonen ausgehen. Das ist insbesondere dann der Fall, wenn es Schwierigkeiten mit einem Schüler gibt und die Lehrer/-innen die Eltern informieren wollen. Diese Information ist in der Regel mit der Erwartung verbunden, dass die Eltern die Schule beim Umgang mit den Schwierigkeiten unterstützen, indem sie erzieherisch auf ihr Kind einwirken oder zumindest schulische Maßnahmen mittragen und ihnen nicht zu Hause entgegenarbeiten.

Häufiger geht die Initiative für diese Gespräche aber von den Eltern aus, weil sie sich Sorge um die Leistungsentwicklung und die Schullaufbahn oder um das Wohlergehen ihres Kindes in der Schule machen.

Anspruch auf Elterngespräch

Wünschen die Eltern ein Gespräch, kommt es nicht aufgrund einer freien Vereinbarung zustande. Denn der Lehrer kann nicht entscheiden, ob er ein solches Gespräch für sinnvoll hält oder nicht und ob er bereit ist, dafür Zeit aufzuwenden oder nicht. Er ist vielmehr gesetzlich verpflichtet, auf einen entsprechenden Elternwunsch hin ein Gespräch zu führen. So heißt es im Schulgesetz von NRW – und vergleichbare Regelungen finden sich in den Schulgesetzen aller Bundesländer: „(1) Eltern sowie Schülerinnen und Schüler sind in allen grundsätzlichen und wichtigen Schulangelegenheiten zu informieren und zu beraten. (2) Lehrerinnen und Lehrer informieren die Schülerinnen und Schüler sowie deren Eltern über die individuelle Lern- und Leistungsentwicklung und beraten sie. (…) (5) Die Schule soll Eltern sowie Schülerinnen und Schüler in Fragen der Erziehung, der Schullaufbahn und des weiteren Bildungswegs beraten" (SchulG NRW § 44). Das Schulgesetz begründet also mit einer solchen Regelung einen Rechtsanspruch der Eltern auf Gespräche mit den Lehrpersonen – unabhängig davon, ob diese das wollen oder nicht.

Verantwortung für die Beziehungsgestaltung

Wie für die Beziehung zwischen Schülern und Lehrpersonen gilt auch für die Beziehung zwischen Eltern und Lehrern: Die Lehrer haben die Verantwortung für die Beziehungsgestaltung, und zwar nicht aufgrund einer hierarchischen Überordnung, sondern als Professionelle im Umgang mit Laien. Deshalb lässt sich das, was für die Beziehung zwischen Schülern und Lehrpersonen gilt, in vergleichbarer Weise auf die Beziehung zwischen Lehrpersonen und Eltern übertragen.

Allerdings: Auch wenn viele Gespräche zwischen Eltern und Lehrern vertrauensvoll und unproblematisch verlaufen, ist die Eltern-Lehrer-Beziehung deutlich komplexer (vgl. Hoegg 2012, S. 90 ff). An dieser Stelle sei im Hinblick auf die weiteren Ausführungen einem möglichen Missverständnis vorgebeugt: Wenn im Folgenden die Schwierigkeiten und Belastungen im Vordergrund stehen, dann nicht deshalb, weil die Beziehung zwischen Eltern und Lehrern durchweg schlecht und schwierig ist.

Gründe für nicht gelungene Elterngespräche

Nur braucht man da, wo alles gut und verständnisvoll abläuft, keinen Rat. Er ist aber immer dann nötig, wenn es nicht gelingt, die Kommunikation mit den Eltern gut zu gestalten. Dafür gibt es eine Reihe von Gründen:

Indirekte statt direkter Beobachtung

Während Schüler und Lehrer die in der Schule erlebte Wirklichkeit teilen und sich in dieser wechselseitig beobachten und wahrnehmen, findet die erlebte Wirklichkeit von Eltern und Lehrern in deutlich getrennten Welten statt.

Die Lehrpersonen kennen in der Regel ausschließlich die Welt der Schule, während ihnen das Zuhause fremd und nicht zugänglich ist. Die Eltern nehmen ihr Kind im Kreis der Familie und Freunde und insbesondere zu Hause wahr und erfahren von der Schule nur das, was ihr Kind ihnen erzählt – und das ist nicht das, was objektiv passiert ist, sondern wie das Kind Ereignisse subjektiv erlebt hat. Zudem nimmt das Kind bei der Auswahl, welche Ereignisse aus der Schule erzählenswert sind, eine Selektion vor.

Wie bei der Nachrichtenauswahl durch die Medien haben Ereignisse mit hoher subjektiver Betroffenheit wie zum Beispiel, unfair und ungerecht behandelt worden zu sein, ebenso wie sensationelle Ereignisse einen Vorrang vor dem, was das Leben in der Schule alltäglich prägt. Da zudem negative Ereignisse in der Regel einen höheren Erlebniswert haben als positive, kommt es zu einem verzerrten Elternbild vom Schulleben.

Wenn Eltern diese Auswahlmechanismen nicht reflektieren und die subjektiv erlebte Wirklichkeit für die objektive Wirklichkeit halten, ist die Gefahr groß, dass sie ihren Umgang mit der Schule auf dem Hintergrund dieses Bildes gestalten. Und das kann dann dazu führen, dass das, was das Kind empört hat, ohne Prüfung zur Empörung der Eltern wird.

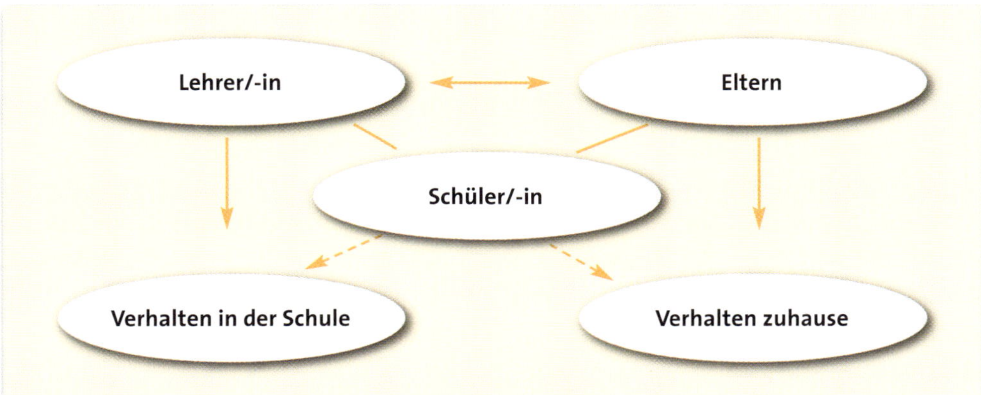

Abbildung 7: Lehrer-Eltern-Kommunikation: Die beobachtete und die erzählte Lebenswirklichkeit des Schülers (Die durchgezogenen Linien und Pfeile symbolisieren die direkte Beobachtung, die gestrichelten Linien stehen für die durch das Erleben und Erzählen des Schülers vermittelten und deshalb nur indirekt zugänglichen Lebensbereiche.)

Ganz schwierig wird es dann, wenn die Kinder merken, dass sie durch ihre Erzählung über das, was in der Schule passiert, ihre Eltern beeinflussen und steuern können.

Der Schüler, der mit einem heimlichen Handy-Anruf aus dem Unterricht seine Mutter dazu bringt, wegen der unerträglichen Behandlung ihres Sohnes sofort in die Schule zu rauschen, noch in der gleichen Unterrichtsstunde die Klassentür aufzureißen und den Lehrer empört vor der Klasse zur Rede zu stellen, ist gewiss ein Extremfall – aber man sollte die Kinder nicht unterschätzen: Wenn die Eltern dafür anfällig sind, sich kämpferisch für ihr Kind einzusetzen, und wenn die Kinder spüren, dass ihre Eltern weder ihre Emotionen noch ihr Handeln reflektieren, können Schüler/-innen enorme Fähigkeiten entwickeln, um ihre Eltern zu manipulieren und für ihre Zwecke zu instrumentalisieren.

Da von den Eltern Professionalität nicht erwartet werden kann und die Lehrer als die Professionellen für die Beziehungsgestaltung verantwortlich sind, dürfen sie auf keinen Fall eine solche elterliche Empörung mit Gegen-Empörung beantworten. Ebenso wenig sinnvoll ist, dem Schüler vorzuwerfen, dass er ein Lügner ist. Stattdessen sollte die Lehrkraft nachfragen (Hoegg 2012, S. 90 ff, 104): „Was genau ist passiert? Wann und wo ist das passiert? Wie ist das passiert? Wer war am Vorfall noch beteiligt?“

Indem die Lehrer/-innen die Fragen stellen, geben sie die Gesprächsführung nicht aus der Hand und sie wahren die professionelle Distanz.

Sie gewähren eine Zeitlang die psychohygienische Entlastung durch das Agieren aus der Emotion heraus, weil dies die Voraussetzung dafür ist, dass die Eltern überhaupt gesprächsfähig werden und ein Gespräch sinnvoll zu führen ist. Sie nutzen dann den passenden Augenblick, um auf das Sachthema und das Ziel des Gesprächs zu orientieren: „Worum genau geht es Ihnen jetzt? Was genau soll am Ende dieses Gesprächs erreicht sein? Was genau erwarten Sie, dass ich tun soll?“

Austausch über einen abwesenden Dritten – Bilder über die Schüler/-innen abgleichen

Anders als beim Umgang mit Schülern geht es bei den Gesprächen mit den Eltern in Abwesenheit des Kindes in der Regel nicht um das Verhalten der Beteiligten, sondern um das des Kindes. Der Fokus der Kommunikation liegt nicht darin, miteinander zu sprechen, sondern sich über einen Dritten, den Schüler, auszutauschen.

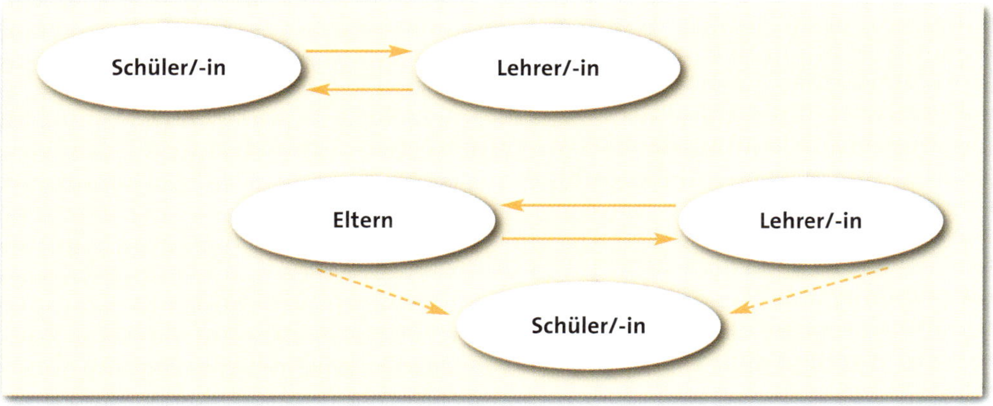

Abbildung 8: Schüler-Lehrer- und Eltern-Lehrer-Kommunikation

Eine Verständigung zwischen Eltern und Lehrern wird bei dieser Konstellation ohne Probleme möglich sein, wenn das Bild vom Kind in hohem Maß vergleichbar ist – unabhängig davon, ob dieses Bild zutreffend ist und ob die Übereinstimmung der Bilder für das Kind eher förderliche oder problematische Wirkungen hat.

Denn was die Bilder vom Schüler bestimmt, ist ja nicht nur sein Verhalten, sondern es ist immer auch eine Selbstoffenbarung. So wird es für das Kind gewiss förderlich sein, wenn beide – Eltern und Lehrer – davon ausgehen, das Kind so zu akzeptieren, wie es ist, auf seine Stärken zu blicken und ihm etwas zuzumuten, weil sie es ihm auch zutrauen.

Haben sie dagegen deshalb das gleiche Bild, weil sie beide die Verfolgerrolle einnehmen oder zur Überfürsorglichkeit neigen, wird das die Entwicklung des Kindes zu einer reifen und autonomen Person, die für sich Verantwortung übernimmt, erheblich erschweren. Dann kommt es zu einem Bündnis der Erwachsenen gegen das Kind und dagegen hat das Kind in der Regel keine Chance, sodass es nur mit Überanpassung oder Trotz und damit infantil reagieren kann.

Schwieriger wird die Verständigung zwischen Eltern und Lehrer, wenn sich ihre Bilder vom Kind widersprechen.

Geht dann noch einer oder beide Kommunikationspartner davon aus, dass nur ein Bild richtig sein kann – und das ist dann das eigene – scheitert jede Möglichkeit der Verständigung. Denn diese setzt wechselseitige Akzeptanz voraus: Jeder glaubt dem anderen, dass er sein Bild ehrlich äußert und nicht aus taktischen Gründen verfälscht.

Damit hier Verständigung gelingt, muss das erste Ziel sein, sich wechselseitig zu verstehen.

- ✓ Wie kommen die Eltern zu ihrem Bild, wie der Lehrer zu seinem?
- ✓ Auf welche Beobachtungen des Verhaltens stützt sich das Bild?
- ✓ Welche typischen Situationen können das Bild veranschaulichen?

Das Ergebnis eines solchen Abgleichs der Bilder und Sichtweisen kann dann unterschiedlich sein. So kann deutlich werden, dass die Beobachtungen durchaus vergleichbar, die Interpretationen und Bewertungen aber unterschiedlich sind. Es kann aber auch deutlich werden, dass die Beobachtungen erheblich voneinander abweichen und sich der Schüler in der Schule ganz anders verhält als zu Hause.

Das kann dann Anlass sein, Hypothesen über Ursachen zu bilden oder – was noch wichtiger ist – gemeinsam abzusprechen, wie der Umgang mit dem Kind trotz der Unterschiedlichkeit seiner Verhaltensweisen möglichst gleichsinnig gestaltet werden kann.

Es kann auch Anlass sein, voneinander zu lernen:

- ✓ „Wie machen Sie das, dass sich Ihr Kind bei Ihnen anders verhält als bei mir?
- ✓ Wie sollte ich mein Verhalten ändern und was könnte ich von Ihnen lernen und im Umgang mit dem Kind erproben?“

Koalitionsbildung im Dreier-Gespräch zwischen Lehrperson, Eltern und Schüler/-in

Der Vorteil dieser Konstellation ist, dass nicht zwei Erwachsene über eine dritte Person, das Kind, sprechen, sondern das Kind sein Erleben, seine Sichtweise und seine Positionen selbst einbringen kann.

Aber auch diese Konstellation bringt die Gefahr von Kommunikations- und Beziehungsfallen mit sich. So wird es Eltern schwer fallen, in Anwesenheit des Kindes über ihre Erziehungsschwierigkeiten zu sprechen. Sie werden sich zudem zur Loyalität ihrem Kind gegenüber verpflichtet fühlen und dazu neigen, Lehrerkritik an ihrem Kind zurückzuweisen – insbesondere wenn ihr fürsorgliches Eltern-Ich stark ausgeprägt ist. Dann kommt es zur Koalition von Eltern und Kind gegen die Lehrperson.

Neigen die Eltern dagegen eher zur Verfolgerrolle, werden sie die Kritik der Lehrperson als Bestätigung ihrer eigenen abwertenden Kritik empfinden und ihrem Kind vorhalten: „Siehst du, das, was dein Lehrer sagt, haben wir dir auch schon tausend Mal gesagt. Jetzt tu endlich mal das, was wir dir sagen!" Nutzen die Eltern auf diese Weise das Dreier-Gespräch, um die Autorität des Lehrers für die Stärkung ihrer eigenen Autorität zu instrumentalisieren oder durch Angriffe gegen ihr Kind der Lehrperson ihre Erziehungsbereitschaft und -fähigkeit zu demonstrieren, kann es zum Bündnis zwischen der Lehrperson und dem Schüler kommen. Denn wenn die Lehrkraft das Elternverhalten als unangemessen und beziehungs(zer)störend empfindet, wird sie nun die Partei des Kindes gegen seine Eltern ergreifen.

Kommt es im Dreier-Gespräch zu einer dieser Koalitionen, ist eine gemeinsame Verständigung nicht mehr möglich und eine Verständigung in der Zukunft belastet und erschwert.

Da die Lehrperson für die professionelle Beziehungsgestaltung verantwortlich ist, braucht sie ein gutes Gespür dafür, wenn sich eine solche Koalition andeutet, und sie braucht die Fähigkeit zur Selbstreflexion und Selbstkontrolle, wenn sie selbst in der Gefahr ist, sich in eine Koalition mit den Eltern gegen das Kind oder mit dem Kind gegen dessen Eltern zu verstricken. Zudem muss die Lehrperson situativ über passende Interventionen verfügen.

Dazu gehören z.B.:

- ✓ **Das Spiegeln:** Die Lehrperson kann ihren Eindruck, wie das Gespräch bisher gelaufen ist, formulieren und dann die Eltern und den Schüler fragen, ob sie das ähnlich erlebt haben. Ist das nicht der Fall, erläutern die Eltern und der Schüler ihr abweichendes Bild vom Gesprächsverlauf. An diese Klärung schließt sich dann die Frage an: „Haben Sie/Hast du eine Idee, wie wir jetzt unser Gespräch am besten weiterführen können?"

- ✓ **Die Zielvergewisserung:** Da bei einer Koalitionsbildung und dem damit verbundenen Machtkampf das eigentliche Gesprächsziel aus dem Blick gerät und durch das Ziel ersetzt wird, als Sieger aus dem Machtkampf hervorzugehen oder zumindest keine Niederlage zu erleiden, kann eine Erinnerung an den Sinn und das Ziel des Gesprächs hilfreich sein. „Wir hatten zu Beginn des Gesprächs geklärt, was am Ende des Gesprächs erreicht sein soll. Ich habe den Eindruck, dass wir dieses Ziel aus den Augen verloren haben. Deshalb möchte ich nachfragen: Gilt aus Ihrer Sicht dieses Ziel noch und liegt Ihnen noch daran, dieses Gesprächsergebnis zu erreichen? Oder hat sich das Ziel verändert? Dann müssten wir klären, welches Ziel genau wir denn jetzt anstreben. Was sollte denn bis zum Ende unseres Gesprächs erreicht sein, damit Sie mit dem Gespräch zufrieden sind?"
- ✓ **Die Erinnerung an grundlegende Gesprächsnormen:** Verletzen die Eltern Gesprächsnormen wie z.B. den Gesprächspartner ausreden zu lassen und ihn nicht herabzusetzen oder zu beleidigen, sollte die Lehrperson ein klares Stopp-Signal setzen: „Ich bin nicht bereit, das Gespräch mit Ihnen in diesem Ton weiterzuführen. Bitte entscheiden Sie, ob Sie das Gespräch weiterführen wollen. Wenn nicht, ist das in Ordnung. Dann sollten wir das Gespräch hier abbrechen, auch wenn wir zu keinem Ergebnis gekommen sind. Wenn ja, dann erwarte ich, dass Sie mich (oder Ihr Kind) ausreden lassen und Beleidigungen unterlassen."
- ✓ **Das Innehalten:** Die Lehrperson unterbricht das Gespräch und klärt den Gesprächsstand. „Ich habe den Eindruck, dass wir hier nicht weiterkommen, und sehe die Gefahr, dass wir uns in der Sache festbeißen, statt zu einer Lösung zu kommen." Das Innehalten kann auch dafür genutzt werden, den Konsens-Dissens-Stand zu markieren: „Bevor wir uns noch heilloser zerstreiten, möchte ich gern wissen: In welchen Punkten stimmen wir denn überein? Und in welchen Punkten sind und bleiben wir unterschiedlicher Meinung? Und worum genau geht es bei unserer Meinungsverschiedenheit?"
- ✓ **Die Klärung einer Meinungsverschiedenheit:** Häufig spitzt sich der Streit zwischen den Beteiligten auf die Frage zu, wer recht hat, und die Koalitionen bilden sich an der Entscheidung, wer das Bild, was richtig

und was falsch ist, teilt. Dabei geht es einerseits um deskriptive Aussagen: Ist die Darstellung des Sachverhalts richtig? Ist ein Vorfall so passiert, wie ihn einer der Beteiligten geschildert hat? Andererseits geht es um normative Aussagen: Habe ich recht, dass das Verhalten des Lehrers gegenüber meinem Kind nicht vertretbar ist? Habe ich recht, dass die Leistungsnote nicht berechtigt ist?

Die Doppelrolle der Lehrperson: Gesprächsbeteiligte und Gesprächsführerin

Voraussetzung für solche Interventionen ist, dass die Lehrperson ihre eigenen Emotionen beherrscht und nicht aus der Emotion heraus handelt. Sie darf und muss bei Bedarf intervenieren, weil sie in der Rolle des Gesprächsführers für den Erfolg des Gesprächs verantwortlich ist. Sie kann sich dabei auf die Macht der Moderation stützen und mit dieser Macht bei Bedarf die Gesprächsteilnehmer zur Ordnung rufen.

Sie darf aber auf keinen Fall die Macht der Moderation missbrauchen, um ihre eigene Sichtweise und Position durchzusetzen.

Ein Indikator dafür ist, dass die Lehrperson den Eltern Vorwürfe macht oder ihre Kompetenz und Urteilsfähigkeit in Frage stellt. Denn dann geht es ihr um ihren eigenen Status und nicht darum, die Grundlagen für ein konstruktives Gespräch zu sichern. Dann ist die Gefahr groß, dass sie zu einer Eskalation beiträgt statt im wörtlichen Sinne zu moderieren – denn das heißt: zu mäßigen.

Die besondere Herausforderung für die Lehrperson ist, dass sie bei einem Elterngespräch zweifach vertreten ist: Als Gesprächsbeteiligte, die ihre Positionen vertritt und sich mit denen des Gesprächspartners auseinandersetzt, und als Gesprächsführerin, die für die Klarheit der Struktur und die Zielorientierung des Gesprächs sowie die Einhaltung der Gesprächsregeln sorgt. Und das kann auch heißen, sich selbst zu ermahnen: „Tut mir leid, aber bei dem Punkt bin ich so engagiert, dass ich aus der Rolle gefallen und zu heftig geworden bin."

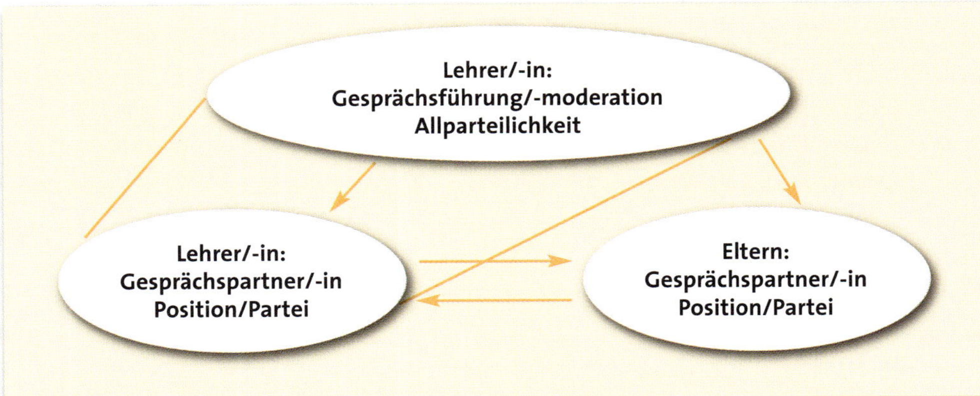

Abbildung 9: Die Doppelrolle der Lehrperson im Elterngespräch

Diese doppelte Rolle wahrzunehmen, überfordert Lehrerinnen und Lehrer, wenn die Beziehung zu den Eltern bereits emotional vorbelastet ist. Und wenn das so ist, sollte die Lehrperson eine dritte Person als Moderatorin oder Moderator hinzunehmen, um sich ganz auf ihre Rolle als Partei im Gespräch konzentrieren zu können – einer Partei, aus der bei einem guten Gesprächsverlauf ein Partner werden kann.

Wechselseitige Phantasien und Projektionen

Anders als bei vielen anderen Berufen ist die Lehrerprofessionalität nur unscharf ausgeprägt, bekannt und bewusst.

Eltern wissen in der Regel, was sie von der Profession eines Arztes oder eines Handwerkers erwarten dürfen, und sie können beurteilen, ob das Handeln dieser Personen im Rahmen ihrer Profession gerechtfertigt ist oder nicht. Auch wenn sie misstrauisch sein mögen, ob die Diagnose einer Krankheit oder eines Schadens zutreffend ist und die Therapie oder Reparatur zum Erfolg führen: Sie wissen, ob die Fachexpertise des Arztes oder Handwerkers die Grenzen ihrer Professionalität beachtet oder überschreitet. Würde z.B. ein Handwerker bei einer Reparatur zu Hause eine erzieherische Intervention mit erleben und dann den Eltern vorwerfen, dass sie ihr Kind falsch erziehen, wüssten die Eltern genau, dass er eine solche Äußerung zu unterlassen hat, weil sie den Rahmen seiner Professionalität überschreitet und er sich dann als Privatperson äußert.

Hat aber eine Lehrperson den Eindruck, dass die Eltern ihr Kind nicht richtig erziehen und dass sich dies negativ auf die Entwicklung und das Lernen des Kindes auswirkt, ist es weitaus schwieriger zu klären, ob ein solches Urteil im Rahmen der Lehrerprofessionalität, die die Pflicht zur Elternberatung einschließt, gerechtfertigt ist oder ob hier die Grenze zwischen professioneller Expertise und privatpersönlicher Meinung überschritten ist.

Umgekehrt leiden auch viele Lehrkräfte daran, dass sie kein klares Professionsbewusstsein entwickelt haben.

Deshalb reagieren sie empfindlich auf Rückmeldungen oder Ratschläge, wie sie ihre Beziehung zum Schüler oder zur Klasse gestalten sollten, und empfinden das als Einmischung und Infragestellung ihrer Profession.

Je stärker die Unsicherheit über die Merkmale von Lehrerprofessionalität sowohl bei den Eltern wie bei den Lehrpersonen selbst ausgeprägt sind, umso größer ist die Gefahr wechselseitiger Phantasien und Projektionen. „Was fällt der Lehrperson ein, mir sagen zu wollen, wie ich mein Kind zu erziehen habe!“ – „Was fällt dem Vater ein, mir sagen zu wollen, wie man besser mit Kindern umgehen sollte.“ Eskalieren diese wechselseitigen Phantasien, kommt es zur Entstehung von Feindbildern. „Mein Kind hat Schwierigkeiten mit Lehrer X, weil der nicht in der Lage ist, mit meinem Kind vernünftig umzugehen.“ – „Ich habe Schwierigkeiten mit Schüler X, weil seine Eltern nicht in der Lage sind, es zu erziehen.“

Besonders dramatisch kann sich eine solche Beziehungskonstellation zwischen Eltern und Lehrern dann entwickeln, wenn bei Familien mit einem anderen kulturellen Hintergrund, z.B. mit arabischer oder türkischer Herkunft, die Kritik am Schülerverhalten als Angriff auf die Familienehre verstanden wird.

Wenn es nicht gelingt, diese wechselseitigen Bilder in einem moderierten Gespräch miteinander abzugleichen und nach der Klärung zu einer Absprache zu kommen, wie der Umgang mit dem Kind möglichst gleichsinnig gestaltet werden kann, kommt es entweder vor jedem Kontakt zwischen diesem Lehrer und diesen Eltern zur beiderseitigen Aufrüstung oder umgekehrt zur Vermeidung jeden Kontakts. Daraus ergeben sich verschiedene Möglichkeiten, wie die Beziehungskonstellation zwischen den Lehrpersonen und den Eltern gestaltet sein kann, und diese Beziehungskonstellationen können jede sinnvolle Kommunikation und Kooperation zwischen den Eltern und den Lehrern verhindern.

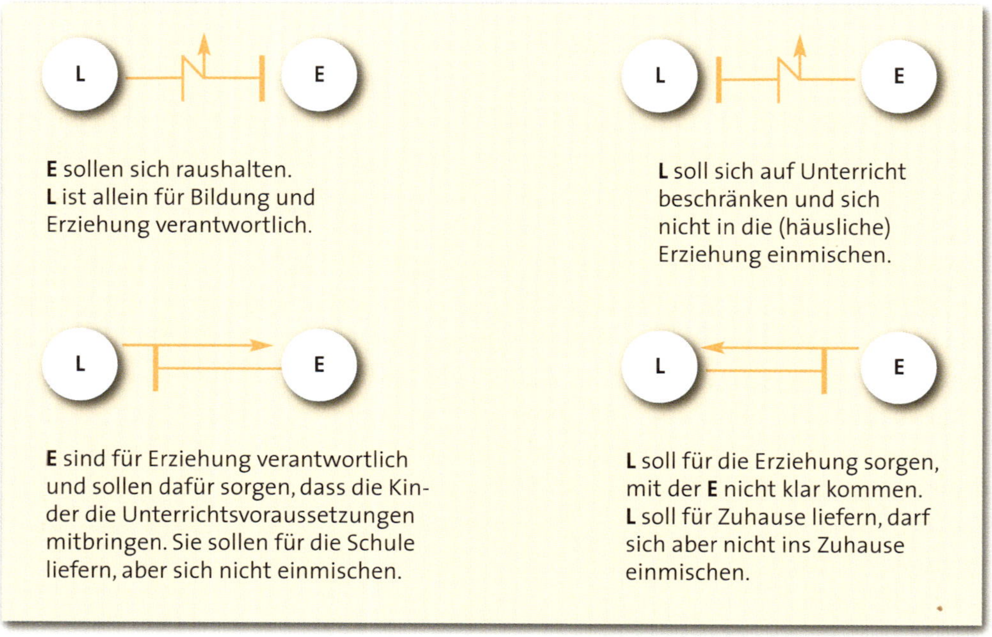

Abbildung 10: Beziehungskonstellationen, die Kooperation und Verständigung blockieren

Die Aufrüstung kann auf der Seite der Eltern die Folge haben, dass sie ihr Kind ausfragen, um Vorwürfe gegen die Lehrkräfte zu sammeln. Das Gefühl, dass Aufrüstung nötig ist, wird noch dadurch verstärkt, dass die Eltern die Gesprächssituation als strukturell ungleich empfinden, weil die Elterngespräche in der Regel in der Schule stattfinden. Damit aber hat der Lehrer einen Heimvorteil, und je angespannter Eltern die Beziehung zu einer Lehrperson oder zur Schule insgesamt erleben, umso stärker werden sie das Gefühl haben, mit dem Schulraum feindliches Territorium zu betreten.

Deshalb ist es sinnvoll, im Einzelfall schwierige Elterngespräche bei ihnen zu Hause zu führen, und deshalb ist es erforderlich, dass in der Schule eine Atmosphäre des Willkommens spürbar wird. Denn eingeladen zu sein, seine Positionen und Sichtweisen äußern zu können, ernst genommen und angehört zu werden – all das wirkt entwaffnend und schafft auf diese Weise bei schwierigen und belasteten Beziehungskonstellationen überhaupt die Chance, miteinander ins Gespräch zu kommen und im Gespräch eine Verständigung zu erreichen.

Sich vor einem Gespräch aufzurüsten, kann auf Seiten der Lehrer die Folge haben, dass sie ihre Schüler nur noch darauf hin beobachten, welche Leistungsdefizite sie aufweisen und welches Fehlverhalten sie zeigen. Gerade dann, wenn ein Lehrer selbst das Gefühl hat, mit Schülern oder Klassen nicht klar zu kommen und mit den Herausforderungen, die diese Schüler und Klassen für ihn bedeuten, überfordert zu sein, dient eine solche Aufrüstung auch dem Selbstschutz: „Dass ich mit diesen Schülern nicht klar komme, liegt nicht an mir, sondern an den Schülern – und an ihren Eltern, die nicht dafür sorgen, dass ihre Kinder wohl erzogen in die Schule kommen."

Die umgekehrte Reaktion, die Gespräche mit Eltern wenn eben möglich zu vermeiden, kann die Folge des Eindrucks sein, dass diese Gespräche nicht nur Zeit kosten, sondern auch die Gefahr mit sich bringen, unerfreulich zu verlaufen, und die Folge haben können, nach einem solchen Gespräch nicht weniger, sondern mehr Schwierigkeiten im Umgang mit dem Schüler zu haben. Die Eltern meiden nicht selten das Gespräch mit dem Lehrer, weil sie fürchten, dass ein kritisches Feedback gegenüber der Lehrperson auf dem Rücken ihres Kindes ausgetragen wird, indem der Lehrer seine Leistungen negativer beurteilt oder es vor der Klasse bloßstellt.

Allerdings: Die Kosten von Aufrüstung oder Vermeidung sind hoch. Denn wenn sich Lehrer und Eltern nicht verständigen, können sie ihr Verhalten im Umgang mit dem Kind nicht auf einander abstimmen, und wenn dieses Verhalten gegensätzlich ist, fehlt dem Kind eine klare Orientierung, was von ihm erwartet wird und welche Grenzen seinem Verhalten gesetzt sind. Diese Desorientierung wird noch dadurch verstärkt, dass sie mit einem Loyalitätskonflikt verbunden sein kann. Dann wird der Konflikt zwischen der Elternerwartung, z.B.

die Familienehre zu verteidigen und bei einer Beleidigung als „Hurensohn" sofort zuzuschlagen, und der Erwartung der Schule, auf Gewalt zur Konfliktlösung zu verzichten, für den betroffenen Schüler zu einem unlösbaren Dilemma.

Ähnlich selbstwertschädigend kann sich der Konflikt zwischen Eltern und Schule auswirken, wenn die Eltern den Grundsatz vertreten, sich von anderen nichts gefallen zu lassen, denn wer sich von anderen etwas gefallen lässt, sei ein Schlappschwanz. Die Schule erwartet dagegen, bei Konflikten im Rahmen einer Streitschlichtung zu Kompromissen bereit zu sein.

Die Folgen solcher Loyalitätsdilemmata sind beim Kind entweder die Aggression nach außen und die permanente Regelverletzung, weil sich ein Regelbewusstsein überhaupt nicht ausbilden konnte, oder der Rückzug auf sich selbst, die Autoaggression oder die Flucht in psychische oder psychosomatische Erkrankungen.

Gespräche über Schwierigkeiten werden leicht zu schwierigen Gesprächen

Meist sind es Schwierigkeiten und nicht erfreuliche Anlässe, die Lehrpersonen oder Eltern veranlassen, das Gespräch zu suchen. Dabei geht es vor allem um Lern- und Leistungsschwierigkeiten, die die Schullaufbahn und auf lange Sicht den Schulabschluss gefährden können, oder es geht um ein sozial unverträgliches Schülerverhalten, bei dem die Lehrpersonen die Unterstützung der Eltern erwarten.

Aus der Sicht der Eltern geht es neben dem Schulerfolg vor allem um das Wohlergehen ihres Kindes, seinen Schutz vor Herabsetzung und vor schulischen Entscheidungen und Maßnahmen, die die Eltern für ungerecht und unfair halten. Nun können die Schwierigkeiten, die der Gesprächsanlass sind, ganz schnell und häufig unbemerkt die Ursache für schwierige Gesprächsverläufe werden. Denn was als Information oder Erwartung an den Gesprächspartner gedacht war, kann als Angriff missverstanden werden.

Statt zu akzeptieren, dass das Kind den Lehrern Schwierigkeiten macht oder dass die Lehrer und die Schule dem Kind Schwierigkeiten machen, wird die

Schwierigkeit der jeweils anderen Person zugeschoben: Nicht das Kind verhält sich schwierig, sondern der Lehrer, der kein Verständnis für das Kind zeigt – und nicht der Lehrer und die Schule verursachen Ängste und Lernblockaden beim Kind, sondern das Kind ist nicht bereit, sich anzustrengen oder sich zu konzentrieren. Das hat dann auch die Folge, dass Ereignisketten unterschiedlich interpunktiert werden (Beavin/ Jackson/Watzlawick 1969, zit. nach Schulz von Thun 1981, S. 85 ff.): Aus der Schülersicht: „Ich strenge mich nicht an, weil der Lehrer mich nicht mag und mir sowieso eine schlechte Note gibt." Aus der Lehrersicht: „Ich gebe eine schlechte Note, weil der Schüler sich nicht anstrengt."

Der Vorwurf, Ursache von Schwierigkeiten zu sein, und die Verschiebung der Verursachung auf die jeweils andere Person sind Ausdruck einer Schuldkultur. In ihr geht es nicht darum, mit Blick auf die Zukunft Problemlösungen zu erkunden und zu entwickeln, sondern mit Blick auf die Vergangenheit festzustellen, wer an den Problemen schuld ist. Und sobald es um die Schuldfrage geht, kann eine Verständigung nicht mehr gelingen. Denn dann ist nur noch die Frage wichtig, wer recht hat. Dann ist nur noch wichtig, einen Gesichtsverlust durch eine Niederlage zu vermeiden. Dann darf man auf keinen Fall vor dem Partner, der zum Feind geworden ist, eine Blöße zeigen. Damit sind die Grundlagen für ein Gespräch – Offenheit und Vertrauen – zerstört.

Für diese Grundlagen so gut wie möglich zu sorgen, ist die professionelle Verantwortung der Lehrpersonen und nicht die der Eltern, denn der Professionelle und nicht der Laie hat die Verantwortung für die Beziehungsgestaltung.

Diese Verantwortung setzt die Bereitschaft zum Perspektivwechsel voraus. Nur dann, wenn ich mich gedanklich in die Perspektive der Eltern versetze und das Gespräch mit ihren Augen sehe, bin ich in der Lage, im Gespräch nicht nur meine Sichtweisen und Positionen zu vertreten, sondern auch die Gesprächsführung und -moderation allparteilich wahrzunehmen.

Dabei kann ein Gedankenexperiment hilfreich sein: Lehrerinnen und Lehrer klären am Beispiel eines anderen Berufs, an dem des Arztes, was sie in der Rolle des betroffener Elternteils von einem Professionellen erwarten und was sie zum Erfolg des Gesprächs mit dem Arzt beitragen können und möchten.

Dazu folgende Übung:

Sich in die Elternperspektive versetzen

Ausgangslage

Versetzen Sie sich in die folgende Situation: Ihr Kind ist erkrankt. Sie suchen das Gespräch mit dem behandelnden Arzt.

Klären Sie folgende Fragen

- ✓ Welche Erwartungen haben Sie an die Professionalität des Arztes?
- ✓ Welche Erwartungen haben Sie an das Gespräch mit dem Arzt?

Erwartungen

Notieren Sie bitte Ihre Erwartungen an den Arzt im Hinblick auf das Gespräch zur Erkrankung Ihres Kindes.

Abgleich

Gleichen Sie Ihre Notizen mit den folgenden Erwartungen und eigenen Gesprächsbeiträgen ab, die die legitimen Elterninteressen berücksichtigen und für eine Verständigung geeignet sind:

1) Ich erwarte, dass der Arzt zu einem Gespräch bereit ist. Ich habe dabei Verständnis dafür, dass die Zeit des Arztes knapp und das Gespräch deshalb zeitlich eng begrenzt ist.
2) Ich erwarte, dass der Arzt mich über die Diagnose und Therapie informiert.
3) Ich erwarte, dass diese Information für einen Laien verständlich ist und Fachbegriffe auf Nachfrage erläutert werden.
4) Ich erwarte, dass der Arzt meine Nachfragen beantwortet, bis ich die Diagnose und die vorgesehene Therapie hinreichend verstanden habe.

5) Ich erwarte, dass der Arzt mir Hinweise auf weitere Möglichkeiten (Material, Internetquellen o.Ä.) gibt, mich über die Krankheit meines Kindes zu informieren.

6) Ich erwarte, dass der Arzt mich über die Aussicht auf Heilung und die möglichen Risiken informiert.

7) Ich erwarte, dass der Arzt bei mir Informationen zu meinem Kind einholt und nachfragt, welche Beobachtungen ich im Hinblick auf die Erkrankung gemacht habe. Ich bin umgekehrt bereit, dem Arzt diese Informationen zu geben.

8) Ich akzeptiere, dass der Arzt zu meinem Elternverhalten kritisch Stellung nimmt und mich z.B. darauf hinweist, dass ich schon früher beim Auftreten der Krankheitssymptome zum Arzt hätte gehen müssen. Dabei erwarte ich, dass der Arzt seine Kritik nicht als Vorwurf oder Angriff äußert, sondern mir erklärt, warum mein Verhalten für das Kind abträglich (gewesen) ist.

9) Ich erwarte, dass der Arzt bereit ist, meine Zweifel an der Diagnose oder Therapie anzuhören, ernst zu nehmen und nicht als Angriff auf seine Professionalität abzuwehren. Ich erwarte zudem, dass der Arzt zu meinen Bedenken Stellung nimmt und mir auf der Grundlage seiner fachlich-professionellen Expertise erklärt, warum die Zweifel nicht begründet sind. Ich erwarte auch, dass er Verständnis dafür hat, dass ich trotz seiner Erklärung weiterhin (Rest-)Zweifel habe.

10) Ich akzeptiere, dass der Arzt Anforderungen an mich stellt, wie ich mein Kind während der Erkrankung zu pflegen habe. Ich bin bereit, diesen Anforderungen zu entsprechen. Ich erwarte dabei, dass der Arzt konkret angibt, was ich tun und worauf ich achten soll.

11) Ich erwarte, dass der Arzt akzeptiert, dass meine Möglichkeiten zur Pflege und Unterstützung begrenzt sind, weil ich nicht unbeschränkt zeitlich zur Verfügung stehen kann oder mir Kenntnisse und Kompetenzen fehlen und ich eine fremde Unterstützung nicht finanzieren kann.

12) Ich erwarte, dass der Arzt deutlich macht, welche Folgewirkungen es für das Kind haben kann, wenn ich seinen Anforderungen nicht in vollem Umfang entspreche. Ich erwarte zugleich, dass er mich entscheiden lässt, ob ich diese Folgewirkungen in Kauf nehme, soweit dadurch nicht

die Verpflichtungen, die sich aus seiner professionellen Ethik ergeben, verletzt werden. Ich erwarte schließlich, dass er im Rahmen seiner professionellen Einflussmöglichkeiten eine Lösung für Probleme findet, die sich aus der Begrenzung meiner Möglichkeiten ergeben, oder dass er mich informiert, an wen ich mich wenden kann, um die erforderliche Pflege und Unterstützung durch Fremdpersonen absichern zu können.

13) Ich erwarte, dass mich der Arzt an wichtigen Entscheidungen zur Therapie beteiligt und bei Eingriffen wie einer Operation mein Einverständnis einholt.

14) Ich erwarte, dass der Arzt das Gespräch klar strukturiert und zum Abschluss klärt, welche Absprachen und Vereinbarungen sich im Gespräch ergeben haben. Ich erwarte, dass er diese Absprachen rekapituliert und sich vergewissert, inwieweit ich damit einverstanden bin.

Abschluss

✓ Überlegen Sie nun, welche Parallelen es zwischen dem Arzt-Eltern-Gespräch und dem Lehrer-Eltern-Gespräch gibt.

✓ Welche Konsequenzen ziehen Sie daraus für Ihre Gesprächshaltung und Ihre Gesprächsführung bei Elterngesprächen?

Die Verantwortung für die Beziehungsgestaltung zu übernehmen bedeutet nicht, immer nur nett zu den Eltern zu sein. Sie kann durchaus auch heißen, einem empört-aggressiven Elternverhalten Grenzen zu setzen und die Bereitschaft zum Gespräch an die Einhaltung von Gesprächsvoraussetzungen und -regeln zu binden.

Klarheit muss allerdings mit Wertschätzung und Konfrontation mit Zuwendung verbunden sein. Deshalb müssen die Lehrpersonen für ein Gesprächsklima sorgen, in dem die Eltern sich akzeptiert fühlen und bei dem sie das Gefühl haben, sich offen äußern zu können und angehört zu werden.

Dazu sollten sie eingeladen werden: „Mir ist wichtig, besser zu verstehen, was Ihnen Sorgen macht (oder: warum Ihr Kind in der Schule/in meinem Unterricht

Schwierigkeiten hat). Können Sie das mal genauer schildern und mir Beispiele dafür nennen?".

Der Grundsatz für ein Gespräch, das zu Offenheit und Vertrauen einlädt, ist: Zuhören geht vor Äußern.

Statt zuerst zu erzählen, womit die Lehrperson beim Schüler nicht zufrieden ist, hört sie an, womit der Schüler aus der Sicht der Eltern nicht klar kommt. Statt auf einen Vorwurf hin ausführlich Entscheidungen und Maßnahmen zu erläutern und ihr Verhalten zu rechtfertigen, fragt sie erst einmal nach, um den Vorwurf besser zu verstehen.

In welchem Maß das Angebot zu Offenheit und Vertrauen dann von den Eltern angenommen wird, liegt in deren Entscheidung. Die Lehrperson muss diese Entscheidung akzeptieren, auch wenn sie auf die Kosten hinweisen kann: „Ich verstehe, dass Sie Sorgen haben, mir genau zu erzählen, was Ihrem Kind Schwierigkeiten macht. Aber ich bitte auch um Ihr Verständnis. Wenn ich darüber nicht mehr erfahre, verstehe ich die Schwierigkeiten nicht richtig und dann weiß ich nicht, welche Lösungsmöglichkeiten hilfreich sind."

Der Lehrperson sollte dabei klar sein, was für Vertrauen in hierarchischen Beziehungen gilt: Die ranghöhere Person muss immer einen Vertrauensvorschuss schenken und kann umgekehrt keinen Vertrauensvorschuss erwarten, sondern muss sich durch die Glaubwürdigkeit ihres Handelns das Vertrauen der Untergebenen erwerben. In Gesprächen kann für die Vertrauensbildung hilfreich sein, gleich zu Beginn zu klären und zu vereinbaren, dass all das, was die Personen im Gespräch sagen, nur sie angeht. Es darf deshalb nicht an andere weitergegeben werden oder es muss am Schluss des Gesprächs vereinbart und festgelegt werden, welche weitere Person über das Ergebnis informiert wird.

Elterngespräche – manchmal schwierig, aber notwendig

Auch wenn die Beziehungskonstellation im Elterngespräch schwierig ist und von der Lehrkraft bei einem ungünstigen Gesprächsverlauf ein hohes Maß an Professionalität, Selbstkontrolle und Moderationsfähigkeit verlangt, kann nicht zweifelhaft sein, dass auch für das Zusammenwirken von Lehrern und Eltern gilt: Gemeinsam geht es besser.

Deshalb ist die schulgesetzliche Verankerung von Erziehungsvereinbarungen zwischen den Eltern und der Schule gewiss sinnvoll. Die Vorstellung allerdings, eine solche Vereinbarung, am besten gleich bei der Aufnahme des Schülers in der Schule, gewährleiste dauerhaft eine Verständigung zwischen Eltern und Lehrpersonen, wäre naiv. Eine solche Vereinbarung erfordert vielmehr, immer wieder durch gelingende Gespräche zwischen Lehrern und Eltern bestätigt und verstärkt zu werden. Sie erfordert zudem, immer wieder abzugleichen, ob die Vereinbarung noch tragfähig ist oder revidiert werden muss. Und sie erfordert, dass es sich wirklich um eine Vereinbarung handelt, die beide Seiten verpflichtet, und nicht um eine Unterwerfungsgeste, die nur die Eltern in die Pflicht nimmt.

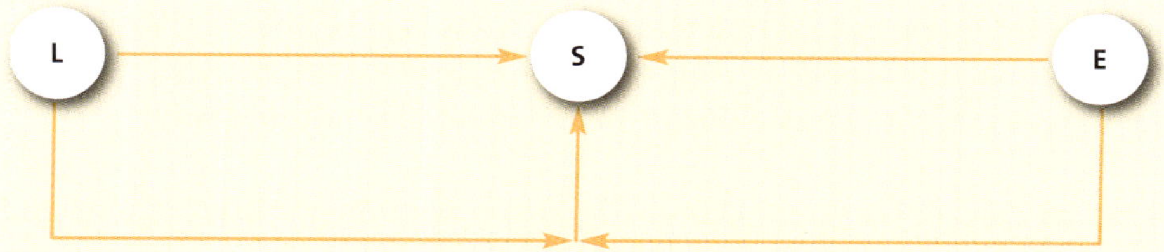

L und **E** wirken bei Erziehung und Bildung unter Beachtung ihrer unterschiedlichen Rollen und Verantwortlichkeiten zusammen, informieren und beraten sich wechselseitig und wirken abgesprochen und gleichsinnig auf **S** ein. **L** unterstützen **E** bei Bedarf und **E** übernehmen Mitarbeit in der Schule in dem Maß, wie das ihnen möglich ist.

Gemeinsames Ziel:
Förderung der Entwicklung und des Lernens von Kindern und Jugendlichen

Abbildung 11: Gleichsinnige Wahrnehmung des Erziehungs- und Bildungsauftrags

Wenn es gelingt, Elterngespräche im Modus und in Anerkennung der Gleichwürdigkeit auf Augenhöhe zu führen, dann sind sie eine große Hilfe, dass die Schule ihren Bildungs- und vor allem ihren Erziehungsauftrag erfüllen kann.

Denn dann ermöglichen sie eine Gleichsinnigkeit des erzieherischen Handelns als Grundlage einer klaren Verhaltensorientierung für die Schüler/-innen.

Lassen sich Diskrepanzen zwischen den schulischen und den familiären Werten, Normen und Regeln nicht lösen und bleibt es bei einem Dissens, ermöglicht die Kommunikation zwischen den Lehrpersonen und den Eltern zumindest, diese Diskrepanzen auch für die Kinder transparent zu machen.

Wichtig ist dann, dass beide Seiten diesen Dissens akzeptieren und deutlich machen, dass die schulischen Normen und Regeln auch dann gelten, wenn sie nicht den familiären Regeln entsprechen. Bei allen Unterschieden entsteht auf diese Weise eine Gemeinsamkeit: Eltern und Lehrer sind sich darin einig, dass das Kind den Dissens der Werte und Normen nicht dafür nutzen darf und kann, die Schule und das Elternhaus gegeneinander auszuspielen.

Auf dieser Grundlage kann es einen noch weiter gehenden Konsens darüber geben, dass sowohl die Schule wie die Eltern gemeinsam das Kind bei der anspruchsvollen Aufgabe unterstützen, sich situativ passend in zwei unterschiedlichen Normensystemen verhalten und bewegen zu können.

Die Kommunikation zwischen den Lehrpersonen und den Eltern ist eine wichtige Voraussetzung dafür, dass den Schülerinnen und Schülern die Spielräume und Grenzen für ihr Handeln klar sind, dass sie durch eine klare Verhaltensorientierung Regelbewusstsein entwickeln und dass sie lernen, Regeln konstruktiv und situativ passend anzuwenden – und das ist auch die grundlegende Voraussetzung für die Bereitschaft, Verantwortung für sich, das eigene Handeln und die Handlungsfolgen zu übernehmen. Ohne eine solche Verständigung hätten es nicht nur die Schülerinnen und Schüler schwerer, sondern auch die Lehrpersonen.

Deshalb lohnt sich die Investition von Zeit, Aufwand und Energie für die Gespräche mit Eltern. Denn auf lange Sicht ist der Nutzen, aufgrund einer klaren Kommunikation und Verständigung zwischen den Eltern und den Lehrern mit den Schülerinnen und Schülern klar kommen zu können, weitaus höher als der Aufwand und die Entlastung durch die Störungs- und Konfliktprävention weitaus höher als die Belastung durch schwierige Elterngespräche.

2.3 Die Klärung von Meinungsverschiedenheiten

In ihrer Verantwortung für die Beziehungsgestaltung und Gesprächsführung ist es hilfreich, wenn zumindest die Lehrperson Klarheit darüber hat – und dann auch bei Bedarf im Gespräch Klarheit darüber vermitteln kann –, wie Meinungsverschiedenheiten geklärt werden können. Dabei ist zwischen Tatsachenbehauptungen, normativen Aussagen und Geschmacksurteilen zu unterscheiden.

Aussage	Tatsachenbehauptung – deskriptive Aussage	Normative Aussage	Geschmacksurteil – Empfinden und Erleben
Überprüfung	Empirische Überprüfung, Überprüfung von Informationen, z.B. in einem Lexikon oder Sachbuch, Zeugenaussagen zu einem Vorfall	Argumente, Stützung auf anerkannte Normen wie z.B. Rechtsvorschriften, Folgewirkungsabschätzung und Folgenbewertung	Erläuterung von Geschmack, Empfindungen und Eindrücken
Grad der Eindeutigkeit	Eindeutig (richtig oder falsch) ↓	Nicht eindeutig, aber Anspruch auf Zustimmung nach vernunftgeleiteter Prüfung ↓	Subjektiv ohne Anspruch auf Zustimmung durch andere ↓
Ziel/Ergebnis	Entscheidung	Überzeugung	Verstehen

Abbildung 12: Die Klärung von Meinungsverschiedenheiten

Die Überprüfung deskriptiver Aussagen

Bei deskriptiven Aussagen ist die Klärung einer Meinungsverschiedenheit unproblematisch, wenn das Verfahren der Überprüfung aktuell zur Verfügung steht. So kann über die Wahrheit einer Tatsachenaussage anhand eines Lexikons entschieden werden. Fehlt in der aktuellen Gesprächssituation die Möglichkeit, eine Tatsachenbehauptung zu überprüfen, muss die Entscheidung aufgeschoben und stattdessen geklärt werden, welches Verfahren geeignet ist, um zu einer eindeutigen Entscheidung zu kommen.

In Gesprächen mit Eltern oder Schülern wird es in der Regel nicht um die Klärung solcher Fakten gehen, sondern um Ereignisse und Vorfälle, an denen Schüler handelnd beteiligt waren. Auch dann gibt es eine objektive Wirklichkeit und auch dann ist es grundsätzlich sinnvoll zu überprüfen, welche Aussagen über ein vergangenes Ereignis zutreffen oder nicht zutreffen.

Schwierig wird diese Klärung aber dadurch, dass die Überprüfung, ob eine Aussage richtig oder falsch ist, nicht eindeutig möglich ist. Dabei geht es nicht nur um die Möglichkeit, dass Betroffene oder Zeugen bewusste Falschaussagen machen, um z.B. einen Freund zu decken und ihm Ärger zu ersparen. In einem solchen Fall können Widersprüche zwischen unterschiedlichen Aussagen für eine Konfrontation genutzt werden. Zudem können die Lügen offenkundigen Fakten widersprechen, wenn z.B. physische Gewalt geleugnet wird, aber die Art der Verletzung nur mit einer entsprechenden Einwirkung zu erklären ist. Außerdem passiert bei einer bewussten Falschaussage auch, dass sich der Sprecher selbst in Widersprüche verwickelt.

Warum eine zuverlässige Klärung so schwierig ist

In der Regel ist eine zuverlässige Klärung, was genau vorgefallen ist und wie sich die Betroffenen verhalten haben, weniger wegen einer bewussten Verzerrung der erlebten Wirklichkeit, sondern wegen einer unbewussten Verzerrung schwierig. Denn sie ist von den Sprechern nicht zu vermeiden.

Gründe dafür sind:

- ✓ Vorfälle und Ereignisse werden immer aus einer begrenzten und unterschiedlichen Perspektive wahrgenommen. Diese Perspektive hängt z.B. von der räumlichen Position des Beobachters ab (Entfernung zum Geschehen, Blick auf das Geschehen von oben, seitlich, durch andere Personen oder Gegenstände verdeckt etc.). Sie wird zudem durch zeitliche Faktoren beeinflusst: Von wann bis wann hat der Beobachter das Geschehen wahrgenommen?

- ✓ Die Wahrnehmung von Ereignissen beschränkt sich lebensweltlich nie auf eine reine Beobachtung, sondern stellt immer eine Vermischung von Beobachtung, Interpretation und Bewertung dar. Nimmt z.B. ein Zeuge wahr, dass ein Schüler einem Mitschüler ins Gesicht schlägt, hängt das, was er beobachtet, davon ab, wie er die Gewalttat deutet. Versteht er sie z.B. als Reaktion auf eine vorangehende schwere Beleidigung, wird er den Schlag als weniger schwer wahrnehmen, als wenn aus seiner Sicht der Täter grundlos zugeschlagen hat.
- ✓ Was beobachtet wird, hängt auch vom eigenen Wertesystem ab. Hält z.B. ein Beobachter physische Gewalt für ein legitimes Mittel, sich gegen Angriffe durch andere Personen zu wehren, wird er die Gewalttat anders beobachten, als wenn er Gewalt grundsätzlich ablehnt. Im ersten Fall wird es eine Tendenz zur Verharmlosung und im zweiten Fall kann es eine Tendenz zur Übertreibung geben. Wichtig ist dabei wieder, dass diese Tendenzen unbewusst sind und dass sie nicht nur die Deutung des Vorfalls, sondern bereits seine Beobachtung und Wahrnehmung prägen. So kann der gleiche Sachverhalt zu kontroversen Beobachtungen führen: „Ich habe doch selbst gesehen, dass Schüler X dem Schüler Y mit der Faust voll ins Gesicht geschlagen hat." „Das stimmt nicht. Er hat seinen Mitschüler mit der Faust doch kaum berührt."
- ✓ Die Verzerrung der Wahrnehmung kann zudem durch die Beziehung zum Täter beeinflusst werden. Hat ein Schüler zu dem Täter ein freundschaftliches Verhältnis oder hat er ihn bisher immer nur als friedlichen und auf Ausgleich bedachten Mitschüler erlebt, wird er sein Handeln anders und weniger schwerwiegend wahrnehmen, wie ein Mitschüler, der schon selbst mal Opfer einer Gewalttat durch diesen Schüler geworden ist.

Dass der gleiche Vorfall und das gleiche Verhalten unterschiedlich wahrgenommen werden und dass das, was wir beobachten, durch eine unbewusste Verzerrung bestimmt ist, ist letztlich darauf zurückzuführen, dass die Erinnerung kein objektives Abbild, sondern eine Rekonstruktion der erlebten Wirklichkeit ist. Diese Rekonstruktion ist im Zeitverlauf nicht stabil, sondern kann sich wandeln. Einen Streit darum, was genau passiert ist, zu schlichten und zu klären, ist dann auch deshalb kaum möglich, weil jeder Beobachter seine Erinnerung als Abbild der objektiven Wirklichkeit versteht.

Behauptet also eine andere Person, sie habe den Vorfall anders wahrgenommen, könne es sich nur um eine bewusste Lüge handeln. Eine Lehrperson, die einen Vorfall klären will und nun mit unterschiedlichen und vielleicht sogar gegensätzlichen Zeugenaussagen zu tun hat, muss deshalb bei den Zeugen erst einmal auf die Einsicht hinwirken, dass trotz gegensätzlicher Beobachtungen alle Beobachter die Wahrheit sagen.

Für die Schüler ist das mit dem hohen Anspruch verbunden zu akzeptieren, dass es bei Aussagen über die erlebte Wirklichkeit keine zweiwertige Logik, sondern gleichberechtigt mehrere Wahrheiten geben kann und die sich widersprechenden Aussagen gleichermaßen wahr sein können. Stehen also zwei oder mehr gegensätzliche Aussagen im Raum, muss die Lehrperson als Klärungsmoderatorin den Grundsatz vertreten: „Du kannst nur dann von uns erwarten, dass wir dir glauben, genau das gesagt zu haben, was du beobachtest hast, wenn du bereit bist, den anderen zu glauben, dass sie nur das sagen, was sie beobachtet haben."

Statt wahr oder falsch: Konsens oder auch Dissens in den Beobachtungen herausarbeiten

Statt einer eindeutigen Entscheidung über wahr und falsch geht es dann um eine Vergewisserung, inwieweit den Beobachtungen ein Konsens (z.B. dass Schüler X den Schüler Y mit seiner Faust ins Gesicht getroffen hat) und inwieweit ihnen ein Dissens (z.B. mit welcher Heftigkeit der Schlag ausgeführt wurde) zugrunde liegt. Die weitere Klärung der Meinungsverschiedenheit kann dann in zwei Richtungen gehen: Der Dissens kann durch weitere überprüfbare Fakten (z.B. die Art der Verletzung) eindeutig entschieden werden. Das Ergebnis könnte dann lauten: „Ich glaube dir, dass du den Schlag als harmlos erlebt hast. Dagegen spricht aber, dass das Opfer heftiges Nasenbluten bekommen hat." Oder der Dissens muss gar nicht geklärt werden, weil er für die Bewertung der Tat als Regelverstoß unerheblich ist: „Ob der Schlag nun heftig war oder nicht: An unserer Schule dulden wir Schläge ins Gesicht auf keinen Fall und deshalb hat die Tat eine Ordnungsmaßnahme zur Folge."

Die Aussagen von Zeugen und Beteiligten zu klären und ihre Glaubwürdigkeit zu bewerten, trifft auf eine weitere Schwierigkeit, die in der Lehrperson selbst liegt. Denn was sie als ihr Bild der Wirklichkeit aus den Aussagen über die Beobachtungen des Tathergangs konstruiert, ist ebenfalls durch subjektive Determinanten bestimmt, die sich aus Haltungen und Werten ergeben.

Eine Klärung zu moderieren und schließlich auf der Grundlage einer mehr oder weniger eindeutigen Klärung zu entscheiden, erfordert deshalb ein hohes Maß an Selbstreflexion. Dabei geht es insbesondere um die Bilder, die sich die Lehrperson von den Beteiligten gemacht hat oder macht. Solche Bilder prägen die Wahrnehmung in dreifacher Weise (Bandler/Grinder 1992, S. 35 ff.):

- ✓ Sie entstehen dadurch, dass einzelne Eindrücke verallgemeinert werden (Generalisierung).
- ✓ Um die Generalisierungen aufrecht erhalten zu können – u.a. weil sie uns Orientierung und damit Sicherheit ermöglichen –, neigen wir dazu, widersprechende Beobachtungen aus unserer bewussten Wahrnehmung zu löschen (Tilgung).
- ✓ Lassen sich widersprechende Beobachtungen nicht unterdrücken, deuten wir sie um (Verzerrung).

Beispiel: Schüler Meier ist dem Klassenlehrer mehrfach gemeldet worden, weil er Mitschüler geärgert und bedroht habe. Die Generalisierung kann dann zur Folge haben, dass wir dem Vorwurf, er habe physische Gewalt angewandt, ohne hinreichende Prüfung Glauben schenken. Nun kümmert sich Schüler Meier um einen Rollstuhlfahrer in der Klasse. Er fährt ihn z.B. zu den Fachräumen oder auf den Pausenhof. Da das dem Bild des Klassenlehrers von Schüler Meier widerspricht, wird er gar nicht darauf achten und bemerken, wie sich Schüler Meier gegenüber diesem Mitschüler verhält. Sollte er aber doch einmal so auf dieses unterstützende Verhalten aufmerksam werden, dass er diese Wahrnehmung nicht verleugnen kann, rettet er seine Generalisierung durch Verzerrung: „Das macht er nur, weil er jetzt kurz vor dem Versetzungstermin bei seinen Lehrern einen guten Eindruck machen will."

Geht es also um einen Vorgang in der Vergangenheit, dann muss der Klärungsmoderator akzeptieren, dass es zwar eine eindeutige objektive Wirklichkeit gibt, dass diese aber – von eindeutig nachzuweisenden Folgewirkungen wie Verletzungen oder Beschädigungen abgesehen – nicht eindeutig zu erfassen, sondern nur auf der Grundlage subjektiver Aussagen zur erlebten Wirklichkeit erschlossen und rekonstruiert werden kann. Und bei der Klärung müssen die Lehrer/-innen nicht nur die Glaubwürdigkeit der Beteiligten, Betroffenen und Zeugen einschätzen, sondern sich auch ihrer eigenen Glaubwürdigkeit vergewissern und ihre Wahrnehmungen und Einschätzungen im Hinblick auf die Gefahr von Tilgungen oder Verzerrungen überprüfen.

Die Überprüfung normativer Aussagen

Normative Aussagen werden vor allem dann zum Anlass für Streit und Rechthaberei, wenn mit dem Eintreten für die eigenen Überzeugungen die Abwertung anderer Überzeugungen verbunden ist. Wer beansprucht, dass seine Überzeugung richtig ist, unterstellt damit, dass andere Überzeugungen falsch sind. Wer bei normativen Aussagen richtig oder falsch als eindeutiges Entscheidungskriterium versteht, muss deshalb seinen Gesprächspartner für moralisch minderwertig erklären, denn eine andere Überzeugung zu haben, kann dann ja nur auf Bösartigkeit zurückzuführen sein.

Damit wird aber die gemeinsame normative Grundlage für ein Gespräch in Frage gestellt, denn die Verständigung über normative Fragen setzt die wechselseitige Anerkennung unterschiedlicher Überzeugungen und das Recht, sie argumentativ zu vertreten, voraus. Wer die eigene Überzeugung für die eindeutig richtige hält und damit andere Überzeugungen für falsch erklärt, schließt sich selbst aus der Kommunikationsgemeinschaft aus und hat keinen Anspruch auf ein Gespräch, weil ein Gespräch überhaupt nicht sinnvoll möglich ist. Neben der Anerkennung, dass es gleichberechtigte unterschiedliche Überzeugungen gibt, ist eine weitere Gesprächsvoraussetzung, die Kraft des besseren Arguments anzuerkennen und bereit zu sein, die eigenen Meinungen zu revidieren, wenn andere Meinungen sich als argumentativ tragfähiger erweisen.

Das normative Argumentieren vollzieht sich in einer Schrittfolge von normativen und empirisch überprüfbaren deskriptiven Aussagen.

Modell für die Begründung einer normativen Aussage

	Normative Behauptung und empirische Begründung		Normative Infragestellung und empirische Widerlegung
A!	(Ausgangsnorm)	←	Anzweifeln der Ausgangsnorm, z.B. „Warum?“
A → B	(Empirisch überprüfbare Folgerung: Wenn Ausgangsnorm, dann...)	←	Empirische Widerlegung
B!	Setzung der Folgerung als Begründungsnorm	←	Anzweifeln der Begründungsnorm
B → C	(Empirisch überprüfbare Folgerung aus der Begründungsnorm)	←	Empirische Widerlegung
C!	Setzung der Folgerung als zweite Begründungsnorm	←	Anzweifeln der Begründungsnorm
usf.			

Abbildung 13: Modell für die Begründung einer normativen Aussage

Die normative Argumentation läuft auf diese Weise aufsteigend ab: Die Grundnorm ist auf der nächsthöheren Stufe ein Mittel, um ein Ziel zu erreichen, und sie wird durch dieses Ziel legitimiert. Dieses Ziel ist dann wiederum ein Mittel, um ein höherrangiges Ziel zu erreichen. Letztlich endet der normative Aufstieg bei dem Ziel der Überlebenssicherung, denn das ist die zwingende Voraussetzung, um überhaupt normativ miteinander argumentieren zu können.

Wenn z.B. ein Lehrer in einem Gespräch mit Eltern kritisiert, ihr Kind würde seine Hausaufgaben nicht machen, kann er diese Kritik mit der Norm begründen: „Ein Schüler soll seine Hausaufgaben machen.“ Zweifeln die Eltern diese Norm an, begründet der Lehrer sie mit einer Schlussfolgerung: „Wenn ein Schüler seine Hausaufgaben vollständig und regelmäßig macht, verbessert er seine schulischen Leistungen.“ Die Eltern könnten demgegenüber auf Forschungsergebnisse zu Hausaufgaben verweisen, dass deren Wirkung für die Verbesserung der Lern- und Leistungsergebnisse gering ist.

Da die Professionalität den Lehrer dazu verpflichtet, seine Berufspraxis am aktuellen Stand der Forschung zu orientieren, müsste dann die Konsequenz sein, dass er die empirisch gestützten Kriterien für eine sinnvolle und wirksame Hausaufgabenpraxis erläutert.

Das Ergebnis könnte an dieser Stelle zu einer Verständigung führen: Der Lehrer verpflichtet sich, nur solche Hausaufgaben zu stellen, die nach dem Stand der Unterrichts- und Lernforschung sinnvoll sind. Die Eltern verpflichten sich, soweit wie möglich Einfluss darauf zu nehmen, dass ihr Kind diese Hausaufgaben bearbeitet. Sie könnten aber auch die Begründungsnorm in Frage stellen: „Warum soll ein Schüler seine Leistungen verbessern?" Und auch die Folgerungen des Lehrers, eine Verbesserung der Leistungen führe zu besseren Noten, diese führten zur Versetzung sowie am Ende der Schullaufbahn zu einem besseren Abschluss und der wiederum biete bessere Berufschancen, können von den Eltern erneut empirisch in Frage gestellt werden oder die Eltern können die daraus sich ergebenden neuen Begründungsnormen anzweifeln.

Das Ergebnis einer solchen normativen Argumentation kann dann sein:

- ✓ Die Grundnorm, z.B. dass Schüler Hausaufgaben machen sollen, wird bestätigt und vom Gesprächspartner akzeptiert.
- ✓ Die Grundnorm wird von beiden Gesprächspartnern in einer revidierten oder präzisierten Version akzeptiert.
- ✓ Die Grundnorm wird durch eine andere Norm ersetzt, die dann von beiden Gesprächspartnern akzeptiert wird; z.B. könnten an die Stelle regelmäßiger Hausaufgaben das Erstellen und Sammeln unterschiedlichster Schülerarbeiten und -beiträge in einem Portfolio treten.
- ✓ Der Aufstieg zu den höherrangigen Zielen wird an einem beliebigen Punkt abgebrochen, der Dissens festgestellt und der Umgang mit dem Dissens vereinbart. Wenn z.B. die Eltern vertreten, die Freiheit und Eigenverantwortung ihres Kindes sei für sie ein höherwertiges Ziel als der gute Schulabschluss, kann das Gespräch mit der Vereinbarung enden, dass der Lehrer akzeptiert, wenn der Schüler seine Hausaufgaben nicht macht, und die Eltern akzeptieren, dass ihr Kind keine guten Schulnoten erreicht.

Worum es geht, ist also, dass Lehrerinnen und Lehrer für Verbindlichkeit und Verantwortlichkeit sorgen. Wer für Werte eintritt, die nicht den Zielen der Schule entsprechen, muss wissen, welche Konsequenzen es hat, wenn ein entsprechendes Verhalten gezeigt wird. Was nicht geht, ist, von der Schule beides zu erwarten, z.B. die individuelle Freiheit der Schüler zu achten, keine Hausaufgaben zu machen, und das Unterlassen der Hausaufgaben nicht bei der Leistungsbewertung zu berücksichtigen.

Lehrer sollten deshalb darauf hinwirken, dass die Schüler und Eltern für die Konsequenzen ihrer Entscheidungen und ihres Handelns Verantwortung übernehmen. Dagegen verstößt es gegen die professionelle Ethik, wenn sie Druck ausüben, damit die Schüler und Eltern ihre Werte und Überzeugungen aufgeben und die des Lehrers anerkennen. Das heißt auf der einen Seite: Die Schule und die Lehrpersonen dürfen erwarten, dass die Schüler/-innen ein leistungshemmendes oder sozial unverträgliches Verhalten ändern, auch wenn es den familiären Werten oder Zielen entspricht. Das heißt auf der anderen Seite: Sie können und dürfen nicht erwarten, dass die Schüler/-innen zusätzlich einsehen, warum ihre Werte und Überzeugungen falsch sind.

Druck auszuüben, führt entweder zu nur scheinbaren Zugeständnissen oder zu einer Konflikteskalation. Aufgabe der Lehrpersonen ist nicht, den Willen der Schüler/-innen zu brechen und darauf hinzuwirken, dass sie ihre Überzeugungen aufgeben oder verleugnen. Ihre Aufgabe beschränkt und konzentriert sich vielmehr darauf, für Verbindlichkeit und Verantwortlichkeit zu sorgen.

Die Überprüfung von Aussagen über Gefühle und Empfindungen

Geht es um Geschmacksurteile oder darum, Gefühle und Empfindungen zu äußern, lässt sich ein Dissens nicht entscheiden. Wenn dem einen z.B. ein Musikstück gefällt und dem anderen nicht oder wenn der eine sich durch eine Äußerung beleidigt fühlt und der andere nicht, ist eine Entscheidung, welches Gefühl das richtige ist, unmöglich.

An die Stelle der Überprüfbarkeit und Wahrheit tritt dann das Kriterium der Authentizität: Hat die Person ihre Gefühle und Empfindungen ehrlich geäußert? Hat also z.B. ein Schüler sich durch eine Lehreräußerung wirklich beleidigt gefühlt oder gibt er dieses Gefühl nur vor, weil er die Chance sieht, dem Lehrer zu schaden?

Im Unterschied zur normativen Aussage, die mit dem zwanglosen Zwang des besseren Arguments den Anspruch auf Zustimmung stellt und dem anderen den gleichen Anspruch zubilligt, geht es bei der Überprüfung von Aussagen über Gefühle und Empfindungen darum, den anderen besser zu verstehen.

Das passende Verfahren für eine solche Überprüfung sind sondierende Fragen, z.B.:

- ✓ Was genau hat dich bei der Äußerung deines Mitschülers beleidigt?
- ✓ Welche Gefühle hat die Äußerung bei dir hervorgerufen?
- ✓ Worüber genau ärgerst du dich?
- ✓ Um den Täter besser zu verstehen, könnte man fragen: Was genau war deine Absicht bei deiner Äußerung über deinen Mitschüler?
- ✓ Wie geht es dir damit, dass deine Äußerung als Beleidigung gewirkt hat?
- ✓ Was genau fandst du am Verhalten deines Mitschülers komisch?

Es geht also bei solchen Aussagen nicht darum, einen Dissens zu entscheiden, sondern darum, sich wechselseitig das Recht auf den Dissens zuzugestehen und durch die Klärung besser zu verstehen, warum es den Dissens gibt. Ist ein solches wechselseitiges Verstehen erreicht, wird es dann auch möglich sein, zu Vereinbarungen zu kommen, z.B.: „Ich verstehe jetzt, warum das Wort ‚Hurensohn' für dich kein Scherz, sondern eine schwere Beleidigung ist. Und deshalb verspreche ich dir, dass ich so etwas nicht wiederholen werde."

2.4 Die Klärung von Missverständnissen

Sich wechselseitig durch ein Gespräch besser zu verstehen bietet auch die Möglichkeit, Missverständnisse zu klären. Solche Missverständnisse treten weniger zwischen Lehrern und Schülern auf, weil sie sich täglich begegnen und sich auf der Grundlage des Umgangs und der Beziehung miteinander einschätzen können.

Gewiss können auch hier die Mechanismen der Generalisierung, Tilgung und Verzerrung dazu führen, dass wir uns ein Bild von anderen Menschen machen, das diesen nicht gerecht wird.

Wenn wir all die Verhaltensweisen nicht wahrnehmen oder umdeuten, die diesem Bild widersprechen, weil wir unser Bild der Realität aufrechterhalten wollen, kommt es zu Missverständnissen. Dann fühlen sich Schülerinnen und Schüler nicht anerkannt und – wenn ein negatives Schülerbild die Beurteilung ihres Sozial- und Leistungsverhaltens beeinflusst – unfair behandelt.

Die Gefahr von Missverständnissen und die Belastung der Beziehung mit der Folge, dass sich Vertrauen und Offenheit nicht entwickeln können, ist im Verhältnis von Lehrern und Eltern deutlich größer als bei den Schülern. Denn die soziale Distanz bietet Spielräume für Phantasien, die bei den Eltern noch dadurch verstärkt werden, dass sie das Unterrichts- und Erziehungshandeln der Lehrer/-innen nur aus der Sicht ihrer Kinder kennen. Diese Projektionen und Phantasien sind unvermeidlich. Sie dienen dazu, Bilder vom Gegenüber zu erzeugen, um ihn einschätzen und sich auf Begegnungen und Gespräche mental vorbereiten zu können.

Während in kontinuierlichen Beziehungen wie denen zwischen Lehrern und Schülern diese Bilder mit der Realerfahrung abgeglichen werden können, ist bei den nur punktuellen Kontakten zwischen Eltern und Lehrern die Gefahr von Missverständnissen größer, insbesondere dann, wenn die Bilder mit negativen Eindrücken und Bewertungen der anderen Person verbunden sind. Eine Verständigung wird dann erschwert und kann sogar unmöglich werden.

Diese Voreinstellungen beeinflussen auch, mit welchem Ohr Eltern die Informationen und Gesprächsbeiträge der Lehrkraft hören. Wenn dieses Ohr nicht zu der Kommunikationsebene passt, die von der Lehrperson gemeint ist, kommt es zu Missverständnissen.

Schulz von Thun (1981) führt vier Seiten einer Nachricht und entsprechend vier Ohren an, mit denen eine Nachricht aufgenommen werden kann:

- ✓ **das Sachohr**, in der es um den Sachverhalt geht: Wie ist der Sachverhalt zu verstehen? Was genau ist passiert?

- ✓ **das Beziehungsohr**, das bei einer Äußerung heraushört, wie die Beziehung zwischen den Kommunikationspartnern definiert wird: Wie redet der mit mir? Wen glaubt er vor sich zu haben?
- ✓ **das Appellohr**, das auf die Erwartungen, wie man agieren und reagieren soll, fokussiert ist: Was erwartet der Gesprächspartner, dass ich tun oder lassen, denken oder fühlen soll?
- ✓ **das Selbstoffenbarungsohr** (oder in späteren Veröffentlichungen: das Selbstbekundungsohr), mit dem man hört, was der Gesprächspartner über sich mitteilt: Was ist das für einer? Wie geht es ihm? Was bedrückt ihn?

Zu Missverständnissen kann es nun immer dann kommen, wenn die Eltern und Schüler die Lehreräußerungen und die Lehrer die Eltern- und Schüleräußerungen mit einem anderen Ohr hören und auf einer anderen Ebene wahrnehmen, als sie vom Sprecher intendiert gewesen ist.

Ein Beispiel

Für Mitteilungen an die Eltern hat ein Klassenlehrer das Mitteilungsheft eingeführt. Die Eltern sollen die Kenntnisnahme durch ihre Unterschrift bestätigen, die dann am nächsten Tag vom Schüler vorgelegt wird. Da ein Schüler vergessen hat, die Mitteilung seinen Eltern vorzulegen, ruft der Klassenlehrer an: „Ich möchte Sie darüber informieren, dass ich eine Mitteilung ins Heft geschrieben habe. Da Sie die Kenntnisnahme nicht bestätigt haben, nehme ich an, dass Sie die Mitteilung nicht kennen."

Dem Lehrer geht es nur um die Information über den Sachverhalt. Sollten die Eltern tatsächlich seine Notiz nicht kennen, möchte er sie mündlich mitteilen, weil es um eine dringende Angelegenheit geht.

Mögliche Quellen für Missverständnisse können nun sein:
Hören die Eltern vorrangig mit dem Beziehungsohr, werden sie statt der Information einen Vorwurf heraushören: „Sie kümmern sich nicht um meine Mitteilung. Sie sind Eltern, die ihre Erziehungsaufgaben nicht verantwortlich wahrnehmen." Sie werden dann statt der Information über einen Sachverhalt

einen Angriff heraushören und sich entweder rechtfertigen oder zum Gegenangriff übergehen. Der Lehrer wird kaum nachvollziehen können, warum seine Sachaussage eine solche Reaktion hervorruft. Geht er nun auf die Beziehungsebene ein, kann das Gespräch schnell aus dem Ruder laufen.

Mit dem Appellohr werden die Eltern aus der Nachricht heraushören, dass sie ihr Kind besser kontrollieren oder ihr Kind ermahnen sollen, dass es die Mitteilungen zuverlässig vorlegen muss. Auch das kann als Reaktion einen Angriff hervorrufen: „Was fällt dem ein, uns vorschreiben zu wollen, was wir zu tun haben!?" Es kann aber auch die Bereitschaft zu einer verstärkten Kontrolle ihres Kindes wecken und das kann der Lehrerintention entsprechen, aber auch widersprechen, wenn der Lehrer z.B. den Eindruck hat, dass die Beziehung zwischen dem Schüler und seinen Eltern ohnehin schon durch die Kontrollwut der Eltern belastet ist und diese Kontrollwut der Grund ist, warum der Schüler immer wieder vergisst, Lehrermitteilungen zu Hause vorzulegen.

Mit dem Selbstbekundungsohr könnten die Eltern sich in ihrem Bild bestätigt fühlen, dass der Lehrer kleinlich ist und alles unter Kontrolle haben will. Auch das entspricht gewiss nicht der Intention, warum der Lehrer die Eltern informiert.

Gelingt es dann nicht, die eigene Intention klar zu machen und sich auf eine gemeinsame Kommunikationsebene zu verständigen, wird das weitere Gespräch kaum erfolgreich verlaufen können. Da die Lehrpersonen für die Gesprächsführung verantwortlich sind, können sie die Klärung der Missverständnisse nicht von den Eltern erwarten. Um ihre Aufgabe wahrnehmen zu können, Missverständnisse möglichst zu vermeiden und bei Bedarf zu klären, müssen sie einen achtsamen gesprächsdiagnostischen Blick entwickeln. Dabei ist das Deutungsmodell der vier Seiten und vier Ohren bei einer Nachricht eine Hilfe, um auf Missverständnisse aufmerksam zu werden. Dann kann eine Vergewisserung helfen: „Ich habe das Gefühl, dass Sie meine Information als Vorwurf aufgefasst haben. Darum ist es mir aber gar nicht gegangen. Da meine Mitteilung dringend ist, wollte ich nur absichern, dass sie Ihnen rechtzeitig bekannt ist. Ich möchte Ihnen deshalb jetzt erst mal sagen, worum es bei der Mitteilung ging. Ist das o.k.?"

Klare Formulierungen helfen

Um Missverständnissen vorzubeugen, kann es zudem sinnvoll sein, zu Beginn des Gesprächs die Intention mitzuteilen: „Ich hatte Ihnen gestern eine Mitteilung ins Heft geschrieben. Es geht um ... Da Ihre Stellungnahme dringend ist, rufe ich jetzt an...".

Eine genaue Klärung, was mit den Gesprächsäußerungen intendiert ist, ist vor allem bei Äußerungen auf der Appellebene wichtig. Zunächst muss den Eltern klar sein, dass es sich um eine Handlungsaufforderung und nicht nur um eine Information handelt. Dann sollte die Dringlichkeit und Verbindlichkeit klar formuliert werden.

Die Äußerung „Ich bitte Sie, daran zu denken, dass Sie in nächster Zeit Ihre schriftliche Einverständniserklärung für die Teilnahme Ihres Sohnes an der Klassenfahrt vorlegen müssen" hat einen geringen Verpflichtungsgrad. Ob die Eltern dieser Bitte entsprechen, liegt in ihrer Entscheidung und der Lehrer muss bei einer solchen Formulierung akzeptieren, dass seine Erwartung nicht erfüllt wird. Ist die Intention aber, die Handlungsaufforderung verbindlich zu äußern, passt eine Formulierung wie: „Ich erwarte, dass Ihre Erklärung bis morgen unterschrieben vorliegt. Ist das nicht der Fall, kann Ihr Sohn nicht an der Fahrt teilnehmen. Mir ist seine Teilnahme aber wichtig."

Klarheit ist in solchen Fällen wichtiger als eine Höflichkeit, die zur Quelle von Unklarheiten wird. Sie ist in solchen Situationen auch wertschätzender als eine Höflichkeit, bei der ich dem anderen nicht zutraue, mit klaren Erwartungen und Handlungsaufforderungen umgehen zu können.

Eine solche Wertschätzung kann aber nur wahrgenommen werden, wenn die Klarheit mit Zugewandtheit verbunden wird. Das setzt voraus, dass die Lehrkräfte vor einem (Telefon-)Gespräch mit den Eltern ihre emotionale Verfasstheit überprüfen. Wenn Sie sich z.B. darüber ärgern, dass die Eltern Meier schon wieder vergessen haben, die Kenntnisnahme einer Lehrermitteilung zu unterschreiben, müssen sie Selbstdisziplin üben, um mit professioneller Distanz und Gelassenheit und nicht aus dem Ärger heraus zu handeln.

2.5 Eltern kritisches Feedback geben

Die Kontrolle der eigenen emotionalen Verfasstheit ist besonders wichtig, wenn Lehrerinnen und Lehrer den Eindruck haben, dass Eltern ihre Kinder in einer Weise erziehen, die nicht vertretbar ist und bei der auch die Toleranzspielräume überschritten werden, die die Schule anderen soziokulturellen Milieus zubilligen muss.

Dabei kann es um die körperliche Züchtigung als Erziehungsmittel, um Geschlechtsstereotypien und autoritäre, demokratiefeindliche normative Orientierungen, um einen ungerechten und unfairen Umgang mit den Kindern, um Vernachlässigung oder um psychischen Druck durch einen übertriebenen Ehrgeiz der Eltern gehen.

In solchen Fällen dürfen die Lehrpersonen nicht nur intervenieren, sondern sie müssen gegebenenfalls auch intervenieren, weil das Schulgesetz sie dazu verpflichtet. So gilt für Nordrhein-Westfalen: „Die Sorge für das Wohl der Schülerinnen und Schüler erfordert es, jedem Anschein von Vernachlässigung oder Misshandlung nachzugehen. Die Schule entscheidet rechtzeitig über die Einbeziehung des Jugendamtes oder anderer Stellen" (SchulG NRW § 42, Abs. 6).

Erscheint eine schulische Intervention im Interesse des Kindeswohls erforderlich, haben die Lehrer/-innen drei Möglichkeiten:

1) das kritische Feedback im Hinblick auf negative Auswirkungen auf das Lernen und Verhalten der Kinder in der Schule,
2) das kritische Feedback im Hinblick auf den Verstoß gegen Menschenrechtsnormen, Rechtsvorschriften und innerschulische Werte und Normen,
3) die Meldung von Misshandlung, Missbrauch oder Vernachlässigung beim Jugendamt oder der Polizei.

Kritisches Feedback im Hinblick auf negative Auswirkungen auf das Lernen und Verhalten der Kinder in der Schule

Grundlage für dieses Feedback sind die Eindrücke, die die Lehrer/-innen im Umgang mit den Kindern in der Schule und im Unterricht gewinnen. Sinnvoll ist vor einer solchen Intervention, sich zu vergewissern, ob die anderen Lehrer, die das Kind unterrichten, vergleichbare Eindrücke gewonnen haben. Sinnvoll ist zudem, dass nicht einzelne Fachlehrer/-innen, sondern der Klassenlehrer nach Absprache mit den Fachlehrern den Eltern das kritische Feedback zu den Wirkungen ihres Erziehungsverhaltens geben.

Ob die Eltern dieses Feedback annehmen und berücksichtigen, liegt in ihrer Entscheidung.

Zeigt die Reaktion der Eltern, dass sie ihre Erziehungsmaßnahmen und -vorstellungen trotz der negativen Wirkungen für richtig halten und vielleicht sogar umgekehrt der Schule den Vorwurf machen, die Kinder falsch zu erziehen, müssen die Lehrkräfte prüfen, ob sie den Dissens im Rahmen interkultureller Toleranzspielräume akzeptieren oder ob sie administrative Maßnahmen wie die Information des Jugendamts für erforderlich halten. Reagieren die Eltern dagegen zustimmend, weil ihnen die negativen Wirkungen ihres Erziehungsverhaltens nicht klar waren und sie zu einer bestmöglichen Förderung ihres Kindes beitragen wollen, kann sich an das kritische Feedback eine Beratung anschließen oder eine Beratung durch eine Familienberatungsstelle vermittelt werden. Dabei geht es um eine Klärung und Unterstützung, wie die Eltern ihr Erziehungsverhalten so ändern können, dass die negativen Auswirkungen in der Schule vermieden werden. Dazu kann auch die Schule durch das Angebot von Elternfortbildung beitragen (Mebus/Sievers 2006, Schreiner 2012, Hurrelmann/Timm 2013; vgl. auch www.elterntraining-schulerfolg.de).

Kritisches Feedback im Hinblick auf den Verstoß gegen Menschenrechtsnormen, Rechtsvorschriften und innerschulische Werte und Normen

Dieses Feedback ist mit der Erwartung einer verbindlichen Verhaltensänderung verbunden. Da die Lehrpersonen aber den Eltern nicht hierarchisch übergeordnet sind, können sie ihnen keine Weisungen erteilen. Ob die Eltern das Feedback berücksichtigen, liegt also auch hier in ihrer Entscheidung. In der Regel sollten die Lehrpersonen in solchen Fällen aber deutlich machen, dass es Folgen hat, wenn die Eltern ihr Verhalten nicht ändern.

Diese Folge ist die Einschaltung von Behörden, die gegenüber den Eltern mit Interventions- und Sanktionsrechten ausgestattet sind. Die höhere Verbindlichkeit dieses kritischen Feedbacks an die Eltern erfordert, dass es sich nicht nur auf subjektive Eindrücke, sondern verbindliche Schul- und Rechtsnormen stützt. Dabei geht es innerschulisch um Werte und Normen, die im Schulprogramm und in der Hausordnung festgelegt sind und gegebenenfalls auch den Erziehungsvereinbarungen der Schule mit den Eltern zugrunde liegen.

Es geht darüber hinaus um die normativen Vorgaben zu den Elternpflichten im Schulgesetz, die z.T. – etwa bei Schulpflichtverletzungen – bereits mit einer Sanktionsfolge wie einer Geldbuße verbunden sind.

Es geht aber auch um Normen, die das elterliche Erziehungsrecht im Interesse des Kindeswohls einschränken:

- ✓ das Verbot der körperlichen Züchtigung: „Kinder haben ein Recht auf gewaltfreie Erziehung. Körperliche Bestrafungen, seelische Verletzungen und andere entwürdigende Maßnahmen sind unzulässig“ (§ 1631 Abs. 2 BGB sowie weniger eindeutig die Strafbarkeit der körperlichen Misshandlung nach § 223 StGB),
- ✓ die Achtung des Kindeswohls (§ 1666 Absatz 1 BGB sowie die Regelungen im Sozialgesetzbuch Achtes Buch – Kinder- und Jugendhilfe (SGB VIII)),
- ✓ der Anspruch der Kinder auf die Grundrechte wie das der körperlichen Unversehrtheit (Art. 2 Abs. 2 GG, vgl. zum Recht des Staates auf Eingriffe in das Erziehungsrecht der Eltern Art. 6 Abs. 2 Satz 2 GG),
- ✓ der Anspruch der Kinder auf die Achtung ihrer Menschenrechte (UN-Kinderrechtskonvention, vgl. www.auswaertigesamt.de/cae/servlet/contentblob/358176/publicationFile/).

Sinnvoll ist, auch die Eltern über diese Rechtsnormen zu informieren und bei Bedarf auf Einzelregelungen zu verweisen, gegen die erzieherische Maßnahmen der Eltern verstoßen. Das ist auch ein Gebot der Fairness im Umgang mit den Eltern: Wenn sie entscheiden, wie sie mit dem Lehrerfeedback umgehen, müssen sie wissen, welche Rechtsfolgen ihr Verhalten gegenüber ihren Kindern haben kann.

Die Meldung von Misshandlung, Missbrauch oder Vernachlässigung erfolgt beim Jugendamt oder bei der Polizei. Haben Lehrer/-innen den Eindruck, dass Kinder zu Hause misshandelt oder vernachlässigt werden, sind sie verpflichtet, das zu melden.

Eine solche Meldung setzt eine sorgfältige Prüfung voraus, auf welche eigenen oder fremden Beobachtungen und Informationen sich dieser Eindruck stützt und ob diese hinreichend glaubwürdig erscheinen. Die Regelung im Schulgesetz NRW verlangt aber ausdrücklich nicht, dass die Lehrer/-innen selbst den Nachweis zu führen haben, ob die Eindrücke und Vorwürfe gegenüber den Eltern zutreffen.

Damit die Lehrpersonen ihre schulgesetzlichen Verpflichtungen wahrnehmen können, sollten die Abläufe in der Schule geklärt sein. So kann vorgesehen werden, dass die Beratungslehrkräfte zu informieren sind, die dann – nach Absprache mit der Schulleitung – das Jugendamt oder die Polizei einschalten, oder die Meldung erfolgt direkt bei der Schulleitung. In der Regel sollten die Lehrkräfte sich nicht selbst nach außen wenden. Da sie mit der innerschulischen Meldung das Recht abgeben, darüber zu entscheiden, was zu tun ist und welche Institutionen einzuschalten sind, kann es sinnvoll sein, sich vor einer solchen Meldung vom Schulpsychologischen Dienst beraten zu lassen. Denn jede Meldung kann für die betroffenen Eltern und die Familien schwerwiegende Folgen haben, die von der Rufschädigung bis hin zur Inobhutnahme des Kindes und dem Verlust des elterlichen Aufenthaltsbestimmungsrechts reichen können.

Zudem muss die Lehrperson entscheiden, ob sie vor einer Meldung ein Gespräch mit den Eltern im Sinne eines kritischen Feedbacks mit dem Anspruch auf Verbindlichkeit führt. Das sollte als Ausdruck von Fairness im Umgang mit den Eltern immer dann der Fall sein, wenn eine Verständigung und Einsicht der Eltern möglich oder zumindest nicht ausgeschlossen ist.

Ein solches Gespräch sollte immer dann unterlassen werden, wenn als Elternreaktion mit einiger Wahrscheinlichkeit weitere Misshandlungen des Kindes zu befürchten sind.

Ziel des kritischen Feedbacks: Verständigung und Vereinbarung

Eltern kritisches Feedback zu geben, ist immer eine schwierige Aufgabe und es gibt keine Gewissheit, ob dieses Feedback die angestrebte Wirkung hat oder umgekehrt die Situation durch eine Beziehungsstörung oder gar einen Beziehungsabbruch verschlimmert. Sie sind aber notwendig – im Interesse der Kinder und des Kindeswohls, aber auch im Interesse der Lehrer/-innen selbst. Denn Kinder, die zuhause Probleme haben, machen dann in der Regel in der Schule Probleme. Und das nicht vertretbare Erziehungsverhalten von Eltern kann der Schule und den Lehrkräften unmöglich machen, ihren Bildungs- und Erziehungsauftrag zu erfüllen und den Schülerinnen und Schülern die bestmögliche Entfaltung ihrer Potenziale zu ermöglichen.

Damit es gar nicht erst zu solch schwierigen Situationen und Gesprächen kommt, kann die Schule bei der Aufnahme von Schülerinnen und Schülern darüber informieren, welche Erwartungen die Schule an die Eltern hat und welche gesetzlichen Pflichten sie haben. Sinnvoll ist deshalb, den Eltern das Schulprogramm und die geltenden (Schul-)Konferenzbeschlüsse zu überreichen, und sinnvoll ist zudem, auf der schulischen Homepage einen Elternbereich einzurichten, in dem u.a. über die Elternpflichten gemäß Schulgesetz und die Rechte der Kinder gemäß der UN-Kinderrechtskonvention informiert wird. Das erleichtert dann auch den Lehrkräften, ihr kritisches Feedback auf Rechtsnormen zu stützen.

Ziel des kritischen Feedbacks an Eltern sollte immer sein, zu einer Verständigung und Vereinbarung zu kommen. Diese Vereinbarung sollte dann auch als Grundlage der weiteren Zusammenarbeit und der Wiederherstellung der gestörten Beziehung zwischen den Eltern und den Lehrkräften verbindlich dokumentiert werden. Das kann den Lehrerinnen und Lehrern erleichtern, sich auf solche schwierigen Elterngespräche einzulassen: Da es sich um Feedback handelt, ist als Ergebnis Dissens erlaubt und er bedeutet nicht, dass das Gespräch gescheitert ist. Und dass die Lehrkraft dann, wenn es ihre Dienstpflichten erfordern, weitere Schritte ankündigt, ist kein Angriff gegen die Eltern, sondern ein Gebot der Fairness. Denn nur dann können die Eltern einschätzen, welche Folgen es hat, wenn sie ihr Verhalten nicht ändern.

Beides ermöglicht der Lehrperson, gelassen und entspannt in solche Elterngespräche zu gehen. Sie können nicht scheitern und deshalb besteht auch nicht die Gefahr des Gesichtsverlusts. Worauf die Lehrerinnen und Lehrer nur achten müssen: Sie können von den Eltern kein professionelles Gesprächsverhalten erwarten und sie müssen damit rechnen, dass sich Eltern konflikteskalierend verhalten.

Dann ist es ihre Aufgabe zu deeskalieren: „Wie Sie mit meiner Rückmeldung und meiner Erwartung an Ihr Verhalten umgehen, darüber entscheiden Sie. Ich kann Ihnen nur sagen, was meine weiteren Schritte sind, wenn Sie Ihr Verhalten nicht ändern.“ „Ich möchte mich mit Ihnen nicht darüber streiten, ob Ihr Verhalten Ihrem Kind gegenüber richtig oder falsch ist. Ich stelle nur fest, dass es gegen Rechtsnormen verstößt, die für mich und für die Schule verbindlich sind.“

Minimalziel: Klärung, wie mit Dissens umgegangen wird

Lässt sich der Dissens der Erziehungsvorstellungen zwischen Eltern und Schule nicht durch Verständigung und Vereinbarung auflösen, muss es zumindest zu einer Klärung kommen, wie mit dem Dissens umgegangen werden kann und soll.

Grundlage dafür ist die klare Position, dass die schulischen Erziehungsgrundsätze auch dann für die Eltern und ihre Kinder verbindlich sind, wenn diese ihnen nicht zustimmen. Diese Klarheit kann dann mit einem Angebot verbunden werden, die Eltern unter Berücksichtigung ihrer individuell unterschiedlichen Situation dabei zu unterstützen, dass sie mit den verbindlichen Erwartungen der Schule klar kommen. Dafür können z.B. folgende Fragen geeignet sein, wobei die Lehrkräfte ein Gespür dafür haben müssen, welche Fragen zu den Eltern passen und welche möglicherweise als Überfürsorglichkeit und Bevormundung empfunden werden:

- ✓ Bei welchen Erziehungsgrundsätzen der Schule fällt es Ihnen leicht, ihnen als verbindlichen Vorgaben zuzustimmen und sie zu beachten?
- ✓ Bei welchen normativen Vorgaben fällt Ihnen das schwer?
- ✓ Was kann Ihnen dabei helfen, Verstöße gegen diese Vorgaben und Grundsätze zu vermeiden?

- Welche Erziehungsgrundsätze der Schule halten Sie für falsch, weil sie Ihren Überzeugungen widersprechen?
- Nun sind diese Grundsätze aber auch für Sie verbindlich. Welche Möglichkeiten sehen Sie, ihnen zu entsprechen, ohne deshalb gegen Ihre eigenen Grundsätze und Werte verstoßen zu müssen?
- Welche Toleranzspielräume brauchen Sie? Welche Toleranzspielräume kann die Schule Ihnen anbieten?
- Sollte Ihr Kind sich nicht an die schulischen Regeln und Erziehungsgrundsätze halten, kann das Ordnungsmaßnahmen für Ihr Kind, Geldbußen für Sie oder andere Nachteile zur Folge haben. Gibt es Grundsätze, die den schulischen Normen widersprechen, die Ihnen aber so wichtig sind, dass Sie diese Konsequenzen in Kauf nehmen? Sind Sie dann auch bereit, dafür die Verantwortung zu übernehmen und die schulischen Maßnahmen zu akzeptieren?

3 MIT BESCHWERDEN UMGEHEN

Den Eltern kritisches Feedback geben, fällt schwer. Selbst kritisches Feedback zu bekommen und mit Beschwerden umzugehen, wird häufig als noch schwieriger erlebt. Und wenn Eltern Gespräche mit Lehrerinnen und Lehrern wünschen, geht es häufig um eine Beschwerde, weil sich ihr Kind z.B. von Lehrern ungerecht behandelt oder von Mitschülern durch Herabsetzung oder Bedrohung unter Druck gesetzt fühlt.

Schwierig: Beschwerde über andere Lehrerinnen und Lehrer

Die Eltern erwarten dann, dass der (Klassen-)Lehrer sich kümmert und das Problem für ihr Kind löst. In der Regel ist damit die Erwartung verbunden, er habe ja die Durchsetzungs- und Sanktionsmacht, um insbesondere Schülerinnen und Schüler mit nachhaltiger Wirkung zurecht zu weisen und er müsse auch auf seine Kolleginnen und Kollegen so Einfluss nehmen, dass das Wohlergehen ihres Kindes nicht gefährdet oder beeinträchtigt wird.

Diese Erwartungshaltung kann beim betroffenen Lehrer das Gefühl hervorrufen, durch die Beschwerde unter Druck gesetzt zu werden: Was ist, wenn es ihm nicht gelingt, die Elternerwartungen zu erfüllen und die Probleme des Kindes zu lösen? Steht er dann nicht entweder als Versager da, der sich nicht durchsetzen kann, oder steht er gar als Verweigerer da, der dem Kind nicht beistehen und helfen will? Welche Kosten kann es auf der anderen Seite für ihn mit sich bringen, wenn er einen Kollegen auf den Vorwurf anspricht, er beurteile das Kind ungerecht und seine Beurteilung beruhe auf Maßstäben, die für die Eltern nicht transparent und nachvollziehbar seien?

Ganz schnell kann ein Klassenlehrer dann in einen Loyalitätskonflikt geraten. Auf der einen Seite liegt ihm daran, dass die Schülerinnen und Schüler seiner Klasse mit den Anforderungen möglichst gut klar kommen und sich in der Schule sicher, geschützt und wohl fühlen. Und er weiß, dass eine akzeptierende und wertschätzende Beziehungsgestaltung ebenso wie eine positive emotionale Grundhaltung die grundlegenden Voraussetzungen für erfolgreiches Lernen und einen störungsarmen Unterricht sind. Auf der anderen Seite ist er in die Erwartung kollegialer Solidarität eingebunden, die sich nach dem Grundsatz richtet, bei Angriffen von außen auf einzelne Lehrpersonen diese zu verteidigen und sich wechselseitig Beistand zu geben – und das auch dann, wenn man selbst das Verhalten dieser Lehrperson für fragwürdig hält. Denn wer weiß: Vielleicht kommt man ja schon bald mal selbst in eine Situation, in der man ebenfalls auf die kollegiale Unterstützung angewiesen ist?

Noch schwieriger: Kritik und Beschwerde über eigenes Verhalten

Im Vergleich zur Beschwerde über andere erleben Lehrerinnen und Lehrer ein Elterngespräch als noch schwieriger und belastender, wenn sich die Kritik und Beschwerde gegen sie selbst richtet. Denn da entsteht ganz schnell der Druck, sich zu rechtfertigen.

Wird diese Rechtfertigung von den Eltern in dem Sinne als Angriff verstanden, dass der Lehrer behauptet, recht zu haben, und ihnen damit vorwirft, unrecht zu haben, droht die Gefahr einer Konflikteskalation. Dann ist der Lehrer mit seiner Doppelaufgabe, seine Position als Gesprächspartner zu vertreten und zugleich das Gespräch zu führen und zu moderieren, heillos überfordert – und das genau in der Situation, in der eine gute Moderation besonders wichtig ist, um ein für beide Seiten zufrieden stellendes Gesprächsergebnis zu erreichen.

Auch dann, wenn die Situation des Beschwerdegesprächs entspannt bleibt, weil die Lehrperson die Kritik nachvollziehen und die Beschwerde als hilfreiches Feedback annehmen kann, bleibt die Doppelaufgabe schwierig: Sie ist einerseits Partei und soll andererseits als Gesprächsmoderatorin allparteilich sein.

Ob man selbst von der Beschwerde betroffen ist oder ob andere betroffen sind und erwartet wird, dafür zu sorgen, dass der Beschwerde abgeholfen wird: Beschwerden sind immer unangenehm und machen Mühe. Gut mit ihnen umzugehen erfordert Gelassenheit und Voraussetzung für diese Gelassenheit ist, sich zu entlasten und sich nicht unter den Erwartungsdruck setzen zu lassen, der mit einer Beschwerde verbunden ist.

Für eine solche Entlastung sind folgende Klärungen hilfreich (vgl. Bartz 2005 b):

- ✓ Beschwerden als Feedback verstehen.
- ✓ Kommunikations- und Beziehungsfallen vermeiden.

- ✓ Die eigene Rolle und Zuständigkeit klären.
- ✓ Beschwerden als Ausdruck von Vertrauen und Wertschätzung verstehen.
- ✓ Beschwerden anhören und bearbeiten.
- ✓ Mit Kritik an der eigenen Person umgehen.
- ✓ Die Verantwortung für die Problemlösung und die Entlastung von der Beschwerung angemessen teilen.
- ✓ Das Schulrecht als Reservestruktur nutzen.
- ✓ Beschwerden als Frühwarnsystem nutzen.

3.1 Beschwerden als Feedback verstehen

In hierarchischen Beziehungen können nur die Ranghöheren ein verbindliches Änderungsverlangen äußern und Sanktionen ankündigen, wenn die Betroffenen ihr Verhalten nicht ändern. Um das tun zu können, sind sie durch entsprechende Rechtsvorschriften mit Weisungsmacht ausgestattet. Das heißt für die Schule: Der Schulleiter kann im Kritikgespräch gegenüber den Lehrpersonen eine Änderung ihres Verhaltens verlangen und er kann als Konsequenz, wenn das Verhalten nicht geändert wird, eine Dienstaufsichtsbeschwerde bei der Schulaufsicht bis hin zu Disziplinarmaßnahmen ankündigen.

Die Lehrerinnen und Lehrer können von ihren Schülerinnen und Schülern die Einhaltung von Verhaltensregeln und -normen einfordern und sie verpflichten, ein Fehlverhalten nicht zu wiederholen. Als Sanktionsmittel stehen ihnen für den Fall, dass die erzieherischen Mittel wirkungslos bleiben, die Ordnungsmaßnahmen vom Verweis bis hin zur Entlassung von der Schule zur Verfügung.

Für die Führung von unten durch die Untergebenen steht dagegen keine formale Durchsetzungsmacht zur Verfügung. Sie können deshalb gegenüber den Ranghöheren nur ein Feedback äußern. Wollen sie ein verbindliches Änderungsverlangen erreichen, geht das nicht auf direktem Weg, sondern nur über eine Dienstaufsichtsbeschwerde beim Vorgesetzten. Sind also Lehrkräfte betroffen, müssten sich dann die Eltern an die Schulleitung wenden; ist die Schulleitung betroffen, müssen sie sich an die Schulaufsicht wenden. Und nur dann, wenn die vorgesetzte Instanz die Beschwerde für berechtigt hält, wird sie wie von den Eltern gewünscht verbindlich anweisen, das Verhalten, das Anlass für die Beschwerde ist, zu ändern.

Während bei einem solchen Änderungsverlangen die betroffene Person verpflichtet ist, ihr Verhalten zu ändern, wenn sie Sanktionen vermeiden will, entscheidet sie bei einem Feedback autonom, wie sie mit der Rückmeldung umgeht und ob und wie sie sie für eine Veränderung ihres Verhaltens nutzt. Das heißt für den Umgang mit Schülerbeschwerden: Auch wenn sie mit hoher emotionaler Erregung und Empörung vorgetragen werden oder mit der Androhung weiterer Schritte verbunden sind, kann die Lehrkraft ganz entspannt für sich klären, was sie bei der Beschwerde akzeptieren und für sich übernehmen kann. Ihre Autonomie, selbst zu entscheiden und für sich selbst und das eigene Handeln Verantwortung zu übernehmen, wird durch eine Beschwerde nicht in Frage gestellt.

Das gilt auch für das Elterngespräch. Allerdings unterscheidet sich die Lehrer-Eltern-Beziehung von der Lehrer-Schüler-Beziehung dadurch, dass es keine Über- und Unterordnung gibt. Nicht nur für die Eltern, sondern auch für die Lehrerinnen und Lehrer gilt deshalb: Sie können keine Verhaltensänderung verlangen, sie können darum nur im Rahmen eines Feedbacks bitten. Für ein solches Feedback gelten folgende Regeln:

Feedback-Geben:

- ✓ Beschreiben Sie das jeweilige Verhalten so konkret wie möglich.
- ✓ Knüpfen Sie möglichst an zeitnahe Situationen an.
- ✓ Beschränken Sie sich auf Verhaltensweisen, die im Zusammenhang mit der Arbeit stehen.
- ✓ Geben Sie Feedback möglichst auf der Basis von eigenen Beobachtungen oder benennen Sie die (Art der) Quelle.

- Sprechen Sie in eigenem Namen, vermeiden Sie Formulierungen wie „wir", „man" etc.
- Benennen Sie Ihre eigenen Empfindungen und Reaktionen im Zusammenhang mit dem Verhalten Ihres Gesprächspartners („Ich-Botschaften").

Feedback-Nehmen:

- Wenn Sie selbst Feedback erhalten, hören Sie gut zu und unterbrechen Sie nicht.
- Fragen Sie anschließend nach, wenn Sie etwas nicht verstanden haben.
- Nehmen Sie Feedback als Mitteilung der Wahrnehmung eines anderen; Sie müssen sich nicht erklären oder rechtfertigen.
- Machen Sie Ihrem Gesprächspartner deutlich, dass das Feedback angekommen ist.
- Überlegen Sie sich später in Ruhe und ehrlich, welche Schlussfolgerungen Sie für sich aus dem Feedback ziehen möchten.

Quelle: Kloft (2005), Arbeitshilfe 75 35 06

Die angemessene Lehrerhaltung in einem Beschwerdeklärungsgespräch mit Schülern oder Eltern ist entsprechend

In der Rolle der von der Beschwerde betroffenen Partei:

- Die Beschwerde anhören.
- Nachfragen, was genau der Anlass für die Beschwerde ist und warum sich der Schüler oder die Schülerin von dem Vorfall und dem Lehrerverhalten beschwert fühlt.

- ✓ Für sich klären, was die Lehrperson nachvollziehen und in ihrem künftigen Verhalten im Umgang mit dem Schüler oder der Schülerin vermeiden will.
- ✓ Gegebenenfalls im Sinne einer Selbstbindung zusagen, welche Verhaltensänderungen die Schülerin oder der Schüler erwarten kann.

In der Rolle des Gesprächsführer und Moderators:

- ✓ Die Beschwerde willkommen heißen und das Recht der Schülerinnen und Schüler bestätigen, sich unabhängig von der sachlichen Berechtigung bei Lehrerinnen und Lehrern oder über sie zu beschweren.
- ✓ Bei emotionaler Erregung den Raum geben, damit sie geäußert werden kann, bis die Schüler oder die Eltern in der Lage sind, sich auf die sachliche Beschwerdeklärung einzulassen.
- ✓ Grenzen setzen, wenn die Würde der Person, die von der Beschwerde betroffen ist, durch Herabsetzung, Beleidigung oder Bedrohung verletzt wird.
- ✓ Spätestens dann, wenn sich die emotionale Erregung hat legen können, die Einhaltung elementarer Gesprächsregeln wie zuhören und ausreden lassen einfordern (und zwar nicht nur vom Schüler, sondern als Mahnung zur Selbstdisziplin auch gegenüber sich selbst in der Rolle der Partei!).
- ✓ Die Sachklärung auf das Ziel hin ausrichten, dass es zu einem Einvernehmen kommt. Bleibt es bei einem Dissens: Klären, in welchen Punkten es einen Konsens gibt, wo genau der Dissens liegt und wie die Gesprächsparteien mit diesem Dissens umgehen können.
- ✓ Das Ergebnis festhalten und wechselseitige zukünftige Verfahrensverpflichtungen festlegen, z.B. die Verpflichtung des Schülers, sofort zu melden, wenn er sich durch eine Lehreräußerung erneut herabgesetzt fühlt. Denn der Lehrer kann ja nur dann seine Verpflichtung erfüllen, den Schüler nicht mehr herabzusetzen, wenn dieser ihm eine Rückmeldung gibt, wann dies aus seinem subjektiven Empfinden heraus doch wieder passiert ist.

3.2 Kommunikations- und Beziehungsfallen vermeiden

Je klarer der Lehrperson ist, dass eine Beschwerde und der damit verbundene Erwartungsdruck ihre Autonomie nicht in Frage stellen kann und dass der Umgang mit der Beschwerde in ihrer Entscheidung liegt, umso zugewandter wird sie die Beschwerde anhören und ernst nehmen können. Auf diese Weise kann sie zwei gegensätzliche Reaktionsweisen vermeiden, die mit dem hohen Risiko verbunden sind, sich in Kommunikations- und Beziehungsfallen zu verstricken und dadurch statt einer Konfliktklärung und -schlichtung eine Konflikteskalation zu bewirken. Dabei geht es erstens um Distanzierung und Abwehr und zweitens um die überfürsorgliche Zusage, den Betroffenen die Lösung ihrer Probleme abzunehmen.

Falle 1: Distanzierung und Abwehr

Die Distanzierung und Abwehr kann sich darin äußern, dass man die Berechtigung der Beschwerde in Frage stellt oder auf Zuständigkeiten verweist. Auch wenn es durchaus berechtigt sein kann, als Klassenlehrer die Eltern aufzufordern, dass sie das Problem – z.B. eine als unfair erlebte Leistungsbewertung – zuerst mal mit dem betroffenen Fachlehrer erörtern: Ein solcher Hinweis ist für Eltern erst als Ergebnis eines Beschwerdeklärungsgesprächs nachvollziehbar und setzt voraus, dass der Klassenlehrer die Beschwerde angehört und ernst genommen hat.

Tut er das nicht, erleben die Eltern den Verweis auf die Zuständigkeiten als Abschieben ihrer Beschwerde: Je stärker das als persönliche emotionale Verletzung empfunden wird und den Eindruck hervorruft, der Klassenlehrer kümmere sich nicht um die Interessen der Schülerinnen und Schüler und ihrer Eltern, umso größer ist die Wahrscheinlichkeit einer Ausweitung des Konflikts, indem die Eltern z.B.

- ✓ den Einzelanlass generalisieren und die Schule und ihre Arbeit bei anderen Eltern bis hin zur Drohung mit der Lokalpresse generell schlecht machen,
- ✓ sich an die Elternvertretung der Klasse oder der Schule wenden und andere Bündnispartner zu gewinnen versuchen, um ihre Durchsetzungsmacht durch Koalitionsbildung zu verstärken,
- ✓ sich an die Schulleitung wenden und aus der Beschwerde über einen Einzelfall eine Beschwerde über den Klassenlehrer machen.

Falle 2: Überfürsorgliche Zusage

Die entgegengesetzte Haltung, den Eltern ihr Problem überfürsorglich abzunehmen, vermeidet eine solche Konflikteskalation und -ausweitung und kann die angenehme Folge haben, dass sich die Eltern angenommen fühlen und sich über die Lehrperson und die Schule positiv äußern. Die Kosten dafür sind aber hoch:

- ✓ Der Klassenlehrer muss Arbeit und Zeit für die Problem- und Konfliktlösung aufwenden.
- ✓ Er kann dabei in kollegiale Konflikte mit hohem emotionalem Aufwand geraten.
- ✓ Er wird dann selbst zur Konfliktpartei und ist deshalb nicht mehr in der Lage, den Konflikt in der Haltung der Allparteilichkeit zu moderieren.
- ✓ Statt Dankbarkeit erntet er bei den Eltern trotz der aufgewandten Mühe Undankbarkeit, wenn es ihm nicht gelingt, den Konflikt oder das Problem den Elternerwartungen entsprechend zu lösen.

Um diese beiden Fallen zu vermeiden, muss der (Klassen-)Lehrer im Beschwerdegespräch zunächst zuhören und verstehen. Hier geht es um eine grundsätzliche Haltung der Zugewandtheit, mit der die Lehrperson deutlich macht, dass sie die Beschwerde, unabhängig davon, ob sie berechtigt ist oder nicht, ernst nimmt. Das Verstehen bedeutet aber nicht, die Elternsicht ungeprüft zu übernehmen und zu akzeptieren. Indem die Lehrperson die Erwartungen der Eltern explizit anspricht („Was genau erwarten Sie, dass ich tun soll?"), kann sie dann klar Position beziehen, inwieweit sie diesen Erwartungen entsprechen oder aber nicht entsprechen und was genau sie für eine Klärung und Bearbeitung der Beschwerde anbieten kann und will.

3.3 Die eigene Rolle und Zuständigkeit klären

Die Kommunikations- und Beziehungsfallen zu vermeiden setzt voraus, dass das Anhören der Beschwerde und die anschließende Beschwerdeklärung mit einer Analyse von Beschwerdeanlass, Art der Betroffenheit, Beteiligten und Erwartungen im Hinblick auf die Entlastung von der Beschwerung verbunden wird.

Checkliste für die Analyse einer Elternbeschwerde

- ✓ Um welches Problem geht es?
- ✓ Gegen wen richtet sich die Beschwerde?
- ✓ Wer ist darüber hinaus betroffen oder bei der Bearbeitung der Beschwerde einzubeziehen?
- ✓ Welche Schritte haben die Eltern bisher unternommen, um die Beschwerde zu klären und das Problem zu lösen? Mit welchem Ergebnis?
- ✓ Wer ist von der Rolle her für die Bearbeitung der Beschwerde zuständig (Lehrkraft, Klassenlehrerin oder -lehrer, Schulleitung (Abteilungsleitung, Schulleiter/-in), Schulaufsicht)?
- ✓ Welche Relevanz hat das Problem? Geht es nur um Einzelinteressen von Eltern oder um Probleme, die für die schulische Arbeit generell von Bedeutung sind?
- ✓ Welche Macht steht hinter der Beschwerde? Inwieweit kann sie dazu führen, dass aus einem Einzelinteresse ein Problem/ein Imageschaden für die gesamte Schule entsteht?
- ✓ Welche Erwartungen haben die Eltern an den (Klassen-)Lehrer? Inwieweit und wozu sind sie bereit, Verantwortung für die Problemlösung zu übernehmen?
- ✓ Wie äußern die Eltern ihre Beschwerde? Inwieweit muss der (Klassen-)Lehrer Grenzen setzen im Hinblick auf die Art und Weise, wie die Beschwerde und die Erwartungen an den Klassenlehrer und die Schule geäußert werden?

- ✓ Inwieweit teilt der (Klassen-)Lehrer die Problemsicht der Eltern, inwieweit distanziert er sich von ihr?
- ✓ Inwieweit ist es erforderlich, die Problemsicht der Eltern zu konfrontieren? Inwieweit ist es eher angebracht, Unterstützung für die Problemlösung anzubieten?
- ✓ Wie, mit wem und in welchem Setting sollte der (Klassen-)Lehrer die Beschwerde bearbeiten?
- ✓ Welche Klärung ist vor einer Entscheidung über die Bearbeitung der Beschwerde erforderlich? Sollten Zeugen angehört werden? Wenn ja: welche?
- ✓ Wann kann die Beschwerde als angemessen bearbeitet gelten?
- ✓ Ergeben sich generelle Konsequenzen für die Bearbeitung von Beschwerden und die Verbesserung der pädagogischen Arbeit an der Schule?

Quelle: Bartz 2005 b, Arbeitshilfe 44 21 03

Die Analyse der Beschwerde ist dann mit einer Klärung zu verbinden, wer für die Bearbeitung sinnvollerweise zuständig ist. Dabei geht es zunächst um die Frage, ob überhaupt der (Klassen-)Lehrer der passende Ansprechpartner für die Beschwerde ist. Wenn die Eltern sich über eine andere Lehrkraft beschweren, ohne mit ihr selbst gesprochen zu haben, sollte der Klassenlehrer sie auffordern, zunächst die Beschwerde mit dieser Lehrkraft zu besprechen. Erst wenn das nicht zu einem zufriedenstellenden Ergebnis geführt hat, steht dann das Gespräch mit dem Klassenlehrer an.

Bei der Klärung, wer für die Bearbeitung der Beschwerde zuständig ist, sollte der (Klassen-)Lehrer im Hinblick auf die Verfahrensschritte eine klare Position beziehen und z.B. nicht akzeptieren, dass Eltern ein Gespräch mit der anderen

Lehrkraft ablehnen, weil das ja doch nichts bringe oder weil sie Angst haben, dass das ihrem Kind schaden könne. Zugleich sollte der Klassenlehrer zusammen mit dem Verweis an die andere, direkt betroffene Lehrkraft seine Beratung anbieten, wie die Eltern das Gespräch mit dem anderen Lehrer führen und wie sie vorgehen sollten und können, wenn das Gespräch mit der Lehrkraft nicht zu einer einvernehmlichen Klärung führt. Falls die Eltern Sorge haben, dass ein solches Gespräch zu Nachteilen für ihr Kind führe, kann der Klassenlehrer seine Unterstützung anbieten, indem er z.B. die Eltern um Rückmeldung bittet, wenn sie Anhaltspunkte dafür haben, dass ihr Kind unter den Folgen der Beschwerde zu leiden hat.

Im Einzelfall kann es ebenfalls erforderlich sein, die Beschwerde nicht selbst zu bearbeiten, denn bei schwerwiegenden Vorwürfen muss ein Klassenlehrer die Schulleitung einschalten. Geht es z.B. um den Vorwurf des sexuellen Missbrauchs muss dem Klassenlehrer klar sein, dass nicht er, sondern die Schulleiterin oder der Schulleiter die Beschwerdeklärung übernehmen muss,

- ✓ um Schaden von dem betroffenen Kollegen abzuwenden, falls sich der Vorwurf nicht bestätigt,
- ✓ um einen Schaden der Schule insgesamt zu vermeiden, wenn sich öffentlich herumspricht, an dieser Schule sei es zu sexuellem Missbrauch gekommen, und
- ✓ um entscheiden zu können, ob sich aus der Beschwerdeklärung disziplinar- oder strafrechtliche Konsequenzen ergeben.

Diese Entscheidungen kann nur der Schulleiter selbst treffen, der hier als Vorgesetzter und im Rahmen seiner Aufgabe, die Schule nach außen zu vertreten, handelt.

3.4 Beschwerden als Ausdruck von Vertrauen und Wertschätzung verstehen

Beschwerden von Eltern und Schüler verkleiden sich nicht selten als Angriff. Das macht den Umgang mit Beschwerden schwierig. Für alle Beteiligten wäre er sehr viel weniger belastend, wenn Eltern und Schüler ihre Beschwerde sachlich äußern würden. Zudem wäre hilfreich, wenn sie deutlich machen würden, dass sie die Lehrperson, an die sie sich beschwerdeführend wenden, für kompetent halten, die Probleme und Konflikte zu lösen, um die es bei der Beschwerde geht. Kluge Eltern machen das ja auch und mit ihnen lassen sich Beschwerden in der Regel gut klären und für alle Beteiligten zufrieden stellend bearbeiten.

Warum sind aber einige Eltern nicht in der Lage, eine Beschwerde ohne aggressive Schuldvorwürfe zu äußern, und warum drohen sie manchmal schon vor der Bearbeitung ihrer Beschwerde mit einem Rechtsanwalt und rechtlichen Schritten?

Ein Grund dafür ist ihre eigene Unsicherheit, die in der Regel nur unbewusst gespürt, aber nicht zugestanden wird: Vielleicht hat ihr Kind ja Probleme, weil sie erzieherisch versagt haben?

Ein weiterer Grund ist das Gefühl der strukturellen Unterlegenheit: Die Eltern erleben die Lehrer/-innen als Personen, die die Macht haben, Beziehungen zu definieren und zu gestalten. Sie können zudem den Eindruck haben, dass die Lehrer/-innen sich als die Fachexperten für Unterricht und Erziehung verstehen und den Eltern als Laien nicht zutrauen, zu pädagogischen Fragen kompetent Stellung nehmen zu können.

Ein dritter Grund ist, dass nur die Lehrpersonen das Verhalten des Kindes in der Schule aus eigenem Erleben kennen, während die Eltern den Vorfall nur indirekt, durch die Sicht und Erzählung ihres Kindes vermittelt, kennen.

Schließlich erscheint einzelnen Eltern die Aggression als Mittel der Wahl, weil sie auf jeden Fall gerechtfertigt ist: Ist die Beschwerde erfolgreich, dann – so die Selbstzuschreibung – nur deshalb, weil man sofort starke Geschütze aufgefahren hat. Ist die Beschwerde nicht erfolgreich, dann ist die Aggression durch diese Enttäuschung legitimiert.

Das kann zu einer schwer auflösbaren Verstrickung führen, weil die Interpunktion der Ereignisse (Schulz von Thun 1981, S. 85 ff) durch die Eltern und die Lehrer unterschiedlich ist: Die Eltern sind aggressiv, weil sie zu recht vorausgesehen haben, dass die Lehrpersonen und die Schule kein Verständnis für sie haben. Die Lehrpersonen und die Schule haben kein Verständnis, weil die Eltern ihre Beschwerde so aggressiv äußern.

Die professionelle Verantwortung der Lehrerinnen und Lehrer

Eine solche Beziehungsverstrickung zu vermeiden oder aufzulösen kann nicht von den Eltern erwartet werden. Denn nicht sie als Laien, sondern die Lehrpersonen als Professionelle haben die Verantwortung für die Beziehungsgestaltung; und nicht sie, sondern die Lehrpersonen verfügen als Gesprächsführer über die Macht der Moderation, mit der sprachliche und inhaltliche Fouls in einem Beschwerdegespräch geahndet werden können und die Einhaltung der Gesprächsregeln als Grundlage für eine Verständigung eingefordert und gewährleistet werden kann.

Dass der kompetente Umgang mit Beschwerden nicht nur Eltern, sondern auch Lehrpersonen überfordern kann, ist eine Folge der defizitären Professionalisierung. Denn sie sind vorrangig als Experten für ihr Unterrichtsfach, schon weniger als Experten für ihren Unterricht und kaum oder gar nicht als Experten für Beziehungsgestaltung qualifiziert worden.

Dieser Mangel an Beziehungskompetenz kann in Schulen verheerende Wirkungen haben, und zwar immer dann, wenn jede Beschwerde über eine Lehrperson reflexhaft eine kollegiale Solidarisierung auslöst – unabhängig davon, ob die Beschwerde berechtigt oder unberechtigt und ob das Verhalten des Lehrers vertretbar oder nicht vertretbar ist.

Wenn im Kollegium – in der Regel nicht explizit und bewusst – ein Lagerdenken entsteht, stellen andere wie die Schulleitung oder eben die Eltern den Feind dar, der das eigene Lager potenziell bedroht. Nun kann man zwar in Friedenszeiten auch mit Feinden friedlich und konfliktfrei zusammen leben. Eine Beschwerde kann in einer solchen Beziehungskonstellation aber als Signal für einen Angriff wahrgenommen werden und sie bestätigt dann das Feindbild. Sich in einem solchen Fall gegen die Eltern zusammenzuschließen, den betroffenen Kollegen zu verteidigen und auch von der Schulleitung zu erwarten, dass sie sich hinter die betroffenen Lehrkräfte und damit gegen die Eltern stellt, ist schlüssig und aus der kollegialen Wahrnehmung heraus gerechtfertigt.

Für die Lehrerinnen und Lehrer, die eine solche dumpfe Solidarisierung nicht mitmachen und weiterhin für eine Verständigung mit den Eltern eintreten, kann das problematische Folgen haben: Sie riskieren ihren Ausschluss aus der kollegialen Gemeinschaft und damit einen Grundwert menschlichen Lebens, nämlich Zugehörigkeit. Und sie riskieren, keine kollegiale Unterstützung zu bekommen, wenn sie selbst einmal Opfer von Angriffen durch Eltern werden – und wer könnte diese Möglichkeit mit letzter Sicherheit ausschließen?

Eltern, die es wagen, eine Beschwerde vorzubringen, haben unsere Wertschätzung

Um aus dem Lagerdenken und den Beziehungsverstrickungen auszusteigen, hilft, sich klar zu machen, dass Beschwerden, auch wenn sie als Angriff vorgebracht werden, immer auch Ausdruck des Vertrauens und der Wertschätzung sind: „Ich vertraue darauf, dass die Lehrperson sich um das Wohlergehen meines Kindes kümmert. Ich gehe davon aus, dass mein Kind dem (Klassen-) Lehrer wichtig ist – und das nicht abhängig davon, was es leistet, sondern so, wie es ist. Ich vertraue auf seine Kompetenz und ich traue ihm zu, Lösungen für die Probleme zu finden und Konflikte zu schlichten. Ich traue ihm zu, Einfluss auf andere Personen zu nehmen, die meinem Kind Schaden zugefügt haben, und auf ihre Verhaltensänderung hinzuwirken. Ich traue ihm und der Schule insgesamt zu, wirksam für die Sicherheit, die Gesundheit, den Schutz und das Wohlergehen meines Kindes zu sorgen."

Am wichtigsten und schwierigsten für Eltern: „Ich vertraue darauf, dass die Lehrpersonen mit Kritik umgehen können und meine Beschwerde nicht zu Nachteilen für mein Kind führt." Gerade hier stehen Eltern vor einem inneren Konflikt: Sollen sie im Interesse des Kindeswohls eine Beschwerde vorbringen oder sollen sie ebenfalls im Interesse ihres Kindes auf eine Beschwerde verzichten? Ist es für ihr Kind zumutbarer, eine belastende oder schädigende Situation auszuhalten, die vielleicht durch eine Beschwerde gebessert werden könnte? Oder ist für ihr Kind das Risiko zumutbarer, dass eine Beschwerde zu einer Benachteiligung führt, weil sie vom Lehrer als Angriff erlebt wird? Diese Abwägung schließt immer die Einschätzung ein, ob die Eltern den einzelnen Lehrpersonen und der Schule so sehr vertrauen können, dass sie die Offenheit eines kritischen Feedbacks wagen können.

Ohne dieses Vertrauen würden Eltern keine Aussicht sehen, dass ihre Beschwerde Verständnis findet und eine Verbesserung der Lage ihres Kindes aussichtsreich ist. Hätten sie dieses Vertrauen nicht, würden sie andere Personen ansprechen. Statt sich beim (Klassen-)Lehrer zu beschweren, würden sie sich also eher über ihn beschweren. Oder sie würden ganz auf Beschwerden verzichten, weil das an dieser Schule keinen Sinn hat und dem Kind daraus Nachteile entstehen. Die emotionale Belastung durch die Sorgen und Ängste, die hinter einer Beschwerde stehen, würde Auswege in der Art finden, sich abfällig über die Schule zu äußern und in der Elternschaft schlechte Stimmung zu machen. Und schlechte Stimmung an einer Schule – ob in der Elternschaft oder im Kollegium – ist immer ein Indikator dafür, dass Bedenken und Sorgen aus Mangel an Offenheit und Vertrauen nicht offen gelegt werden. Wenn aber Bedenken und Sorgen in der Form schlechter Stimmung in den Untergrund gehen, lassen sie sich nicht mehr klären und bearbeiten.

An den Schulen und für die Lehrpersonen sollte deshalb der Grundsatz gelten: Beschwerden sind willkommen! Wir würdigen Beschwerden als Ausdruck des Vertrauens in die Schule. Eltern, die es wagen, eine Beschwerde vorzubringen, haben unsere Wertschätzung. Dieser Grundsatz verwirklicht sich in der Art und Weise, wie eine Beschwerde angehört und ernst genommen wird. Und diese Art und Weise entscheidet darüber, ob der Vertrauensvorschuss der Eltern bestätigt oder enttäuscht wird.

Vertrauensvorschuss bestätigen

Die Bestätigung hat in der Regel die Folge, dass die Eltern ihrerseits bereit sind, selbst zur Lösung beizutragen. Sie erleichtert den Eltern vor allem, ihr Kind nicht um jeden Preis verteidigen zu müssen, und das hat wiederum zur Folge, dass sie verstehen und akzeptieren können, wenn Lehrerinnen und Lehren ihr Kind anders – und vielleicht auch deutlich negativer – wahrnehmen, als sie es selbst tun.

Wird der Vertrauensvorschuss aber enttäuscht, ist die Gefahr groß, dass die Eltern sich gegen die Lehrkraft und im Extremfall gegen die Schule insgesamt aufrüsten: Sie nehmen negativ Einfluss auf die Elternvertretung an der Schule, wenden sich an die Schulaufsicht oder weisen die lokalen Medien auf Missstände in der Schule hin. Ihr Kind spürt dann, dass es die Eltern hervorragend manipulieren kann: Da ihm alles geglaubt wird und an seinen Problemen immer die anderen, also die Lehrer, schuld sind, kann es sich alles erlauben und muss für das eigene Handeln keine Verantwortung übernehmen. Stattdessen wird es in seiner Haltung, Lehrer als Feinde zu sehen, mit Lebensgrundsätzen wie „Ja nichts gefallen lassen" oder „Wer sich nicht wehrt, lebt verkehrt" bestärkt.

Ob sich zwischen Eltern und Lehrpersonen eine Vertrauensbeziehung entwickelt, liegt in der professionellen Verantwortung der Lehrerinnen und Lehrer. Gelingt das, indem sie mit der emotionalen Aufrüstung der Eltern entwaffnend umgehen und ihnen den Raum für eine affektive Entlastung bieten, um dann ein Gespräch auf der Sachebene führen zu können, werden sie nicht nur den Vertrauensvorschuss bestätigen, der in jeder Beschwerde steckt. Sie werden im Gesprächsverlauf auch das Vertrauen erwerben, das den Eltern ermöglicht, sich zu öffnen und nicht infantil in der Haltung der Empörung und des Vorwurfs, also im rebellischen Kind-Ich, stecken zu bleiben.

3.5 Beschwerden anhören und bearbeiten

Ob Eltern ihren Vertrauensvorschuss bei einer Beschwerde als zutreffend erleben, entscheidet sich gleich zu Beginn eines Beschwerdegesprächs an der Art und Weise, wie ihre Beschwerde angehört wird. Ist die Lehrperson bereit, die Eltern anzuhören, ohne sie zu unterbrechen? Lässt sie zu, dass die Eltern den Beschwerdeanlass erläutern, ohne gleich zu ihm Stellung zu nehmen? Macht sie auch nonverbal durch Mimik und Körpersprache deutlich, dass ihr die Beschwerde wichtig und nicht lästig ist? Versucht sie, die Eltern durch sondierende Fragen besser zu verstehen, oder signalisiert sie verbal und nonverbal, dass sie für die Eltern und ihr Anliegen kein Verständnis aufbringt?

Eine solche Wertschätzung im Umgang mit Beschwerden führt dazu, dass sich die Eltern ernst genommen fühlen.

Die Eltern mit ihrer Beschwerde ernst nehmen heißt aber nicht, die Sichtweise der Eltern zu teilen und ihrer Sachdarstellung zuzustimmen.

Wenn der Lehrer den Vorfall nicht sogleich überprüfen kann, sollte er sich dem Grundsatz des aufgeschobenen Urteils entsprechend verhalten: Ich erläutere, in welchen Schritten ich den Vorfall, der Beschwerdeanlass ist, klären und welche Maßnahmen ich dann vorsehen werde. Ich erläutere zudem, wie ich die Eltern über das Ergebnis unterrichten werde.

Die Wertschätzung äußert sich zudem darin, dass ich die Beschwerde zugewandt anhöre und mich vergewissere, ob ich das Anliegen verstanden habe: Was genau erwarten Sie, dass ich tun soll? Dann kann durchaus passieren, dass Eltern eine Intervention der Lehrperson gar nicht erwarten. Denn gegebenenfalls entlastet allein die Möglichkeit, Sorgen, Ängste und Bedenken vortragen zu können und Verständnis zu finden, die Eltern und Schüler von ihrer Beschwerung. Dann kann es auch sein, dass die Erkundung der Beschwerdesituation durch sondierende Fragen nicht nur der Lehrkraft, sondern auch den Schülern und Eltern hilft, die Situation besser zu verstehen, und das kann ihnen helfen, Wege zu finden, wie sie selbst das Problem oder den Konflikt lösen können.

Für eine solche Art, Beschwerden anzuhören, ist das Modell „Haus des Anliegens“ (Schulz von Thun/Zach/Zoller 2012, S. 221 ff.) hilfreich. Der Lehrer kann das Modell einerseits nutzen, um den Anlass für eine Beschwerde und ihre Zusammenhänge besser zu verstehen; er kann es andererseits nutzen, um die Eltern und Schüler dabei zu unterstützen, den Anlass, die Situation und Kontext ihrer Beschwerde so zu klären, dass sie ihre mit dem Anliegen verbundene Erwartung klar äußern können.

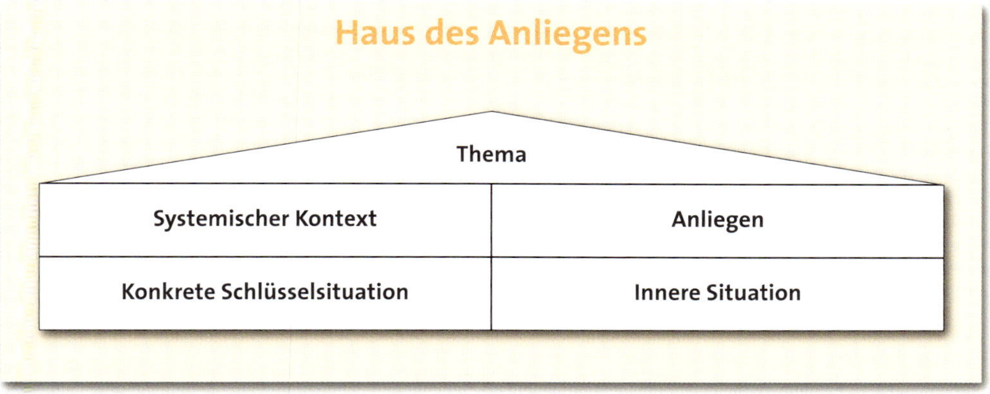

Abbildung 14: Haus des Anliegens

Das „Haus des Anliegens“ besteht aus dem Dach, mit dem das Thema benannt wird, und vier Räumen:

- ✓ **Der systemische Kontext:** Bei einer Elternbeschwerde geht es um die personelle Konstellation (Auf welche Person bezieht sich die Beschwerde? Welche anderen Personen sind beteiligt oder betroffen?), um die institutionellen Bedingungen der Schule (sächliche, finanzielle und personelle Ressourcen, Arbeits- und Schulkultur, Qualifizierung und Fortbildung der Lehrpersonen, Klassengrößen etc.) und auch die des Schulsystems im Bundesland (Zuweisung von Ressourcen, Fortbildungssystem, Qualitätssicherung, Steuerung).
- ✓ **Die konkrete Schüsselsituation:** Welche Situation und welches konkrete Lehrer- oder Schülerverhalten sind der Beschwerdeanlass?
- ✓ **Die innere Situation:** Welche Erwartungs- und Anspruchshaltung haben die Eltern und Schüler gegenüber der Schule und den Lehrpersonen? Welche Gefühle werden beim Vortrag der Beschwerde geäußert, welche Gefühle schwingen dabei mit? Wie wird die Beziehung zur Lehrperson erlebt und definiert (Vertrauen, Misstrauen, Angst, Abwertung oder Unterwürfigkeit etc.)?
- ✓ **Das Anliegen:** Die Klärung der Situation in ihrem systemischen Kontext ermöglicht dann, das Thema als konkretes Anliegen zu formulieren. Was genau will der Beschwerdeführer erreichen? Das Anliegen sollte die Lösungsperspektive positiv angeben, also z.B.: „Mir geht es darum, dass mein Kind ohne Angst in die Schule gehen kann und sich von Ihnen ernst

genommen und verstanden fühlt“ (statt: „Ich will nicht, dass mein Kind in der Klasse herabgesetzt und beleidigt wird“).

Wenn die Lehrperson mit diesem Modell den Eltern bei der Klärung ihres Anliegens hilft, agiert sie im Gespräch in der Rolle der Gesprächsführung und -moderation. Das hilft ihr, erst dann zu der Beschwerde Stellung zu nehmen, wenn das Anliegen geklärt ist, statt gleich auf die ersten Vorwürfe zu reagieren. Weil die Lehrperson dadurch besser versteht, worum es den Eltern und Schülern geht und welche Sorgen und Ängste hinter dem Problem stehen, das sie bei ihrer Beschwerde ansprechen, kann sie genauer und reflektierter auf das Anliegen eingehen. Sie kann auf diese Weise vermeiden, unklug aus der Emotion heraus zu handeln, die die Beschwerde zunächst bei ihr ausgelöst hat. Eine solche Haltung des Anhörens, Verstehens und der Klärungshilfe wirkt auf die Eltern entwaffnend, kann Vertrauen schaffen und ermöglicht auf diese Weise, die Beziehungsstörung zu heilen, die durch den Beschwerdeanlass hervorgerufen worden ist.

Die Klärung des Anliegens kann dann mit einer Erwartungsklärung verbunden werden:

- ✓ Was genau erwarten Sie von mir als Lehrer/-in, das ich tun soll?
- ✓ Was kann und will ich anbieten?
- ✓ Was erwarte ich von Ihnen als Eltern, um eine Problemlösung zu erreichen?

Der Abschluss der Beschwerdeklärung und -bearbeitung ist dann eine Vereinbarung, mit der die wechselseitigen Erwartungen und Verpflichtungen durch Selbstbindung verbindlich festgelegt werden.

Allerdings: Auch eine achtsame Gesprächsführung durch die betroffene Lehrperson oder den Klassenlehrer, bei dem sich Eltern über einen anderen (Fach-) Lehrer beschweren, garantiert nicht, dass es zu einem einvernehmlichen Ergebnis kommt. Bleibt es bei einem Dissens und sind die kommunikativen Mittel erschöpft, sollte die Lehrperson die Eltern informieren, wie sie ihre Beschwerde weiter verfolgen können. Auch eine solche Information wird wieder entwaffnend wirken und erleichtert dadurch, dass es auch bei Dissens in der Sache nicht zu einer nachhaltigen Störung der Beziehung kommt.

Die folgende Skizze macht die Schritte bei der Bearbeitung einer Beschwerde zusammenfassend deutlich.

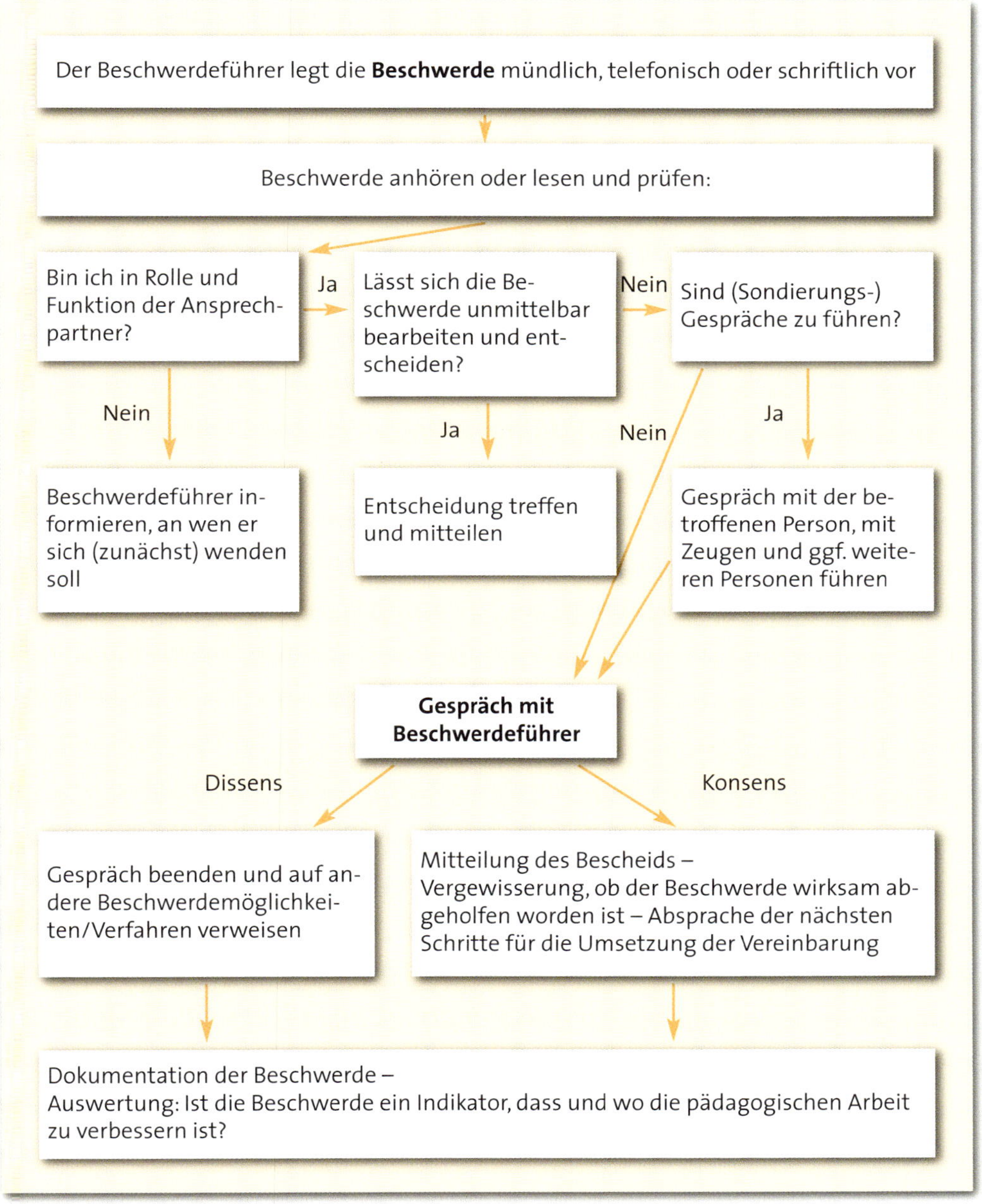

Abbildung 15: Beschwerden bearbeiten (nach Bartz 2005 b, Arbeitshilfe 44 21 07)

3.6 Mit Kritik an der eigenen Person umgehen

Mit Beschwerden über andere Personen umzugehen, ist unangenehm. Weitaus schwieriger und belastender ist es aber, wenn sich die Beschwerde gegen die eigene Person richtet. Das ist umso häufiger der Fall, je besser eine Schule ihre Beschwerdekultur entwickelt hat. Denn dazu gehört der Grundsatz, mit Betroffenen statt über sie zu sprechen. Und das hat zur Folge, dass es mehr Gespräche gibt, bei denen Schüler/-innen oder Eltern ihre Beschwerde gegenüber den betroffenen Lehrpersonen vortragen, als Gespräche, bei denen sie sich über andere Personen beschweren.

Wichtig ist, als Lehrperson im Blick zu haben, dass der Umgang mit Kritik an der eigenen Person in vielen Fällen für die Lehrer weniger schwierig und belastend ist als für Eltern. Denn es erfordert Mut, gegenüber den betroffenen Lehrpersonen ihre Kritik offen zu äußern und dann auch für ihre Kritik einstehen zu müssen.

Fehlt dieser Mut, seinen Unmut zu äußern, geht dieser in den Untergrund: Eltern erzählen schlecht über einen Lehrer, seinen Unterricht und seine Beziehungsgestaltung. Sie unterstützen gegebenenfalls sogar ihre Kinder dabei, diesen Lehrer nicht ernst zu nehmen oder sich gegen seine Anweisungen zur Wehr zu setzen. Für den betroffenen Lehrer wird das dann nur als Widerstand, Verweigerung oder schlechte Stimmung spürbar, ohne dass er weiß, was das mit ihm zu tun hat und welche Erwartungen der Eltern er nicht erfüllt hat. Stimmungsmache kann man aber nicht bearbeiten und der, der schlechte Stimmung macht, muss dafür keine Verantwortung übernehmen.

Umgekehrt können Eltern ihre Angst davor, eine Lehrperson in direkter Konfrontation zu kritisieren, auch dadurch zu überwinden versuchen, dass sie sich vor solchen Gesprächen aufrüsten. Die emotionale Betroffenheit und Heftigkeit, mit der die Beschwerde dann geäußert wird, hilft über die Angst hinweg, die Beschwerde könne nicht ernst genommen werden. Für die betroffene Lehrperson heißt das:

- ✓ Sie sollte zunächst den Eltern den Raum geben, ihre Empörung und ihren Ärger zu äußern.
- ✓ Ruft die Art der Äußerung eigene heftige Emotionen hervor, muss die Lehrperson auf der Grundlage professioneller Distanz sie kontrollieren

und darf nicht selbst aus der Emotion heraushandeln. Denn dann kann sie das Gespräch nicht mehr steuern und moderieren.

- ✓ Sie achtet dann darauf, eine Klärung auf der Sachebene zu ermöglichen: Was genau ist der Vorwurf? Was genau erwarten die Eltern, was die Lehrkraft tun soll?
- ✓ Verharren die Eltern auf der emotionalisierten (Beziehungs-)Ebene, sollte die Lehrperson gegenüber der unangemessen aggressiv vorgetragenen Kritik Grenzen setzen. Sind die Eltern nicht in der Lage, sich auf die Sachebene einzulassen, sollten die Lehrer/-innen als Gesprächsführer ihnen klar machen, dass dann ein Gespräch nicht sinnvoll ist. Sie können auch entscheiden, das Gespräch an dieser Stelle abzubrechen – mit der Zusage, über die Vorwürfe nachzudenken und zu prüfen, ob und gegebenenfalls welche Maßnahmen erforderlich sind.
- ✓ Erst dann, wenn eine Verständigung auf der Sachebene möglich geworden ist, ist es sinnvoll, auf die Beschwerde inhaltlich einzugehen und deutlich zu machen, welche Aspekte man aufgreifen, über welche Aspekte man weiter nachdenken möchte und welche Aspekte sachlich nicht zutreffend sind oder sich aus der Sicht der Lehrperson anders darstellen.

Elternkritik als Indikator für Offenheit und Vertrauen

Für Lehrerinnen und Lehrer gilt in ganz besonderem Maß bei Elternkritik an der eigenen Person: Auch wenn sie als Angriff vorgetragen wird, ist sie ein Ausdruck von Vertrauen und Wertschätzung.

Denn die Eltern verbinden mit der Beschwerde die Erwartung, dass die Lehrperson ein Mensch ist, dem man auch eine kritische Rückmeldung geben darf. Sie vertrauen darauf, dass ihre offene Äußerung keine negativen Wirkungen für ihr Kind und für sie selbst hat. Und wenn sie ihre Kritik äußern, heißt das ja, dass sie der Lehrperson eine Verhaltensänderung nicht nur zumuten, sondern auch zutrauen.

Zugespitzt kann man deshalb sagen: Wenn es viele (Eltern-)Beschwerden an einer Schule gibt, muss das nicht unbedingt Ausdruck für eine schwierige und belastete Beziehung und Schulkultur sein; im Gegenteil: Es kann auch ein Indikator für Offenheit und Vertrauen im Umgang miteinander sein.

Schwierig ist nur die Situation an Schulen, bei denen es keine oder kaum Beschwerden gibt. Denn ihnen fehlt ein wichtiger Indikator, wie ihre pädagogische Arbeit von den Eltern wahrgenommen wird. Sie müssen dann prüfen, ob keine Beschwerden geäußert werden, weil es an der Schule keine Missstände gibt (was eher unwahrscheinlich ist) oder weil es an Offenheit und Vertrauen fehlt. Ist das der Fall, hat die Schule keine Möglichkeit, Erwartungen zu klären und Probleme frühzeitig zu erkennen und zu bearbeiten.

Mit Kritik an der eigenen Person angemessen umzugehen, sie also ernst zu nehmen, das eigene Verhalten zu überprüfen und da, wo die Kritik einsichtig ist, sie für die eigene professionelle Weiterentwicklung zu nutzen, fällt umso leichter, je gelassener und entspannter sich eine Lehrperson der Kritik von Eltern stellt. Dafür können drei Klärungen hilfreich sein:

- ✓ Die Eltern können Lehrer/-innen keine Weisungen erteilen, sondern nur Feedback geben. Über den Umgang mit Feedback entscheidet die Lehrperson. Die Kritik der Eltern kann deshalb – auch dann, wenn sie unangemessen geäußert wird – nie die eigene Autonomie gefährden.
- ✓ Auch wenn die Kritik auf die Person bezogen statt auf Verhalten bezogen werden sollte, ist in der Regel nicht die eigene Person, sondern die Rolle gemeint. Sie richtet sich insbesondere bei Entscheidungen und Bewertungen, die bei den Schülerinnen und Schülern Nachteile wie die Nichtversetzung oder eine Ordnungsmaßnahme zur Folge haben, gegen die Hierarchiemacht, mit der die Lehrerrolle ausgestattet ist. Für sich zu klären, dass es meist um die Rolle geht und nicht die eigene Person auf dem Spiel steht, trägt ebenfalls zur Gelassenheit bei.
- ✓ Das Modell der vier Seiten einer Nachricht und der vier Ohren (Schulz von Thun 1981) kann Lehrerinnen und Lehrern helfen, ihre Kommunikation professionell zu gestalten. Statt eine Beschwerde überwiegend auf dem Appell- oder dem Beziehungsohr zu hören, ist es sinnvoll, sie vorrangig und erst einmal auf dem Selbstbekundungsohr anzuhören: Was ist mein Gegenüber für einer? Was ist mit ihm? Was beschwert und belastet ihn? Das ermöglicht professionelle Distanz und diese entlastet.

Wichtig ist dabei: Die Lehrperson ist nicht dafür verantwortlich, welche der vier Seiten einer Nachricht die Eltern intendieren. Ob sie vorrangig die Sach- oder die Beziehungsebene ansprechen oder ob für sie der Appell, dass der Lehrer sein Verhalten ändert, Vorrang hat, ist für die Lehrperson von nachrangiger Bedeutung. Denn sie ist nur für die eigenen vier Ohren verantwortlich. Diese Verantwortung erfordert Achtsamkeit

- ✓ **beim Sachohr:** Bei Beschwerden ist das Sachohr häufig die Ursache für das Misslingen der Kommunikation, nämlich immer dann, wenn der Lehrer nur auf die Sachdarstellung eingeht und sich nur auf der Sachebene auf eine Auseinandersetzung einlässt, das Problem aber auf der zwischenmenschlichen Ebene liegt.
- ✓ **beim Beziehungsohr:** Eine starke Ausprägung dieses Ohrs ist bei dem Umgang mit Kritik an der eigenen Person verhängnisvoll. Denn dann neigt die Lehrperson, gegen die sich die Beschwerde richtet, auch bei beziehungsneutralen Sachdarstellungen dazu, sie auf sich zu beziehen, sich angegriffen oder beleidigt zu fühlen und mit Rechtfertigung oder Empörung zu reagieren. Das hat im Beschwerdegespräch zwei Folgen: Der Konflikt eskaliert und die Lehrperson kann ihre Aufgabe, nicht nur Partei, sondern allparteiliche Gesprächsführerin und -moderatorin zu sein, nicht mehr wahrnehmen.
- ✓ **beim Appellohr:** Ist dieses Ohr beim Anhören einer Beschwerde stark ausgeprägt, neigen wir zu abwertender Überfürsorglichkeit. Wir nehmen dem Beschwerdeführer Probleme ab, die er besser selbst lösen sollte, und wir überfordern uns durch all die Aufgaben, die wir auf uns nehmen, weil wir es möglichst allen recht machen wollen.
- ✓ **beim Selbstbekundungsohr:** Wenn die Lehrkraft die Kritik von Eltern an ihrer Person vorrangig mit diesem Ohr hört, erleichtert ihr das, die Beschwerde anzunehmen und differenziert wahrzunehmen. Sie ist zudem eher in der Lage, die Probleme hinter den Problemen herauszuhören. So kann sich z.B. hinter der Beschwerde über eine Leistungsnote die Hilflosigkeit der Eltern verstecken, auf das Leistungsverhalten und die Leistungsmotivation ihres Kindes keinen Einfluss nehmen zu können, und dieses Gefühl der Hilflosigkeit kann mit dem Gefühl verbunden sein, als Eltern und Erzieher versagt zu haben.

Schulz von Thun empfiehlt entsprechend, das Selbstoffenbarungs- bzw. Selbstbekundungsohr zu stärken: „Es wäre viel gewonnen, wenn wir die gefühlsmäßigen Ausbrüche, die Anklagen und Vorwürfe unserer Mitmenschen mehr mit dem Selbstoffenbarungs-Ohr zu empfangen in der Lage wären. Dann könnten wir dem anderen seine Gefühle zugestehen, könnten uns ruhig darauf einlassen, ohne gleich in große Sorge um unsere ‚weiße Weste' und um unser seelisches Heil zu geraten. Wir wären weniger mit unserer eigenen Rehabilitation beschäftigt und könnten stattdessen besser zuhören und so besser dahinter kommen, was mit dem anderen wirklich los ist“ (1981, S. 55 f). Dabei muss aber auch als Gefahr im Blick sein, dass wir eine therapeutische Haltung einnehmen, die den anderen als zu diagnostizierendes Objekt abwertet. „Im Extrem kann sich der Empfänger durch die ausschließliche Benutzung des Selbstoffenbarungs-Ohres jede Betroffenheit ersparen“ (a.a.O, S. 56).

Für einen gelassenen Umgang mit Kritik an der eigenen Person heißt das:

- ✓ Ich höre die Beschwerde zunächst mit dem Selbstbekundungsohr an und kläre auf diese Weise, was den anderen beschwert und wie stark es ihn emotional beschwert.
- ✓ Ich prüfe mit dem Beziehungsohr, ob ich die Beschwerde nachvollziehen und so annehmen kann, wie sie geäußert worden ist, oder ob ich im Hinblick auf die Form der Äußerung Grenzen setze.
- ✓ Ich prüfe mit dem Sachohr, welche Aspekte ich für zutreffend halte und bei welchen Aspekten ich eine Korrektur oder Sachklärung für erforderlich halte.
- ✓ Ich entscheide mit dem Appellohr, welche Konsequenzen ich aus der Beschwerde ziehe und welche Änderung von Entscheidungen, Maßnahmen und Verhalten ich verbindlich zusagen kann. Dabei achte ich auf eine angemessene Teilung der Verantwortung und nehme dem Beschwerdeführer sein Problem nicht vollständig ab.

Vorschläge für einen produktiven Umgang mit Kritik

(Nach: Nowak 1997, S. 71ff)

Vereinbarungen treffen

Ich bin nicht gezwungen, mir jede Art von Kritik von jeder Person an jedem Ort und zu jeder beliebigen Zeit anzuhören. So gilt es, im Vorfeld für mich zu klären, ob ich überhaupt die richtige Adresse für die Kritik bin, ob ich hier und jetzt darüber sprechen will und ggf. welchen Zeitpunkt und welche Bedingungen ich geeigneter finde. Entsprechend sollte ich mit dem Kritiker eine Vereinbarung für ein Gespräch zu seiner Kritik treffen.

Kritik anhören
Ich muss mir die Kritik zunächst anhören, ohne meinen Gegenüber zu unterbrechen oder sogleich Stellung zu beziehen. Dabei sollte ich zugleich zulassen, dass mein Gegenüber sich emotionalisiert äußert. Gefühle zulassen kann die folgende Problemlösung und Beschwerdeklärung erleichtern.

Den Inhalt der Kritik mit eigenen Worten wiedergeben
Ich gebe so meinem Gegenüber das Gefühl, ihn als Person und mit seinem Anliegen zu akzeptieren und sichere zugleich die Verständigungsgrundlage für die Konfliktlösung. Wichtig ist hier, eigene – insbesondere abwertende oder interpretierende – Kommentare zu vermeiden.

Anerkennenswerte Inhalte oder Aspekte benennen
Es ist meine Entscheidung, welche Aspekte ich mir aus der geäußerten Kritik nehme. Vielleicht gibt es nur einen Gefühlsaspekt, den ich anerkennen kann; vielleicht berührt die Kritik aber auch sachliche Aspekte, die mich etwas angehen und die mir nützlich sein können. In jedem Fall sollte ich darauf verzichten, dem anderen seine Gefühle auszureden.

Eigenes Verhalten transparent machen
Ich erläutere das eigene Verhalten, ohne mich jedoch zu rechtfertigen, und weise ggf. Kritik, die mir unberechtigt oder unangemessen erscheint, zurück. Um Offenheit zu erreichen, kann ich fragen, ob mein Gegenüber die Gründe für mein Verhalten oder meine Entscheidungen erfahren möchte.

Absprachen treffen und Bilanz ziehen
Im Hinblick auf die Kritikpunkte, die ich akzeptieren kann, treffe ich klare Vereinbarungen. Dabei ist zu klären, was mein Gegenüber konkret von mir erwartet, ob ich das auch will und es in meiner Macht liegt, und welche Spielräume zur Verfügung stehen. Gerade nach durchgestandenen Beschwerdegesprächen ist es wichtig, sich gegenseitig Rückmeldung über das Gespräch zu geben und eine Bilanz zu ziehen, welche Punkte geklärt sind und über welche ggf. (noch) kein Einvernehmen hergestellt werden konnte.

3.7 Die Verantwortung für die Problemlösung und die Entlastung von der Beschwerung angemessen teilen

Auch wenn die Eltern bei einer Beschwerde ausschließlich der Lehrperson die Schuld an den Problemen ihres Kindes zuweisen und sie allein verantwortlich machen sollten, ist davon auszugehen, dass die Klärung der Beschwerde deutlich macht: Wenn wir zu einer Lösung kommen und eine Vereinbarung für die Zukunft treffen wollen, geht es nicht nur darum, dass ich als Lehrperson ein konkretes Verhalten ändere, sondern dass störungspräventiv die Situationen vermieden werden müssen, in denen sich das unangemessene Lehrerverhalten gezeigt hat.

Bei einer Beschwerde über eine Leistungsnote stellt sich die Frage, wie der Schüler seine Leistungsbereitschaft und -fähigkeit deutlicher unter Beweis stellen kann. Halten die Eltern die Reaktion des Lehrers auf ein sozial nicht verträgliches Schülerverhalten für unangemessen, geht es nicht nur darum, dass der Lehrer angemessener reagiert, sondern vorrangig darum, dass der Schüler ein solches Verhalten gar nicht erst zeigt. Werfen Eltern dem Lehrer vor, er schütze ihr Kind nicht genügend vor Mobbing, Herabsetzung oder Erpressung durch seine Mitschüler/-innen, dann kann es auch um die Frage gehen, wie der Schüler sich der Opfer-Signale, die andere zu Mobbing-Attacken einladen, bewusst und fähiger werden kann, dem Mobbing selbstbewusst entgegenzutreten.

Klären: Wer ist für welche Problemaspekte zuständig?

Wenn also die Bearbeitung einer Beschwerde nachhaltig wirksam werden soll, hilft es nicht, wenn die Lehrperson allein die Verantwortung für die Lösung der zugrunde liegenden Probleme übernimmt und dem betroffenen Schüler seine Probleme abnimmt. Sie muss deshalb die Situation und ihre Beziehungskonstellation sorgsam darauf hin prüfen, für welche Probleme sie im Rahmen ihrer Rolle und Profession verantwortlich ist und welche Probleme der Schüler selbst lösen muss. Erst dann, wenn als Ergebnis der Beschwerdeklärung klar ist, wer für welche Problemaspekte zuständig ist, kann die Lehrperson dem Schüler Beratung und Unterstützung anbieten oder vermitteln, wenn er seine Probleme nicht ohne Beistand lösen kann.

Übernimmt dagegen eine Lehrperson überfürsorglich auch die Problemaspekte ab, die der Schüler selbst lösen kann, hat das zur Folge, dass er aus den Problemen nichts lernen kann.

Schwieriger ist für die Lehrperson noch eine andere Folge: Hat sie dem Schüler dessen Problem abgenommen, ist allein sie für die Lösung des Problems verantwortlich, und sie kann keine Gegenleistung erwarten, weil sie keine vereinbart hat. Statt der erwarteten Dankbarkeit ernten Lehrpersonen dann eher Undank – und das vor allem dann, wenn ihnen die Problemlösung nicht gelingt. Als Reaktion können Schüler und ihre Eltern aus der Rolle des Opfers, das durch Vorfälle und Verhaltensweisen anderer beschwert und belastet ist, in die des Verfolgers wechseln: „Dass Sie nicht in der Lage sind, das Problem unseres Kindes zu lösen, hätten wir uns ja schon fast denken können. Denn Ihnen fehlt es offensichtlich an der Kompetenz, über die Sie als Lehrer verfügen müssten."

Verantwortung für die Lösung der Probleme teilen

Wenn man Undankbarkeit und den Wechsel von der Opfer- in die Verfolgerrolle vermeiden will, muss man dafür sorgen, dass die Verantwortung für die Lösung der Probleme, die einer Beschwerde zugrunde liegen, geteilt wird. In diese Teilung der Verantwortung sind die Eltern einzubeziehen. Dabei geht es darum, wie sie ihr Kind stärken und unterstützen können, damit es in der Lage ist, zwischenmenschliche Probleme zu klären und möglichst zu vermeiden sowie unangemessenem Verhalten anderer selbstbewusst entgegenzutreten.

Es geht aber auch darum, dass die Eltern die Lehrperson informieren oder ihr Kind ermutigen, die Lehrperson zu informieren, wenn die Probleme erneut auftreten und sich ihr Kind durch das Verhalten der Lehrperson, anderer Lehrer oder der Mitschüler beschwert fühlt. Denn sie können nicht erwarten, dass die Lehrperson von sich aus Einblick in neue Belastungen ihres Kindes nehmen kann und wird.

Je klarer bei der Bearbeitung einer Beschwerde die Teilung der Verantwortung abgesprochen und vereinbart wird, umso mehr entsteht Vertrauen oder umso mehr wird eine gestörte Vertrauensbeziehung wieder hergestellt. Das erleichtert bei erneuten Problemen die Verständigung auf der Sachebene, weil in einer Vertrauensbeziehung eine emotionale Aufrüstung unnötig ist. Es erleichtert zudem, eine Problemlösung zu finden und zu vereinbaren, weil alle Beteiligten von dem Konsens ausgehen können, dass jeder Beteiligte klärt und als Selbstbindung einbringt, welchen Beitrag zur Lösung er erbringen kann und wird. Auf diese Weise entwickelt sich eine Beziehungs- und Kommunikationskultur, die durch folgende Merkmale geprägt ist:

- ✓ Was Schüler oder Eltern subjektiv als Problem und Belastung empfinden, wird ernst genommen.
- ✓ Die Beteiligten äußern ihre Erwartungen an andere Personen im Wissen und mit der Bereitschaft, dass die wechselseitigen Erwartungen geklärt werden und Grundlage einer Vereinbarung sind.
- ✓ Die Beteiligten wissen, dass es nur dann zu einer Lösungsperspektive kommt, wenn sie mitteilen, was ihr Beitrag für die Problemlösung ist, statt nur von den anderen zu fordern, dass sie allein die der Beschwerde zugrunde liegenden Probleme lösen.

Die Folge einer solchen Beziehungskultur: An die Stelle von Beschwerden, die ja immer mit Vorwürfen an andere verbunden sind, tritt die bloße Mitteilung über Problemerfahrungen und Belastungen, die dann zum Ausgangspunkt einer gemeinsamen lösungsorientierten Klärung wird.

Warum bei der Bearbeitung einer Beschwerde sowohl eine ablehnende wie eine überfürsorgliche Haltung vermieden werden sollte und warum es wichtig ist, die Verantwortung für die Klärung der Beschwerde mit den Beschwerdeführern zu teilen, soll die folgende Skizze als eine Art Wegweiser für den Umgang mit Beschwerden deutlich machen.

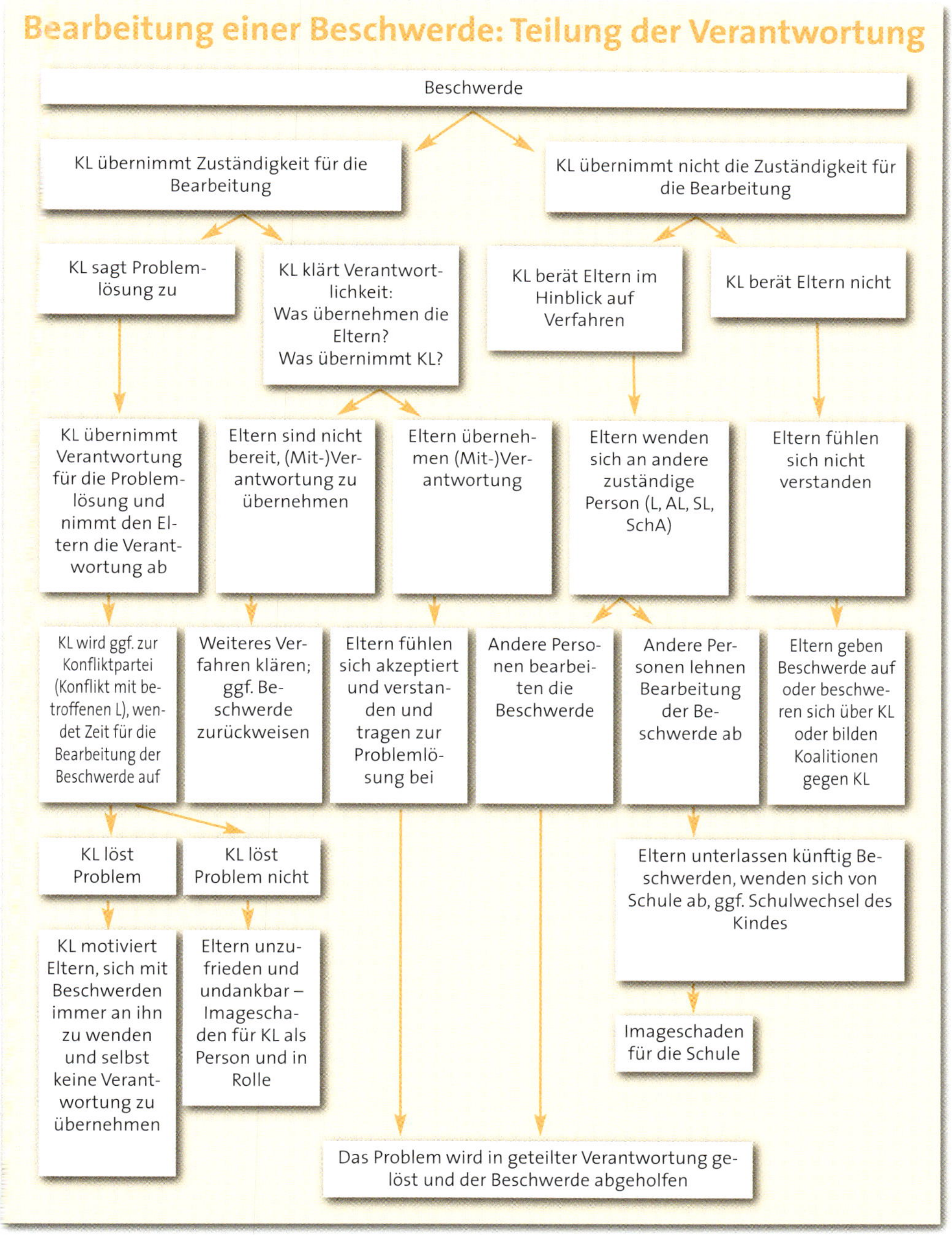

Abbildung 16: Die Folgewirkungen und die Teilung der Verantwortung bei der Bearbeitung einer Beschwerde Legende: L = Lehrer, KL = Klassenlehrer, AL = Abteilungsleiter, SL = Schulleiter, SchA = Schulaufsicht

3.8 Das Schulrecht als Reservestruktur nutzen

Ein angemessener Umgang mit Beschwerden setzt die Kenntnis des Schul- und Dienstrechts voraus. Denn das pädagogische Handeln gestaltet sich in einem Rahmen, der durch Rechts- und Verwaltungsvorschriften festgelegt wird, und die Schule vergibt als staatliche Behörde Berechtigungen und erteilt Sanktionen, z.B. in der Form von Ordnungsmaßnahmen oder als Geldbuße.

Wenn ihre Entscheidungen und Maßnahmen eine Bindungswirkung nach außen haben, handelt es sich um Verwaltungsakte (Bott 2008, 2010). Gegenüber solchen Verwaltungsakten haben die Betroffenen, also die Eltern oder die (volljährigen) Schüler/-innen, das Recht auf Widerspruch, über den die Schule und im Falle einer Ablehnung die Schulaufsicht entscheidet. Wird dem Widerspruch nicht abgeholfen, können die Eltern Klage beim Verwaltungsgericht einlegen.

Das selbstverständliche rechtsstaatliche Gebot, dass das Handeln staatlicher Behörden gegenüber den Bürgerinnen und Bürgern angefochten werden kann, weckt in der Schule häufig Ängste. Das wiederum kann von Eltern ausgenutzt werden, um mit dem Verweis auf eine anwaltliche Vertretung und das Beschreiten des Rechtswegs das Recht als Drohpotenzial zu missbrauchen.

Umgekehrt gibt es bei den schulischen Akteuren die Neigung, die Nutzung der Möglichkeiten zur Überprüfung der Rechtmäßigkeit des Verwaltungshandelns als Angriff und Misstrauenserklärung misszuverstehen. Wird dagegen das Schul- und Dienstrecht als Rahmen verstanden, in dem sich die Lehrkräfte pädagogisch gestaltend bewegen, kann es eine Hilfe für die Gestaltung der Interaktion zwischen den Lehrern und den Eltern sein, weil es für Klarheit sorgt und Grenzen festlegt.

Um in dieser Weise wirksam zu sein, müssen die Lehrkräfte die rechtlichen Rahmenbedingungen ihres professionellen pädagogischen Handelns und vor allem die Rechtsgrundsätze kennen, insbesondere die beiden Grundsätze der Gleichbehandlung und der Verhältnismäßigkeit:

- ✓ Der Grundsatz der Gleichbehandlung soll „ausschließen, dass eine Gruppe von Normadressaten im Vergleich zu anderen Normadressaten anders behandelt wird, obwohl zwischen beiden Gruppen keine Unterschiede von solcher Art und solchem Gewicht bestehen, dass sie die ungleiche Behandlung rechtfertigen können“ (Bundesverfassungsgericht (1 BVR 1487/97). (…) Demgemäß ist auch im Einzelfall darauf zu achten, dass gleiche Sachverhalte nach gleichen Kriterien beurteilt und entschieden werden“ (Kumpfert 2005, S. 2).

- „Der Grundsatz der Verhältnismäßigkeit verlangt, dass die Maßnahme zur Erreichung des angestrebten Zwecks geeignet und erforderlich ist und dass der mit ihr verbundene Eingriff nicht außer Verhältnis zur Bedeutung der Sache (...) steht“ (Bundesverfassungsgericht (2 BVR 715/04, zit. nach Kumpfert 2005, S. 1).

Das, was pädagogisch sinnvoll ist, hat in der Regel auch rechtlich Bestand

Schulleitungen und Lehrkräfte, „die den Grundsatz der Verhältnismäßigkeit und den Grundsatz der Chancengleichheit beherzigen, werden bei pädagogisch für richtig befundenen Entscheidungen auch rechtlich die richtige Entscheidung treffen“ (Kumpfert 2005, S. 2). Dabei können sie von der Prämisse ausgehen, dass das, was pädagogisch sinnvoll ist, in der Regel auch rechtlich Bestand hat.

Zudem müssen die Lehrkräfte wissen, dass sie sich in zwei unterschiedlichen sozialen Systemen bewegen: Einerseits ist die Schule als Behörde ein Verwaltungssystem und andererseits findet ihr Kerngeschäft Bildung und Erziehung in einem Interaktionssystem statt, das durch die Beziehungsgestaltung und Kommunikation zwischen Menschen geprägt ist.

Dies hat zur Folge, dass die Lehrerinnen und Lehrer zwei unterschiedliche Handlungslogiken beachten müssen: Das Schulpersonal „steht (...) täglich vor der Alternative zwischen bürokratisch-administrativem, weitgehend personenunabhängigem und berechenbarem Handeln und innovativ-pädagogischem, individuellem, kaum regelhaft kontrollierbarem Agieren“ (Rosenbusch 1999, S. 35).

Es soll Führung gegenüber Schülerinnen und Schülern kommunikativ gestalten und ist zugleich verpflichtet, dafür zu sorgen, dass die rechtlichen Rahmenbedingungen und die Aufträge und Weisungen des Schulministeriums und der Schulaufsicht vorschriftsgemäß umgesetzt werden.

Die folgende Übersicht macht deutlich, dass die beiden Handlungslogiken, die die Schule und ihre Akteure beachten müssen, nicht nur Unterschiede aufweisen, sondern zu einem großen Teil Gegensätze darstellen.

Verwaltungssystem	Interaktionssystem
Normen und Regeln	Freiheit
Schriftlichkeit	Mündlichkeit
Generelle Geltung	Individuelle Einzigartigkeit der Menschen und Situationen
Regeln verhindern Willkür	Persönliche Verantwortung verhindert Willkür
Verbindlichkeit durch Vorschrift	Verbindlichkeit durch Sinn
Fehler sind zu vermeiden	Fehler sind Lernanlass
Formelle Beziehungsgestaltung	Persönliche Beziehungsgestaltung
Emotionen sind fernzuhalten	Lernen und Verhalten sind emotionsbasiert
Starrheit	Lebendigkeit

Wichtig ist dabei: Beide Handlungslogiken haben ihre situations- und rollenspezifische Legitimation und es kommt für die Schulleitung wie für die Lehrpersonen darauf an, sie situativ passend einzusetzen. Dann kann es gelingen, das professionelle pädagogische und dienstliche Handeln kohärent zu gestalten, indem sich die Gegensätze komplementär ergänzen. Eine solche Kohärenz setzt voraus, dass die Handlungslogik des Verwaltungssystems eine dienende Funktion hat und nicht vorschreiben darf, wie das Kerngeschäft von Schule, Unterricht und Erziehung, im Interaktions- und Beziehungssystem zu gestalten ist. Das erfordert von der Schulleitung und der Schulaufsicht Respekt und Achtung im Hinblick auf die Autonomie und Eigenverantwortlichkeit der Lehrkräfte (Dubs 2013). Deshalb haben „pädagogische Überlegungen (…) ein Primat über Prämissen der Verwaltung und Administration“ (Rosenbusch 2005, S. 2[illegible]).

Für den Umgang mit Beschwerden heißt das: Die kommunikative Klärung und Verständigung hat Vorrang vor Verfahren, die sich nur an den Vorschriften orientieren. Diese sind zu beachten – umso mehr, weil bei Beschwerden ein Rechtsstreit nicht ausgeschlossen werden kann und dann weniger die inhaltliche Sinnhaftigkeit als die Korrektheit von Form und Verfahren wichtig ist. Sie sind aber keine Handlungsanleitung, sondern begrenzen nur den Rahmen, in dem sich das beziehungsgestaltende Handeln vollzieht.

Das Recht als Reservestruktur

Die Rechts- und Verwaltungsvorschriften stellen zudem eine Art Reservestruktur dar. Diese kann dafür sorgen, dass die Möglichkeiten des Interaktionssystems nicht überfordert werden. Denn die Vorschriften gewährleisten die Handlungs- und Entscheidungsfähigkeit auch dann, wenn der ernsthafte und kompetente Versuch der Lehrpersonen scheitert, eine Beschwerde kommunikativ zu klären, und wenn die kommunikativen Mittel für eine Verständigung ausgeschöpft sind. Lässt sich also bei der Bearbeitung und Klärung einer Beschwerde keine Vereinbarung erreichen und beharren Eltern rechthaberisch auf ihrer Sichtweise und Position, ist es nicht sinnvoll, immer neue Gespräche um die immer gleichen Streitfragen zu führen, sondern die Eltern auf den förmlichen Beschwerdeweg zu verweisen. Hat z.B. eine Lehrerin bei einer Beschwerde gegen eine Zeugnisnote ihre Leistungsbeurteilung klar erläutert, muss sie das nicht zwei- oder dreimal wiederholen, nur weil die Eltern ihre Erwartung und ihr Verlangen, dass sie die Zeugnisnote ändert, nicht aufgeben wollen. Statt sich dann unter Druck setzen zu lassen und sich zu rechtfertigen, ist es besser, das Gespräch mit dem Verweis auf die weiteren rechtlichen Beschwerdemöglichkeiten abzuschließen.

Förmliches Beschwerdeverfahren

Das Recht als Reservestruktur entlastet insoweit bei der Bearbeitung von Beschwerden. Es ermöglicht dem Lehrer als Gesprächsführer, ein Beschwerdegespräch mit großer Gelassenheit zu führen. Denn er muss nicht zwingend einen Konsens erreichen, er muss nicht befürchten, dass das Gespräch ergebnislos endet, und er kann in das Gespräch mit dem Wissen einsteigen, dass es am Ende keinen Gesichtsverlust gibt.

Kommt es nicht zu einer Verständigung, ist das Gespräch nicht misslungen, sondern hat ein Ergebnis: Dass die Beschwerdeklärung auf dem förmlichen Weg der schriftlichen Beschwerde erfolgen muss. Sinnvoll ist, einen solchen Abschluss mit einer knappen Rechtsberatung zu verbinden: „Wenn Sie Ihre Beschwerde weiter verfolgen wollen, haben Sie die Möglichkeit, schriftlich innerhalb eines Monats Widerspruch beim Schulleiter einzulegen. Sollte der Schulleiter Ihrer Beschwerde nicht abhelfen, entscheidet die Schulaufsicht. Lehnt auch diese Ihren Widerspruch ab, können Sie beim zuständigen Verwaltungsgericht klagen. Ob Sie nun den Rechtsweg gehen und Widerspruch einlegen, ist Ihre Entscheidung." Eine solche Beratung erleichtert den Eltern, das Gesprächsergebnis ebenfalls nicht als Misserfolg oder gar als Niederlage und Gesichtsverlust zu bewerten, auch wenn es ihnen nicht gelungen ist, ihr Beschwerdeverlangen erfolgreich durchzusetzen.

Die Komplementarität der beiden Handlungslogiken des Verwaltungs- und Interaktionssystems kommt bei der Bearbeitung einer Beschwerde dadurch zum Ausdruck, dass die Rechts- und Verwaltungsvorschriften als Reservestruktur umso weniger in Anspruch genommen werden müssen, je besser die Kommunikation gelingt. Andererseits sorgen die rechtlichen Regelungen zum Umgang mit Beschwerden dafür, dass Verständigungs- und Aushandlungsprozesse nicht unendlich andauern und die Handlungs- und Entscheidungsfähigkeit blockieren, weil sie alternativ jederzeit durch den Verweis auf die rechtliche Klärung abgebrochen und abgeschlossen werden können.

Allerdings heißt das für den betroffenen Lehrer: Kommt es dann zu einem Widerspruchsverfahren, muss er in Kauf nehmen, dass ihn das Arbeit kostet. Er muss berichten, seine Leistungsbeurteilung oder eine Ordnungsmaßnahme begründen und weitere Entscheidungsunterlagen für die Schulaufsicht zusammenstellen. Um das so weit wie möglich zu vermeiden, sollte er die Kommunikation mit den Eltern so gestalten, dass sie mit einer hohen Aussicht auf Verständigung und Vereinbarung verbunden ist: Entwaffnend und deeskalierend, akzeptierend und transparent.

3.9 Beschwerden als Frühwarnsystem nutzen

Beschwerden willkommen heißen: Das ist auch deshalb sinnvoll, weil Beschwerden auf Probleme in den schulischen Abläufen und der pädagogischen Arbeit aufmerksam machen können, die die Lehrpersonen und die Schulleitung nicht im Blick hatten. Dabei kann es um Mängel bei Regelungen und Abläufen, bei der Koordination von Lehrerverhalten – z.B. im Umgang mit Fehlverhalten von Schülerinnen und Schülern oder bei der Leistungsbewertung –, aber auch um Mängel der Information und Kommunikation sowie bei der Partizipation an Entscheidungen gehen.

Tief greifender können Beschwerden auch deutlich machen, dass es an einer Beziehungskultur wechselseitigen Respekts und wechselseitiger Wertschätzung fehlt. Häufen sich Beschwerden über einzelne Lehrpersonen, muss dies ein Anlass sein, dass sie ihr Verhalten selbstkritisch überprüfen und grundlegend ändern. Für die Schulleitung hat das die Folge, dass sie einerseits in Kritikgesprächen ein verbindliches und klares Änderungsverlangen äußert und andererseits für die Unterstützung sorgt, die die betroffenen Lehrer/-innen brauchen, um sich auf der Grundlage ihrer persönlichen Haltungen und Potenziale weiter entwickeln zu können. Beschwerden sind also immer ein Anlass – und sie sind deshalb auch eine Chance – für die Personal- und Schulentwicklung.

Im Unternehmensbereich ist deshalb sehr viel öfter und selbstverständlicher ein Beschwerdemanagement üblich, mit dem Beschwerden inhaltlich erfasst, ihre Bearbeitung dokumentiert und Konsequenzen für die Optimierung der Betriebsabläufe und der Kundenbeziehung gezogen werden. Ein solches Beschwerdemanagement hat zwei Ziele:

- ✓ Die Beschwerden dienen als eine Art Frühwarnsystem. Sie machen auf Probleme, Missverständnisse und Fehler aufmerksam, bevor diese einen größeren Schaden anrichten.
- ✓ Erlebt der Kunde die Bearbeitung seiner Beschwerde als verständnisvoll und zugewandt, fühlt er sich mit seiner Beschwerde ernst genommen und angenommen, dann verstärkt die Bearbeitung die Kundenbindung. Und wenn Kunden anderen von ihren positiven Erfahrungen berichten, verbessert die Bearbeitung der Beschwerden nachhaltig das Firmenimage.

Eine Beschwerdekultur entwickeln

Für den Umgang mit Beschwerden können Lehrer/-innen daraus drei Folgerungen ableiten:

- ✓ Sie prüfen die Beschwerden darauf hin, welchen Bedarf an berufspersönlicher Weiterentwicklung sie deutlich werden lassen. Sie klären, warum es – z.B. durch Missverständnisse oder unbeabsichtigte Wirkungen von Lehreräußerungen und -verhalten – zum Anlass für die Beschwerde gekommen ist. Sie erhalten damit die Möglichkeit, sich der Wirksamkeit ihres pädagogischen Handelns in Unterricht und Beziehungsgestaltung zu vergewissern und diese Wirksamkeit zielgenauer zu erreichen.
- ✓ Sie dokumentieren die Anlässe und Aspekte von Beschwerden, bei denen es um Mängel in den schulischen Abläufen, um mangelnde Transparenz und eine mangelnde Einheitlichkeit und Geschlossenheit des pädagogischen Handelns geht. Das Beschwerdemanagement ermöglicht auf diese Weise der Schule, die Qualität ihrer Arbeit zu verbessern.
- ✓ Eine konstruktive Bearbeitung von Beschwerden erhöht bei Unternehmen die Kundenbindung. In Schulen intensiviert eine solche Bearbeitung die Bindung und Identifizierung von Schülern und Eltern mit der Schule. Und auch hier gilt, dass die Klärung von Beschwerden zu einem besseren Image der Schule beitragen kann.

Eine solche Beschwerdekultur an einer Schule zu entwickeln, erleichtert der einzelnen Lehrkraft, als Betroffene oder als Klassenlehrerin mit Beschwerden von Schülern und Eltern umzugehen. Sie setzt ein Konzept für das innerschulische Beschwerdemanagement voraus, mit dem die Abläufe und Zuständigkeiten sowie die Dokumentation und Auswertung der Beschwerden geregelt wird.

Für Verfahrensklarheit kann z.B. dadurch gesorgt werden, dass es ein Ablaufprogramm für die Bearbeitung von Beschwerden gibt und dass dabei die Zuständigkeiten und Verfahrensschritte geklärt werden. Dabei sollte der Grundsatz gelten, dass Beschwerden zunächst mit den betroffenen Personen erörtert werden müssen.

Geht es um Sachprobleme oder um Probleme der Beziehungen in Klassen, sollten diejenigen Personen die Beschwerden klären, die die meiste Kompetenz dafür besitzen. Dies sind an erster Stelle die Klassenlehrerinnen und -lehrer. Sie kennen in der Regel die Vorfälle und ihre Hintergründe und sie kennen die beteiligten Schüler/-innen und (Fach-)Lehrer/-innen.

Ist auf dieser Ebene keine Einigung möglich, so befasst sich dann – wenn an der Schule vorhanden – die Stufen- oder Abteilungsleitung mit der Beschwerde, während der Schulleiter erst dann für Beschwerden zuständig ist, wenn es um eine – rechtliche oder öffentlichkeitswirksame – Außenvertretung der Schule oder um Beschwerden geht, die dienstrechtlich relevant oder bei denen die Schule als System betroffen ist.

Die Dokumentation dient der Rechenschaftspflicht der Schule und bietet zugleich die Möglichkeit, aus den Erfahrungen bei der Bearbeitung von Beschwerden zu lernen und die Beschwerden diagnostisch zu nutzen:

- ✓ Bei welchen Problemen und in welchen Bereichen treten Beschwerden gehäuft auf?
- ✓ Welche Beschwerden konnten kommunikativ geklärt werden, bei welchen Beschwerden war eine rechtliche Klärung und Entscheidung durch die Schulaufsicht oder ein Verwaltungsgericht erforderlich? Welche Gründe haben zu der einen oder anderen Art der Klärung geführt?
- ✓ Welche Folgewirkungen hat die Bearbeitung der Beschwerden gehabt? Inwieweit hat sie zu Unzufriedenheit und zu einer Belastung von Beziehungen und Kooperation oder umgekehrt zu einer Verbesserung von Kommunikation und Kooperation geführt?

Aufbau und Struktur eines Beschwerdemanagements der Schule

Grundsätze:

- ✓ Beschwerden sind willkommen: Sie dienen als Frühwarnsystem, um Probleme im Hinblick auf die Qualität von Unterricht und Erziehung und im Hinblick auf die Interaktion zwischen den am Schulleben Beteiligten und von ihr Betroffenen frühzeitig zu erkennen und bearbeiten zu können
- ✓ Der angemessene Umgang mit Beschwerden ist Ausdruck der „Kundenorientierung" von Schule. Er sorgt für Akzeptanz und Attraktivität der Schule

Festlegung:

- ✓ Zuständigkeit für die Bearbeitung von Beschwerden
- ✓ Information anderer Personen über Beschwerden und das Ergebnis der Bearbeitung
- ✓ Verfahren der Bearbeitung von Beschwerden

Dokumentation:

- ✓ Eingang von Beschwerden bei Lehrkräften, Klassenlehrerinnen und -lehrern, Abteilungsleitung, Schulleiterin oder Schulleiter: Beschwerdeführer, Anlass, Inhalt und Ziel der Beschwerde
- ✓ Bearbeitung der Beschwerden, Vereinbarung und Ergebnis, Umsetzung und Evaluation, ob die Beschwerde zufrieden stellend bearbeitet ist

Beschwerdeausschuss:

- ✓ Festlegung, Überprüfung und Revision der Zuständigkeiten und Verfahren für die Beschwerdebearbeitung Sichtung aller Beschwerden, ihrer Bearbeitung und der Ergebnisse der Bearbeitung
- ✓ Auswertung der Beschwerden: Anlässe und Themen, Häufigkeitsverteilung auf Klassen und Lehrkräfte
- ✓ Klärung und Empfehlung von Konsequenzen:
  - → Verbesserung der pädagogischen Arbeit
  - → Fortbildung, Coaching oder Supervision für Lehrkräfte, Lehrerteams, Schulleitung
  - → Kritikgespräche mit einzelnen Lehrkräften oder Lehrerteams und Einfordern erforderlicher Verbesserungen ihrer Arbeit (durch die Schulleitung)
- ✓ Evaluation des gesamten Beschwerdemanagements

Abbildung 17: Aufbau und Struktur eins Beschwerdemanagements an der Schule (nach: Bartz, A. 2005 b, Arbeitshilfe 44 21 08)

4 GESPRÄCHE FÜHREN

4.1 Das Gesprächssetting gestalten

Die Lehrerinnen und Lehrer sind als Gesprächsführer auch für die Gestaltung des Gesprächssettings verantwortlich. Dabei geht es um das Medium, z.B. ein Telefongespräch oder eine Face-to-Face-Kommunikation, um den Ort und Raum und um die Dauer des Gesprächs.

Das Telefongespräch

Bei Gesprächen mit Eltern ist es aus Gründen der Zeitökonomie sinnvoll zu prüfen, ob nicht ein Telefongespräch ausreicht. Das wird immer dann der Fall sein, wenn die Lehrer/-innen Eltern über einen Vorfall nur informieren, von den Eltern Auskünfte einholen oder an eine Erledigung wie z.B. die Einverständniserklärung für die Teilnahme an einer Klassenfahrt erinnern wollen.

Das Gespräch statt einer schriftlichen Mitteilung ist in solchen Situationen immer dann angebracht, wenn die Lehrer/-innen auf eine Reaktion der Eltern, z.B. eine Stellungnahme oder eine Zusage, angewiesen sind.

Weniger geeignet ist ein Telefongespräch, wenn es nicht nur um eine Mitteilung, sondern um einen Abgleich von Sichtweisen und einen Austausch geht. Bei der telefonischen Kommunikation fehlen nämlich einige nonverbale Elemente wie Mimik und Gestik, die für die Beziehungsgestaltung wichtig sind. Zudem kennt der Sprecher die Situation des Adressaten nicht und kann nicht einschätzen, ob dieser auf einen Anruf überhaupt angemessen reagieren oder ob das Telefonat für den Adressaten eine Störung bedeutet. Weil nur der Sprecher, nicht aber der Adressat auf das Thema vorbereitet ist, ist die Gefahr von Missverständnissen groß. Denn unbewusst geht der Sprecher von der Erwartung aus, dass dem Adressaten das Thema genauso klar ist wie ihm. Wenn dieser aber gerade mit einem ganz anderen Vorgang beschäftigt ist, der seine Konzentration erfordert, kann er sich nicht sogleich auf das Gesprächsthema einstellen. Die Erwartung, er solle zum Thema Stellung nehmen, überfordert ihn dann, weil er keine Möglichkeit einer vorbereitenden Überlegung hatte. Um dieser Wirkung zu begegnen, muss die Lehrperson zu Beginn des Gesprächs kurz das Thema nennen und sich zunächst vergewissern, ob der

Adressat zeitlich und situativ in der Lage ist, sich auf das Gespräch einzulassen.

Zudem sollte die Lehrperson den Adressaten vor einer Stellungnahme oder Zusage fragen, ob er dazu jetzt in der Lage ist oder ob er darüber noch einmal nachdenken muss. Ist dies der Fall, muss die Lehrperson mitteilen, bis wann sie die Stellungnahme oder Zusage braucht. Ist der Sachverhalt komplexer, sodass ein Telefongespräch eine Vorbereitung nicht nur durch den Sprecher, sondern auch durch den Adressaten erfordert, kann es sinnvoll sein, das Gespräch vorher schriftlich, am einfachsten per Mail, anzukündigen und dabei mitzuteilen, um welches Thema es geht und welche Erwartung die Lehrkraft an die Eltern hat.

Die Einladung zu einem Telefongespräch sollte dann folgende Aspekte berücksichtigen:

- ✓ Anlass und Thema des Gesprächs,
- ✓ Erwartung an den Adressaten, z.B.: „Ich brauche dazu Ihre Stellungnahme", „Ich möchte Klarheit haben, ob Ihre Tochter an der Klassenfahrt teilnehmen darf",
- ✓ Terminvorschlag mit einer Regelung, falls der Adressat diesen Termin für das Telefongespräch nicht wahrnehmen kann,
- ✓ Vergewisserung, ob der Adressat unter der der Lehrperson bekannten Telefonnummer erreichbar ist.

Im Vergleich zu einer Face-to-Face-Kommunikation hat das Telefongespräch den Nachteil, dass der Sprecher nur begrenzt in der Lage ist, auf unerwartete Wirkungen des Gesprächs einzugehen. Was als bloße Information gedacht war, kann beim Adressaten hoch emotional wirken und diese Wirkungen können dann wegen der persönlichen Distanz zwischen den Sprechern nicht angemessen aufgefangen werden.

Beispiel: Ein Klassenlehrer möchte den Eltern mitteilen, dass ihr Sohn aus dem Unterricht ausgeschlossen wird, weil er einen Mitschüler physisch verletzt hat. Er fragt nach, ob ein Elternteil zu Hause ist und die Schule den Sohn nach Hause schicken könne. Bricht dann die Mutter in Tränen aus, weil der Vorfall das Gefühl auslöst, mit dem Sohn selbst nicht klar zu kommen und als

Eltern versagt zu haben, hat der Klassenlehrer keinen Einfluss darauf, was die Mutter als Reaktion auf die Mitteilung tut. Andererseits sind in einer solchen Situation ebenso wie bei einer Mitteilung, dass ein Schüler einen Unfall erlitten hat, eine schnelle Information und damit das Telefon als Medium erforderlich. Die Lehrperson sollte in solchen Fällen auf jeden Fall darauf vorbereitet sein, wie sie mit starken emotionalen Reaktionen umgehen und ob sie z.B. das Angebot machen kann, für den Elternteil gleich im Anschluss in der Schule für ein Gespräch zur Verfügung zu stehen, wenn dies nötig ist.

Da Telefongespräche wenig geeignet sind, um eine vertrauensvolle Beziehung herzustellen, sollten insbesondere die Klassenlehrer/-innen darauf achten, mit allen Eltern ein persönliches Gespräch zu führen, in dem die Beziehung hergestellt wird. Denn das erleichtert dann alle weiteren Gespräche und ist vor allem für Telefongespräche die Grundlage für eine gelingende Verständigung.

Die Merkmale des Telefongesprächs machen deutlich, dass eine Lehrperson schnell in Schwierigkeiten kommt, wenn Eltern sie anrufen. Sie muss sich dann auf den Sachverhalt einstellen und zugleich in der Lage sein, ihre Verantwortung für die Gesprächsführung zu übernehmen. Sie ist zudem bei der Bitte um eine Stellungnahme, Genehmigung oder Zusage in der Gefahr, sich festzulegen, ohne den Sachverhalt genau genug geprüft und die Entscheidungsfolgen abgewogen zu haben. Hinzu kommt, dass es den Eltern leicht gemacht wird, ihre Beschwerde oder ihr Problem vorzutragen, ohne dafür Nachdenken und Anstrengung aufzuwenden.

Deshalb sollten die Fachlehrkräfte ihre Telefonnummern nicht an die Eltern weitergeben und die Telefonnummer(n) des Klassenlehrers sollten nur den gewählten Elternvertreterinnen und -vertretern bekannt sein.

Das hat zwei sinnvolle Wirkungen:

- ✓ Statt sich telefonisch direkt an die Lehrkräfte wenden zu können, nimmt die Elternvertretung die Rolle eines Filters wahr. Sie gibt in möglichst regelmäßigen Gesprächen mit dem Klassenlehrer weiter, was ihr an Problemen und Beschwerden bekannt geworden ist. Sie kann dann auch entscheiden, ob im Einzelfall eine Angelegenheit so dringlich ist, dass sie umgehend mit dem Klassenlehrer geklärt werden sollte.

✓ Statt der Telefonnummer sollten die Lehrkräfte ihre E-Mail-Adressen zur Verfügung stellen. Das hat drei Vorteile:
- Sie können die E-Mails zu dem Zeitpunkt bearbeiten, der in ihren Arbeitsablauf passt.
- Sie können eine Antwort per E-Mail oder Telefon inhaltlich vorbereiten und sich erst dann melden, wenn sie ihre Entscheidung abgewogen und getroffen haben. Kommt es dann zu einer telefonischen Verständigung, sind beide Seiten über das Thema und die Erwartung, wie es bearbeitet werden soll, im Bild.
- Eine E-Mail zu schreiben oder den Gesprächsanlass schriftlich zu formulieren erfordert von den Schülern und Eltern Arbeit. Im Unterschied zu einem spontanen Telefongespräch kann die Lehrkraft davon ausgehen, dass es den Eltern mit ihrer Anfrage ernst ist, denn sonst hätten sie die Mühe der Formulierung nicht auf sich genommen: „Bauen Sie Hürden auf, um die Wichtigkeit zu testen" (Hoegg 2012, S. 51).

Die Schule als Ort von Elterngesprächen

In der Regel ist die Schule der Ort, an dem Elterngespräche stattfinden, und in der Regel entspricht das auch den Elternerwartungen. Diese Wahl des Ortes hat aber Wirkungen, über die sich die Lehrpersonen klar sein müssen. Denn mit dem Ort wird auch definiert, auf wessen Territorium das Gespräch stattfindet und wer entsprechend einen Heimvorteil hat. Das ist bei der Mehrheit der Eltern, für die Schule den gleichen kulturellen Rahmen bietet, in dem sie sich bewegen, kein Problem.

Das kann aber dazu führen, dass es kaum möglich ist, mit Eltern ins Gespräch zu kommen, die sich in der westlich-mittelständisch geprägten Kultur der Schule fremd oder ihr unterlegen fühlen. Kommt dann noch das Gefühl der Unterlegenheit als Mensch mit einem geringen Bildungsstand gegenüber der Lehrperson als Akademiker hinzu, sind die Zugangsbarrieren für ein Gespräch fast schon unüberwindlich hoch. Hinzu kommen dann noch sprachliche Verständigungsprobleme, wenn Eltern nur unzureichend Deutsch sprechen oder wenn Eltern die Lehrersprache als fremd und überlegen erleben und ihre komplexe Syntax oder ihre Wortwahl nicht verstehen können.

Schwierig kann es auch sein, mit Eltern ins Gespräch zu kommen, die selbst als Kinder und Jugendliche die Schule als traumatischen Ort erlebt haben und die eine Gänsehaut bekommen, wenn sie als Erwachsene erstmals wieder eine Schule betreten müssen, um ihr Kind anzumelden. Damit die Lehrer/-innen auch mit solchen Eltern, die der Schule fern stehen und bei denen die Schule Ängste weckt, in einen guten Kontakt kommen, ist erst einmal erforderlich, sich bewusst zu machen: Was für mich eine Selbstverständlichkeit ist – die Schule und ihre Kultur, in der ich mich täglich bewege – kann für andere fremd und angstauslösend sein. Was ich als inklusive Kultur erlebe, kann von anderen als Exklusion erlebt werden.

Mein Grundsatz für eine Verständigung mit allen Eltern muss sein, mich so gut, wie es mir möglich ist, in sie und ihr Erleben hineinzuversetzen und als Gesprächsvorbereitung die Schule nicht aus meiner Sicht, sondern aus der Sicht und dem Erleben der Eltern zu sehen, um dann klären zu können, was sie brauchen und was sie dabei unterstützen kann, mir und der Schule Vertrauen entgegenzubringen.

Das Gefühl des Willkommens vermitteln

Wichtig ist dafür vor allem, bei Gesprächen in der Schule für ein Gefühl des Willkommens zu sorgen und z.B. die Eltern im Sekretariat abzuholen, statt sie den Weg zum Elternsprechzimmer selbst finden zu lassen. Insbesondere bei Familien mit Migrationshintergrund kann für den Aufbau einer vertrauensvollen Beziehung sinnvoll sein, einen Hausbesuch anzubieten. Denn damit verzichtet die Lehrperson symbolisch auf ihr Heimrecht und begibt sich in das ihr fremde und den Eltern vertraute Territorium, das diesen die Sicherheit bietet, sich auf einen Kontakt mit einer Autoritätsperson einzulassen. Ist auf diese Weise eine tragfähige Beziehungsgrundlage geschaffen, wird es für diese Eltern weniger schwierig sein, auch zu Gesprächen in der Schule bereit zu sein.

Das passende Gesprächssetting vorzusehen setzt also voraus, die Beziehungsgrundlage für Gespräche zu schaffen und angemessen einschätzen zu können. Das ist zeitaufwändig und für die Schule sollte deshalb der Grundsatz der Beziehungskontinuität beim Lehrereinsatz, insbesondere beim Klassenlehrer, selbstverständlich sein. Denn der Aufwand für die Beziehungsarbeit lohnt nur, wenn die Klassenlehrer/-innen von einer längerfristigen Beziehung zu ihren Schülern und deren Eltern ausgehen können und der hohe Aufwand für die erneute Herstellung der Beziehungen bei einem Klassenlehrerwechsel soweit wie möglich vermieden wird. Dies zu ermöglichen, ist Sache der Unterrichtsverteilung und der Grundsatz der Beziehungskontinuität muss deshalb bei ihr einen hohen Stellenwert haben. Denn ohne verlässliche und gelingende Beziehungen zwischen den (Klassen-)Lehrern und den Schülern kann eine Schule weder ihren Erziehungsauftrag noch ihren Bildungsauftrag erfüllen.

Elterngespräch: Raum wählen, Zeitfenster festlegen, verlässlich Termin planen

Ob Eltern an einer Schule willkommen sind, zeigt sich auch daran, ob die Lehrpersonen ohne großen Aufwand einen Raum für Elterngespräche reservieren können und ob dieser Raum einen angemessenen Gesprächsrahmen bietet und mehr als eine Abstellkammer ist. Steht für ein Elterngespräch kein Raum zur Verfügung und muss es auf einem Flur geführt werden, auf dem Schüler und Lehrer vorbei kommen, sollte klar sein, dass es unter solchen Bedingungen nicht stattfinden kann. Die Mindestbedingung für ein Elterngespräch sind ein geschützter Rahmen, sodass Unbeteiligte keinen Einblick nehmen können, und Störungsfreiheit. Dazu gehört auch, dass die Lehrpersonen ihre Mobiltelefone abstellen oder auf lautlos stellen und die Eltern darauf hinweisen, das ebenfalls zu tun, bevor ein Gespräch starten kann.

Die Dauer eines Gesprächs hängt vom Thema und Ziel ab. Wichtig ist, dass die Lehrperson die maximale Zeitdauer mitteilt, weil sie z.B. im Anschluss an das Elterngespräch Unterricht hat. Dann muss sie im Gesprächsverlauf darauf achten, rechtzeitig zu einem Abschluss zu kommen, der den Stand der Klärung und Vereinbarung festhält und bei Bedarf regelt, wie mit den noch offenen Fragen umgegangen werden soll. Als Regel für die Gesprächsdauer gilt: Kritikgespräche sollten nicht länger als eine Viertelstunde dauern, wobei sich dann ein Beratungsgespräch unmittelbar anschließen kann. Beratungsgespräche brauchen einen höheren Zeitaufwand. Geht es um das Erstgespräch mit Eltern, bei denen eine tragfähige und vertrauensvolle Beziehung hergestellt werden soll, ist es sinnvoll, nicht unter die Gefahr des Zeitdrucks zu kommen und solche Gespräche eher nach der Unterrichtszeit durchzuführen.

Die Gesprächstermine müssen in der Regel abgesprochen sein. Geht es allerdings um Probleme, die der Schüler durch sein Verhalten verursacht hat, sollte als Grundsatz gelten: Nicht die Schule muss dann Arbeit aufwenden, um ein Gespräch zu ermöglichen, sondern der Schüler und seine Eltern müssen arbeiten. Wer Mühe macht, sollte auch Mühe haben. Geht es also um ein Kritikgespräch als erzieherische Einwirkung oder um die Anhörung bei einer Ordnungsmaßnahme, kann und darf die Schule in ihrer Einladung einen Termin festlegen, ohne ihn vorher mit den Eltern abgesprochen zu haben. Je mehr es bei den Gesprächen um einen Austausch von Sichtweisen und Vereinbarungen geht, umso mehr ist eine beiderseitige Terminabsprache erforderlich.

Sind Termine festgelegt, dann gilt: Sie müssen für die Eltern verlässlich sein. Denn berufstätige Eltern werden nicht selten Termine während ihrer Arbeitszeit wahrnehmen und dafür entweder im Rahmen einer flexiblen Arbeitszeitregelung Zeit aufwenden oder sogar eine Beurlaubung einholen müssen. Deshalb darf eine Lehrperson, die Zeit für ein Elterngespräch reserviert und zugesagt hat, auch bei hohem Vertretungsbedarf nicht kurzfristig für Vertretungsunterricht eingesetzt werden, und damit das nicht passiert, müssen die Abläufe so geregelt sein, dass die Vertretungsorganisation über alle Gesprächstermine informiert ist.

Schülergespräch: unkompliziert und spontan

Im Unterschied zu den Eltern sind Gespräche mit den Schülern jederzeit im Rahmen der alltäglichen Begegnungen von Schülern und Lehrern möglich. Sie erfordern keine Absprachen und müssen auch nicht in gesonderten Räumen geführt werden. Besonders wirkungsvoll und wenig aufwändig sind One-Legged-Gespräche, also Gespräche, die nicht länger dauern, als man auf einem Bein stehen kann. Dabei geht es vor allem um die Botschaft, dass die Schüler/-innen den Lehrpersonen wichtig sind, dass sie sich um sie kümmern und dass sie von ihren Zielen, Vorhaben oder Sorgen wissen. Da kann es um kurze Nachfragen gehen: „Wie war es denn bei den Bundesjugendspielen? Bist du mit deinen Leistungen zufrieden?" „Du nimmst doch am Wettbewerb ‚Jugend forscht' teil. Wie läuft es denn in deiner Gruppe und mit eurem Projekt?" „Du hast mir ja letzte Woche von deinen Problemen mit Kevin erzählt und ich hatte dir ein paar Tipps gegeben. Läuft es denn jetzt besser?"

Schülerberatungsgespräche müssen terminiert werden

Eine Terminvereinbarung für Schülergespräche ist nur dann erforderlich, wenn die Schüler/-innen um Beratung bitten, weil sie z.B. mit den Leistungsanforderungen nicht klar kommen, Probleme mit Mitschülern, Lehrern oder Eltern haben oder ihre Laufbahn- und Abschlussperspektiven klären wollen. Bei solchen Fallsituationen sollte der Klassenlehrer prüfen, ob er weitere Beratungsmöglichkeiten, z.B. durch die Beratungslehrer an der Schule, vermittelt oder ob er auf externe Möglichkeiten wie Beratungsstellen, Schulpsychologen oder Kinder- und Jugendpsychiater hinweist.

Bei Schülern in schwierigen Lebenslagen wird er zudem klären und entscheiden müssen, ob er die Eltern informieren muss und wie er sie so einbeziehen kann, dass der betroffene Schüler damit einverstanden ist.

Wichtig ist dabei die Abwägung zwischen den Vertrauensverpflichtungen dem Schüler und der Informationspflicht den Eltern gegenüber, denn in der Regel gilt: Je schwieriger die Schülerprobleme, umso größer ist das Vertrauen des Schülers, wenn er sich mit diesen Problemen gegenüber einer Lehrperson offenbart, und umso größer sind die Enttäuschung und die Beziehungsstörung, wenn dieses Vertrauen aus der Sicht und dem Erleben des Schülers – z.B. durch die Information von Dritten über das Gespräch – missbraucht wird.

Kommt ein Lehrer zu dem Eindruck, dass der Schüler seine Probleme nicht allein und auch nicht mit dem Beistand des Lehrers lösen kann, und sieht er sich nicht in der Lage, die Verantwortung für diesen Schüler allein zu tragen, muss er dem Schüler offen legen, warum er eine Information und Konsultation mit anderen Personen für erforderlich hält. Er kann dann seine Entscheidung, andere Personen wie die Schulleitung oder die Beratungslehrer einzuschalten, nicht von der Zustimmung des Schülers abhängig machen. Er sollte ihn aber an der Entscheidung beteiligen, wie diese Information so erfolgen kann, dass sie dem Schüler nicht schadet. Das kann z.B. heißen, dass der Schüler selbst die Information übernimmt oder der Lehrer im Beisein des Schülers die anderen Personen informiert. Verantwortung und Vertrauen müssen in solchen Fällen abgewogen und es muss so gut wie möglich dafür gesorgt werden, dass die dienstliche Verantwortung so wenig wie nötig die Vertrauensbeziehung gefährdet.

4.2 Gesprächsanlässe, -rollen und -ziele klären

Gespräche mit Eltern und Schülern zu führen setzt eine Klärung des Anlasses, der passenden Führungsrolle im Gespräch, der Ziele, die durch das Gespräch erreicht werden sollen, und der Ergebnisse und Wirkungen voraus. Ohne eine solche Klärung können Lehrerinnen und Lehrer die Gespräche nicht strukturieren und zielorientiert gestalten und sie sind dann auch nicht in der Lage zu entscheiden, welcher Gesprächstyp zu den Anlässen und Anliegen passt.

Die Gesprächsanlässe

Läuft in der Schullaufbahn alles gut und wie erwartet und geplant, gibt es in der Regel keinen Anlass, ein Gespräch zwischen den Lehrpersonen und Schülern oder Eltern zu führen. Denn dann reicht eine gelegentliche Vergewisserung aus, dass der Schüler oder die Schülerin auf einem guten Weg ist, oder eine Information über weiterführende Anforderungen und Laufbahnperspektiven. Zu pädagogischen Gesprächen kommt es vorrangig dann, wenn Probleme auftreten. Das Ziel dieser Gespräche ist die Lösung der Probleme und eine Vereinbarung, wer in welcher Weise zur Problemlösung beitragen soll und will.

Von der ge, wer das Problem hat, hängt ab, wer die Initiative zu einem Gespräch ergreift. Das können die Schülerinnen und Schüler sein, die mit Lernanforderungen nicht klar kommen, sich von Lehrkräften ungerecht behandelt oder von Mitschülern gemobbt fühlen. Das können die Eltern sein, die sich

Sorgen machen, weil ihr Kind sich in der Schule nicht wohl fühlt oder weil die angestrebten Schulabschlüsse gefährdet erscheinen. Das sind häufig aber auch die Lehrerinnen und Lehrer, die ihre Schüler und deren Eltern auf Lern- und Leistungsprobleme aufmerksam machen oder auf Fehlverhalten reagieren wollen. Dabei geht es einerseits darum, präventive oder intervenierende Maßnahmen zu erläutern und für deren Akzeptanz zu sorgen, und es geht andererseits darum, Beiträge zur Problemlösung durch die Schüler/-innen, z.B. durch Anstrengungsbereitschaft und Verhaltensänderung, und durch die Eltern einzufordern, indem diese die Maßnahmen in der Schule durch die erzieherische Einwirkung zu Hause unterstützen.

Gesprächsanlässe aus Schüler- und Elternsicht

Aus der Sicht der Schüler und Eltern können Anlässe für Gespräche mit den Lehrkräften z.B. sein:

Beziehungsprobleme zwischen einem Schüler und einer Lehrkraft

Da Beziehung die Grundlage für Lernen ist, können solche Probleme nicht nur das Wohlgefühl der Schüler/-innen, sondern ihren Lernprozess und ihre Leistungsentwicklung nachhaltig beeinträchtigen. Unabhängig davon, wie dieser Gesprächsanlass geäußert wird, ob als Beschwerde oder eher als Wunsch nach Beratung, ist das angestrebte Ergebnis, eine gestörte Beziehung wieder herzustellen und das wechselseitige Verstehen zu verbessern.

Beschwerden gegenüber einzelnen Maßnahmen und Entscheidungen einzelner Lehrpersonen oder der Schule

Diese Beschwerden können sich auf die Leistungsbewertung von Schülerleistungen, z.B. bei Klassenarbeiten und Zeugnisnoten, beziehen. Hat die Leistungsbewertung eine benachteiligende Außenwirkung, indem z.B. eine Zeugnisnote die Folge hat, dass ein Schüler nicht versetzt wird oder einen

Schulabschluss nicht erreicht, stellt die Entscheidung der Lehrkraft einen Verwaltungsakt dar. In diesem Fall kann es sein, dass die Eltern eine Klärung durch ein Gespräch anstreben, statt sogleich einen förmlichen Widerspruch einzulegen. Um schulische Entscheidungen einzelner Lehrpersonen, eines Lehrergremiums wie der Klassenkonferenz oder des Schulleiters geht es auch, wenn die Schule ein Schülerverhalten als Regelverstoß und Fehlverhalten bewertet und deshalb Maßnahmen der erzieherischen Einwirkung oder Ordnungsmaßnahmen vorsieht. Die Beschwerde kann sich dann darauf beziehen, dass der Vorwurf des Fehlverhaltens nicht zutrifft oder dass die Maßnahme nicht dem Grundsatz der Verhältnismäßigkeit oder auch der Gleichbehandlung entspricht, weil z.B. bei anderen Schülern, die das gleiche Fehlverhalten gezeigt haben, keine Maßnahmen getroffen worden sind.

Familiäre Probleme und Belastungen

Ein weiterer Anlass dafür, dass sich Eltern mit der Bitte um ein Gespräch an Lehrpersonen, insbesondere die Klassenlehrer, wenden, können häusliche Problemlagen sein. Dann geht es den Eltern darum, dass ihre Kinder im Hinblick auf die Belastungen, die sich daraus für sie ergeben, Verständnis finden und dass die Schule auf die vorübergehend schwierige Lebenslage Rücksicht nimmt. Zudem kann es sein, dass die Eltern eine Beratung wünschen, wie sie ihr Kind in solchen schwierigen Situationen führen und unterstützen können.

Interkulturelle Konflikte

Stoßen Maßnahmen oder Vorhaben der Schule wie z.B. der koedukative Sport- und Schwimmunterricht oder mehrtägige Klassenfahrten auf Bedenken, weil sie kulturellen und insbesondere religiösen Normen widersprechen, wird die Gesprächsinitiative in der Regel von den betroffenen Eltern ausgehen. Sie möchten erreichen, dass ihr Kind von der Teilnahme befreit wird oder dass die Schule für Bedingungen sorgt, die den eigenen kulturellen Normen entsprechen, und z.B. reine Mädchengruppen im Fach Sport einrichtet. Die Lehrkraft muss sich bei solchen Gesprächen bei der Schulleitung vergewissern, welche Möglichkeiten eingeräumt werden können und sollen, um den Wünschen der Eltern entgegenzukommen. Denn nur dann kann sie das Gespräch so führen, dass den Eltern am Ende des Gesprächs klar ist, was genau die Schule von ihnen erwartet. Nur dann können sie Konsequenzen wie z.B. eine Geldbuße wegen Schulpflichtverletzung oder Nachteile bei der weiteren Schullaufbahn ankündigen. Ist in solchen Gesprächen voraussehbar kein Einverständnis zu erreichen, sollten die Eltern über ihre weiteren Möglichkeiten informiert werden, gegen die Entscheidungen und Maßnahmen der Schule bei der Schulaufsicht Beschwerde oder Widerspruch einzulegen.

Wiedereingliederung nach längerer Abwesenheit (z.B. wegen langer Erkrankung)

Eine solche Beratung und eine darüber hinaus gehende Vereinbarung erwarten die Eltern auch dann, wenn ihr Kind sich nach einer längeren Erkrankung wieder in die Schule, die Klasse und den Unterricht eingliedern muss. Das ist vor allem bei psychischen Erkrankungen wichtig, denn dabei muss im Blick sein, welche Anforderungen und Belastungen die betroffenen Schülerinnen und Schüler vertragen können und wo eine Überforderung droht, die zu Rückfällen führen kann. Das Gespräch zwischen den Eltern und der Schule bezieht sich in solchen Fällen z.B. darauf, ob der Schüler zunächst nur für eine begrenzte Stundenzahl wieder am Unterricht teilnimmt und wie dann diese Stundenzahl schrittweise erhöht werden kann. Zudem geht es um die Frage, wie der Schüler dabei unterstützt werden kann, in den einzelnen Unterrichtsfächern wieder den Anschluss zu finden. Gegebenenfalls kann es auch sinnvoll sein, sich auf eine Wiederholung des Schuljahrs zu verständigen und dann zu klären, in welche Klasse des nächstniedrigeren Jahrgangs der Schüler aufgenommen werden sollte. Ist eine längere Abwesenheit von der Schule absehbar, geht es zudem darum, wie der Schüler oder die Schule für Kranke über die Unterrichtsthemen und die Leistungsanforderungen informiert werden und wie der Schüler während der Dauer seiner Erkrankung extern den Unterrichtsstoff bearbeiten, Leistungsnachweise erbringen und von den Lehrkräften eine Leistungsrückmeldung erhalten kann.

Beurlaubung von Schülerinnen und Schülern

Die Schülerinnen und Schüler und insbesondere die Eltern können zudem um ein Gespräch bitten, weil ihr Kind aus außergewöhnlichen Gründen über einen Zeitraum von mehreren Tagen oder wiederkehrend beurlaubt werden soll. Das ist z.B. bei Familienfesten im Ausland oder bei Schülern der Fall, die in einem Verein Leistungssport betreiben und wegen der Teilnahme an Sportwettbewerben beurlaubt werden wollen. Bei solchen Anlässen geht es den Eltern darum, sich vor ihrem schriftlichen Antrag auf Beurlaubung der Möglichkeit und der Bedingungen für eine Genehmigung zu vergewissern und gegebenenfalls auch Maßnahmen abzusprechen, wie der versäumte Unterrichtsstoff oder versäumte Klassenarbeiten oder Klausuren nachgeholt werden können.

Übergänge zwischen Schulstufen

Für alle Menschen und deshalb auch für alle Schüler/-innen sind Übergänge mit Krisenerfahrungen verbunden, wobei die Krise nicht nur Gefahren, sondern auch Chancen in sich birgt. Jede biografische Krise ist eine außergewöhnliche Herausforderung, die individuell bewältigt werden muss. Da sich nicht voraussehen lässt, wie gut das den Kindern und Jugendlichen gelingt, sind Gespräche zwischen der Schule und den Eltern für die Vorbereitung der Übergänge wichtig, um für günstige Bedingungen zu sorgen und sich gemeinsam darum zu kümmern, dass die Schülerinnen und Schüler mit der Trennung von ihren bisherigen Bezugsgruppen klar kommen, z.B. bei dem Übergang von der Kindertagesstätte in die Grundschule, von der Grundschule in die Sekundarstufe I oder von der Sekundarstufe I in die Berufsausbildung oder die gymnasiale Oberstufe an einer anderen Schule, aber auch beim Wechsel zwischen den Schulformen in der Sekundarstufe I oder einem Schulwechsel. Der Abschied von den bisherigen Bezugspersonen ist zugleich mit der Aussicht auf neue Bezugspersonen und -gruppen verbunden. Da die Kinder und Jugendlichen sie noch nicht einschätzen können, ist der Übergang immer auch eine Zeit der Ungewissheit, bei der sie nicht nur durch ihre Eltern, sondern auch durch die abgebenden und aufnehmenden Lehrpersonen begleitet werden müssen. Gut ist eine Begleitung dann, wenn sie weder überfürsorglich den Kindern die Chance nimmt, die Herausforderungen des Übergangs selbst zu meistern und durch die eigene Bewältigung persönlich zu wachsen und zu reifen, noch sie mit ihren Sorgen und vor allem bei einer Überforderung allein lässt. Das passende Maß an Begleitung zu finden, setzt eine gute Beobachtung und gute Absprachen zwischen den Eltern und der Schule voraus.

Laufbahn- und Abschlussperspektiven

Mit der Gestaltung der Übergänge ist die Klärung der weiterführenden Perspektiven verbunden und in der Regel ist schon lange vor einem Übergang wichtig, sich zu vergewissern, welche Laufbahnperspektiven realistisch und sinnvoll sind. Deshalb fordern Eltern in Ergänzung zu den eher formellen Rückmeldungen zum Leistungsstand und der Leistungsentwicklung auf Elternsprechtagen auch gesonderte Laufbahnberatungsgespräche an – insbesondere dann, wenn angestrebte Übergänge oder Abschlüsse gefährdet erscheinen.

Von solchen Gesprächen erwarten sie eine Rückmeldung und Vergewisserung, welche Laufbahn- und Abschlussperspektive erreichbar ist und was genau ihre Kinder dafür tun müssen, um die angestrebten Übergänge oder Abschlüsse zu erreichen. Sie erwarten zudem, dass die Lehrpersonen bereit sind, den Beistand zu leisten, den ihre Kinder brauchen, um mit den Leistungsanforderungen klar zu kommen. Da geht es in der Grundschule um die Wahl der weiterführenden Schule und die Schulformempfehlung der Grundschule. In der Sekundarstufe I geht es um die Frage, welche Abschlüsse nach Klasse 9 oder 10 erreichbar und welche Weiterführung der Schullaufbahn nach der Sekundarstufe I sinnvoll ist.

Auch wenn diese Klärungen im Wesentlichen Aufgabe der Eltern sind, brauchen sie neben der Information durch die Schule über die weiterführenden Bildungsgänge auch eine Vergewisserung. Denn sie kennen ihre Kinder nur aus der häuslichen Wahrnehmungsperspektive und der für solche Lebensentscheidungen viel wichtigere Bereich der Schule, in dem ihre Kinder Lernen und Leistung entwickeln und nachweisen, ist ihnen nicht oder nur indirekt zugänglich.

Gesprächsanlässe aus Lehrersicht

All diese Anlässe, die Eltern und Schüler motivieren, das Gespräch mit Lehrerinnen und Lehrer zu suchen, können auch aus der Lehrersicht ein Anlass für Gespräche sein, insbesondere dann, wenn sie einen Klärungsbedarf sehen und den Eindruck haben, dass sich die Schüler/-innen selbst und auch ihre Eltern nicht oder nicht rechtzeitig um absehbare Probleme kümmern. Wer z.B. als Gymnasiallehrer einmal erlebt hat, was für eine Benachteiligung seine Schüler erfahren, wenn diese im Lauf oder am Ende der Sekundarstufe I das Gymnasium ohne Schulabschluss verlassen müssen, weiß, dass es ein Gebot professioneller Ethik ist, die Eltern rechtzeitig über die Gefahr des Scheiterns zu informieren und mit ihnen zu klären und zu vereinbaren, welche Maßnahmen geeignet sind, damit die Schüler/-innen einen Schulabschluss am Ende der Jahrgangsstufe 10 erreichen. Aus der Lehrersicht spezifisch sind als weitere Gesprächsanlässe:

Lern- und Leistungsprobleme

Die Schule sollte nicht nur ihrer Verpflichtung nachkommen, rechtzeitig vor den Versetzungsentscheidungen eine schriftliche Mahnung zu versenden, wenn die Versetzung gefährdet ist, sondern die Lehrpersonen sollten Lern- und Leistungsprobleme von sich aus ansprechen. Im Gespräch ist zu klären, inwieweit und wie die Eltern ihre Kinder zu Hause dabei unterstützen können, ihre Lernblockaden zu überwinden und ihre Leistungen zu verbessern. Aufgabe der Lehrkräfte ist eine klare Elterninformation und eine Beratung, wie die Eltern helfen und Überfürsorglichkeit vermeiden können. Für die Lehrpersonen können solche Gespräche die positive Folge haben, dass die betroffenen Schüler wieder erfolgreicher mitarbeiten. Das kann auch dazu führen, dass sie auf auffälliges Verhalten und Unterrichtsstörungen verzichten, weil diese nicht selten eine Art Kompensation für Leistungsdefizite und den damit verbundenen Mangel an Anerkennung sind.

Fehlverhalten

Auf Regelverstöße und Fehlverhalten müssen die Lehrpersonen umgehend durch Gespräche mit den betroffenen Schülern reagieren. Denn sie können nicht erwarten, dass allen Schülern von sich aus klar ist, welches Verhalten von der Schule geduldet und welches nicht geduldet wird. Im Einzelfall reicht schon der bloße Hinweis, dass bestimmte Verhaltensweisen als Regelverstöße gewertet werden, für eine Verhaltensorientierung aus. Und erst dann, wenn durch ein umgehendes Gespräch auf Fehlverhalten reagiert wird, kann eine Interventionskette über erzieherische Einwirkungen bis hin zu Ordnungsmaßnahmen folgen, in die dann auch die Eltern einzubeziehen sind. Dabei geht es vorrangig nicht darum, die Schüler zu überzeugen und zur Einsicht zu bringen, sondern um Klarheit, welche Position die Schule bezieht, wo sie Grenzen setzt und welche Konsequenzen es hat, wenn Schüler diese Grenzen überschreiten. Hat das Fehlverhalten einen Schaden zur Folge, geht es zudem im Gespräch um die Frage, wie der Schüler den Schaden wiedergutmachen kann und will. Führt das Fehlverhalten zu einer Bedrohung oder zu einer psychischen oder physischen Verletzung von Mitschülern, ist das Gespräch zudem erforderlich, um zu klären, wie die gestörte Beziehung wieder hergestellt werden kann und wie der Täter dem Opfer glaubwürdig ermöglichen kann, ohne Angst zur Schule zu kommen und wieder in der gleichen Klasse mit dem Täter zusammenzuleben.

Die Gesprächsrollen und -ziele

Welche Rolle die Lehrpersonen in Gesprächen mit Eltern und Schülern einnehmen, hängt von den Anlässen ab. In jedem Fall und auch unabhängig davon, ob die Gesprächsinitiative auf die Schüler oder Eltern auf der einen Seite oder auf die Lehrerinnen und Lehrer zurückgeht, nehmen sie die Gesprächsführung wahr. Denn sie sind als die hierarchisch Höherrangigen gegenüber ihren Schülern und als die Professionellen gegenüber den Eltern als Laien für die Beziehungsgestaltung und damit auch für die professionelle Gesprächsführung verantwortlich.

Rollenklarheit

Welche Führungsrolle sie dann im Gespräch wahrnehmen, hängt davon ab, wer im Problembesitz ist. Haben die Lehrpersonen das Problem, dass z.B.

Schüler/-innen sich nicht sozialverträglich verhalten, den Unterricht stören oder mangelhafte Leistungen zeigen und auf diese Weise die Erfüllung des Bildungsauftrags der Schule gefährden, agieren sie in der Führungsrolle der Orientierung.

In dieser Rolle treffen sie keine Vereinbarungen, sondern Entscheidungen und sie legen fest, welche Maßnahmen das Fehlverhalten zur Folge hat. Um diese Rolle wahrnehmen zu können, sind die Lehrpersonen mit Hierarchiemacht ausgestattet. Denn nur dann, wenn sie über Weisungsmacht verfügen, können sie ihren Erziehungsauftrag erfüllen. Deshalb ist die Beziehung in den Gesprächen, die der Orientierung dienen, nicht gleichberechtigt und die Lehrer sind nicht auf das Einverständnis der betroffenen Schüler oder Eltern angewiesen. Allerdings ist diese Macht durch den Auftrag zugleich auch begrenzt: Sie darf nur verwandt werden, um die Ziele der Schule auf der Grundlage des Schulgesetzes und weiterer Rechts- und Verwaltungsvorschriften erreichen zu können, und sie darf nicht missbraucht werden, um persönliche Vorlieben durchzusetzen. Sie muss zudem im Sinne der Grundsätze „Gleichbehandlung" und „Verhältnismäßigkeit" rechtsstaatlichen Standards entsprechen.

Haben dagegen die Schüler oder Eltern das Problem, führen die Lehrpersonen die Gespräche in der Unterstützerrolle. In dieser Rolle sind die Eltern und Schüler gleichberechtigte Gesprächspartner und was sie aus der Beratung und dem Feedback der Lehrperson aufgreifen und umsetzen, liegt in ihrer Entscheidung. Als Unterstützer ist der Lehrer also vom Einverständnis der Betroffenen abhängig. Er kann Beratung nur anbieten, aber nicht aufzwingen, und er kann auch und gerade bei kritischem Feedback nicht erwarten, dass die Betroffenen das Verhalten, das als kritisch bewertet wird, ändern.

Eine professionelle Gesprächsführung setzt voraus, dass die Lehrpersonen immer klar haben, in welcher der beiden Führungsrollen sie agieren. Äußern sie ein Änderungsverlangen, können sie die erwartete Veränderung verbindlich einfordern; äußern sie im Sinne einer hilfreichen Anregung ein (kritisches) Feedback, so hat die Verhaltenserwartung keine Bindewirkung.

Verbindlichkeit

Die Klarheit, in welcher Führungsrolle eine Lehrperson situativ agiert, ist von besonderer Bedeutung, wenn es in einem Gespräch zu einem Rollenwechsel kommt. Das ist vor allem dann der Fall, wenn die Lehrkraft in der Rolle der Orientierung eine verbindliche Verhaltensänderung oder die Wahrnehmung einer Aufgabe verlangt, und es dann um die Frage geht, wie der Schüler es schaffen kann, sein Verhalten den Erwartungen entsprechend zu ändern oder mit der Aufgabe klar zu kommen.

Erst wenn die Verbindlichkeit der Lehrererwartungen klar ist, kann sie vereinbaren, was der Schüler genau braucht und was den Schüler dabei unterstützt, sein Verhalten mit nachhaltiger Wirksamkeit zu verändern oder eine Aufgabe wahrzunehmen. Denn nur unter diesen Voraussetzungen ist deutlich, dass das Beratungsangebot die Verbindlichkeit der Verhaltenserwartung nicht relativiert. Deshalb muss der Wechsel von der Orientierungs- in die Unterstützerrolle in einem Gespräch von der Lehrkraft deutlich markiert werden. Die beiden Führungsrollen sind mit unterschiedlichen Gesprächszielen und -ergebnissen verbunden. In der Orientierungsrolle geht es um Klarheit: „Ist dir klar, warum ich deine Leistungen mit der Note „mangelhaft“ bewertet habe? Ist dir klar, was ich in Zukunft von dir erwarte?“ In der Unterstützerrolle geht es um Verstehen und Einverständnis: „Habe ich dein Problem richtig verstanden? Hast du Ideen, wie du das Problem selbst lösen kannst? Wie du mein Feedback und meine Anregungen nutzen kannst und wie du deine weitere Schullaufbahn gestalten willst, entscheidest du.“

Beziehungspflege

Zugleich hat jedes Gespräch neben der Klärung des Anliegens und des je nach Gesprächstyp unterschiedlichen Nutzens für die Beteiligten ein weiteres Ziel und bei einem gelingenden Gesprächsverlauf ein weiterführendes Ergebnis: Die Beziehung wird verstärkt und vertieft, wenn die Teilnehmer wechselseitig Respekt und Achtung erfahren und sich, ihre Motive, Sichtweisen sowie ihre Interessen besser verstehen. Haben die Gespräche zudem die Wirkung, dass eine Verhaltensänderung nicht nur zugemutet wird, sondern sich die Schüler und Eltern zutrauen, nun mit Problemen selbst (besser) klar kommen zu können, dann tragen sie auch zur persönlichen Weiterentwicklung bei.

Welche Führungsrolle – abhängig davon, wer im Problembesitz ist – zu den unterschiedlichen Gesprächstypen passt und welche Gesprächsziele erreicht werden sollen, macht die folgende Übersicht deutlich.

Übersicht zu den Gesprächstypen, Gesprächsrollen und -zielen

PDF

Gesprächstyp	Wer hat das Problem (L oder S/E)?	Gesprächsziel	Gesprächsrolle
Beurteilungs gespräch	Lehrer/-in	Die Leistungsbeurteilung und ihre Begründung sind klar	Orientierung
Kritikgespräch	Lehrer/-in	S ist klar, welche Verhaltensänderung von ihm verlangt wird und welche Konsequenzen es hat, wenn keine Verhaltensänderung erfolgt	Orientierung
Feedbackgespräch	Beide	Klarheit bei Schülern und Eltern, wie die Lehrkraft die Leistungen und das Verhalten einschätzt – Entscheidung beim Schüler, wie er das Feedback umsetzt	Unterstützung
Beauftragungsgespräch – Auftrag – Kontrakt	 Lehrer/-in Beide	 Der Inhalt und die Erwartungen sind klar Die Bedingungen und die Art und das Maß an Unterstützung sind einvernehmlich festgelegt	 Orientierung Unterstützung

Zielfestlegungsgespräch: – Zielvorgabe – Zielvereinbarung	 Lehrer/-in Beide	 Die Ziele und Erwartungen sind klar Die Ziele und die Unterstützung bei der Zielerreichung sind einvernehmlich abgesprochen	 Orientierung Unterstützung
Schlichtungsgespräch	Lehrer/-in Oder: Schüler/Eltern	Der Konflikt ist durch Entscheidung des Lehrers gelöst Oder: Die Konfliktparteien verständigen sich einvernehmlich auf eine für beide akzeptable Lösung	Orientierung Unterstützung
Beratungsgespräch	Schüler/Eltern	Den S/E ist klar, wie sie Probleme selbst lösen können	Unterstützung
Schullaufbahnberatungsgespräch	Schüler/Eltern	Den S/E sind die Laufbahn-, Abschluss- und Anschlussperspektiven bekannt und sie wissen, welche Leistungen erforderlich sind, um sie zu erreichen	Unterstützung
Beschwerdegespräch (Beschwerde von S/E über L)	Schüler/Eltern	S/E sind von der Beschwerung entlastet	Unterstützung

Abb. 18: Übersicht zu den Gesprächstypen, Gesprächsrollen und -zielen

4.3 Die Rahmenvorgaben und Erwartungen klären

Ob Gespräche gelingen oder scheitern, entscheidet sich häufig schon beim Gesprächseinstieg. Dabei geht es darum, dass allzu hohen Erwartungen von Schülern und vor allem auch von Eltern entgegengewirkt wird, was die Lehrkraft für sie tun könne. Solchen überhöhten Erwartungen kann einerseits die Unkenntnis der schul- und dienstrechtlichen Vorschriften zugrunde liegen.

Sie können aber auch – insbesondere bei anderen kulturellen Hintergründen – durch die Elternvorstellung verursacht sein, dass jede Amtsperson, also auch die Lehrer/-innen, zwar durch Vorschriften gebunden seien, aber trotzdem selbst entscheiden könnten, wie sie mit den Vorschriften umgehen. Wenn es z.B. um eine Versetzungsentscheidung geht, kann sich das im Gespräch von Eltern mit dem Klassenlehrer etwa so äußern: „Nun seien Sie doch nicht so kleinlich. Die Note ‚mangelhaft' in Latein spielt doch gar keine Rolle, weil unser Sohn dieses Fach im nächsten Jahr sowieso abwählt. Und dass er dann – wie Sie sagen – für die Note ‚mangelhaft' in Mathematik ein ‚befriedigend' als Ausgleich braucht: Da fragen Sie mal Ihren Kollegen, der uns gesagt hat, die Note in Geschichte sei ein gutes ‚ausreichend'. Das heißt doch, dass die Note fast ‚befriedigend' ist. Sie sind doch Pädagoge und ein Pädagoge guckt doch nicht nur auf die Vorschriften und die Noten, sondern auf den ganzen Menschen. Unser Sohn hat die Versetzung wirklich verdient und er hat uns auch versprochen, sich im nächsten Schuljahr mehr anzustrengen. Also seien Sie ein Mensch und geben Sie Ihrem Herzen einen Ruck."

Zu Gesprächsbeginn: Rahmenvorgaben klären

Um solchen Relativierungen entgegenzutreten, ist zu Beginn – auf den jeweiligen Anlass bezogen – wichtig, über die Rahmenvorgaben zu informieren und deutlich zu machen, dass diese Vorgaben nicht verhandelbar sind. Auf dieser Grundlage können die Lehrer/-innen dann erläutern, welche Verhandlungs und Klärungsspielräume es gibt und welches Ziel am Ende des Gesprächs erreicht werden kann.

Sollten die Eltern die Vorgaben nicht akzeptieren und nicht bereit sein, sich auf das Gesprächsziel einzulassen, kann es sinnvoll sein, das Gespräch bereits an dieser Stelle abzubrechen, weil es keine Möglichkeit der Klärung und Aushandlung gibt. Denn was die Eltern erwarten, kann die Lehrkraft nicht erfüllen, und was die Lehrkraft anbieten kann, ist für die Eltern nicht bedeutsam.

Damit ein solcher frühzeitiger Gesprächsabschluss von den Eltern nicht als Abfuhr und Niederlage verstanden wird, sollten sie auf jeden Fall darüber informiert werden, welche weiteren Möglichkeiten sie haben, um ihr Interesse durchzusetzen.

Sollten die Eltern den Versuch machen, die Lehrperson unter Druck zu setzen, sollte man dem mit Gelassenheit begegnen. Statt sich mit immer neuen Argumenten zu rechtfertigen, ist es besser, die eigene Position – vorausgesetzt, diese ist rechtlich abgesichert – bei Bedarf mehrfach mit den gleichen Worten zu vertreten, bis die Eltern akzeptieren, dass sie bei diesem Lehrer nicht weiterkommen. Führt man nämlich immer neue Gründe an, hat das die Wirkung, dass man sich auf ein Verhandeln einlässt, obwohl es ja gar keinen Verhandlungsspielraum gibt.

Um die Rahmenvorgaben bereits vor dem Gespräch für sich klären zu können, müssen die Eltern, wenn sie um ein Gespräch bitten, mitteilen, um was es in diesem Gespräch gehen soll. Die Lehrkraft sollte sich nur auf die Themen verpflichtet fühlen, die vorher genannt worden sind. Ergeben sich im Gesprächsverlauf weitere Themen, kann sie situativ immer noch entscheiden, ob sie auf diese Themen eingehen kann und eingehen möchte. Zu jeder Gesprächsvorbereitung gehört dann die Überprüfung, welche Rechts- und Verwaltungsvorschriften sowie schulinternen Regeln und Beschlüsse einschlägig relevant sind und welcher Aushandlungsspielraum sich daraus ergibt.

Eingangsphase kultursensibel gestalten

Eine weitere Gelingensbedingung für einen erfolgreichen Gesprächsverlauf ist zudem, im Kontakt mit den Gesprächspartnern zu sein und sich der Beziehung zu vergewissern oder sie herzustellen, weil sonst ein Gespräch auf der Sachebene nicht möglich ist.

Das ist in der westlichen Gesprächskultur eher kein Thema und die Lehrperson entspricht der kulturellen Erwartung, wenn sie direkt zum Thema kommt oder nach dem Anliegen der Eltern fragt. Das widerspricht aber der Gesprächskultur in der Mehrzahl der anderen Länder, z.B. von Menschen, die durch einen türkischen oder arabischen kulturellen Hintergrund geprägt sind.

Veeser (2013, S. 2) macht dies am Beispiel eines Kritikgesprächs deutlich: „Unverblümte Kritik am Kind wird immer auch als Kritik am ganzen Familiensystem erlebt: ‚Wir können das Kind wohl nicht richtig erziehen!' Kritik an der Familie führt häufig zu Kontaktabbruch bzw. zu sonstigem unkooperativen Verhalten der Erziehungsberechtigten. Wie sollten nun unerfreuliche Informationen an die Eltern transportiert werden? Gemäß den Standards der muslimischen Community: Davor und danach in reichlich Zuckerwatte verpackt. Wir Pädagogen sollten uns daher über die positiven Eigenschaften des Kindes im Klaren sein, bevor wir die Eltern treffen.

Das ausführliche Sprechen über das, was das Kind schon gelernt hat, bildet den Treibstoff für die eigentliche Nutzlast – den Kritikpunkt. Es ist wie in der Raumfahrt. Ohne Treibstoff oder mit zu wenig Treibstoff gelangt die Nutzlast nicht ans Ziel. Deshalb ist es wichtig, sich gemäß den Kulturstandards zu verhalten und Kritikpunkte am Kind nicht zu ausführlich abzuhandeln und davor und danach mit reichlich aufrichtigem Lob zu versehen. Dabei geht es nicht darum, dass sich Lehrerinnen und Lehrer an die muslimische Kultur und ihre Werte anzupassen haben. Es geht vielmehr darum, die Kinder und ihre Eltern da abzuholen, wo sie stehen – und das ist durch ihre kulturelle Verankerung geprägt. Sie zu kennen und im Umgang mit den muslimischen Familien zu berücksichtigen ist die Voraussetzung dafür, dann auch den Kindern und vor allem auch der Familie einen Zugang zur Kultur der Schule zu öffnen und Verständnis für ihre Erwartungen und Normen zu wecken – und erst auf dieser Grundlage ist eine für die muslimischen Schüler/-innen förderliche Zusammenarbeit zwischen der (deutschen) Schule und dem (muslimischen) Elternhaus möglich."

Für die kultursensible Gestaltung der Eingangsphase, der anschließenden Phase, in der es um das Sachthema geht, und der Phase der Ablösung heißt das, die erheblichen Unterschiede zwischen Orient und Okzident im Blick zu haben und entsprechend die Dauer dieser drei Phasen unterschiedlich zu gestalten (vgl. Veeser 2013, Arbeitshilfe 45 33 02):

Erstes Stadium: Verbundenheit	V: Das Zwischenmenschliche der Kontaktaufnahme Das Herstellen einer positiven Atmosphäre
Zweites Stadium: Differenzierung	D: Hier geht es um die Sache, die Daten, die Fakten, das Problem
Drittes Stadium: Ablösung	A: Das Zwischenmenschliche kommt wieder in den Blick, die Zufriedenheit, die Zukunft

Das Kommunikationsmuster des Westens:

Das Kommunikationsmuster des Orients:

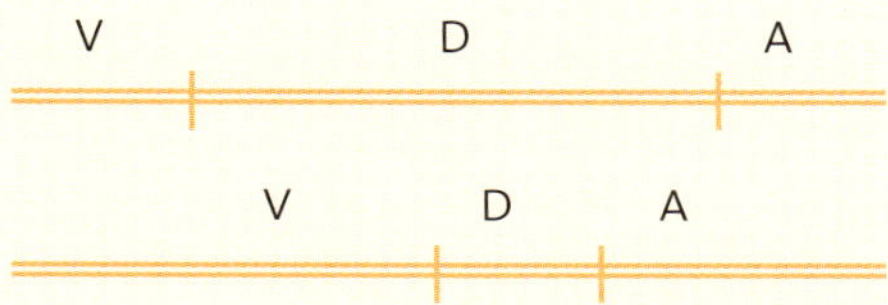

Abbildung 19: Kulturelle Unterschiede von Kommunikationsmustern

Insbesondere bei der allerersten Begegnung mit Eltern mit türkischem oder arabischem Migrationshintergrund ist es wichtig, sich für das Generieren von Verbundenheit viel Zeit zu nehmen.

Hilfreich können dabei Lehreräußerungen sein wie z.B.: „Ihr Kind ist mir wichtig!" „Ihr Kind hat in den letzten Wochen … richtig gut gemacht". „Der Gitarrenauftritt Ihres Kindes beim letzten Schulfest hat mich sehr beeindruckt." „Das gemeinsame Ziel von Schule und Ihnen als Eltern ist ...! Um dieses Ziel zu erreichen, braucht die Schule von Ihnen an der und der Stelle Unterstützung!"

Gelingt es beim ersten Kontakt, das Gemeinsame zu formulieren und Verbundenheit sowie Vertrauen herzustellen, dann können weitere Termine durchaus auch zeitlich knapper gehalten werden.

Ist eine tragfähige Beziehung hergestellt und hat die Lehrperson den Aushandlungsspielraum deutlich gemacht, kann sich eine wechselseitige Erwartungsklärung anschließen. Sie sichert die Möglichkeit eines erfolgreichen Gesprächsablaufs dadurch ab, dass die Zielrichtung des Gesprächs verabredet und nicht aneinander vorbeigeredet wird. Eine solche Erwartungsklärung kann sich an folgendem Ablaufschema orientieren:

Erwartungsklärung

Ziele:

Sinn- und Zielorientierung des Gesprächs – Teilung der Verantwortung für den Gesprächserfolg

Leitfragen

- ✓ Was genau soll am Ende des Gesprächs aus Ihrer Sicht erreicht sein? Wann genau wären Sie mit dem Ergebnis des Gesprächs zufrieden?
- ✓ Was genau erwarten Sie, dass ich tun soll?
- ✓ Was kann ich Ihnen anbieten, um das von Ihnen gewünschte Gesprächsergebnis zu erreichen? Wo habe ich Bedenken, ob das Gesprächsergebnis so erreichbar ist, dass Sie zufrieden sind?
- ✓ Was können Sie dazu beitragen, dass das Gespräch für Sie zufrieden stellend verläuft?
- ✓ Wie lassen Sie mich merken, wenn das nicht (mehr) der Fall ist?
- ✓ Was genau ist nun aus Ihrer und meiner Sicht ein Ergebnis, das wir am Ende des Gesprächs erreichen können?

4.4 Gespräche strukturieren

Die Strukturierung von Gesprächen mit Schülern und Eltern kann sich an dem Phasenmodell des systemischen Coachings (König/Volmer 2002, S. 32 ff.) orientieren:

- ✓ Die Orientierungsphase
- ✓ Die Klärungsphase
- ✓ Die Veränderungsphase
- ✓ Die Abschlussphase

Denn in all diesen Gesprächen geht es um Veränderung: Ein Sachproblem soll gelöst werden, ein Verhalten soll geändert werden oder der Schüler soll Anregungen für seine persönliche Weiterentwicklung erhalten. Diese Veränderungen setzen eine Problem- und Situationsklärung voraus.

Die Orientierungsphase

Die Orientierungsphase dient zunächst einmal der Herstellung oder Vergewisserung einer vertrauensvollen Beziehung. Wie viel Zeit für diesen Gesprächseinstieg erforderlich ist, hängt einerseits von den kulturellen Prägungen der Schüler und Eltern und andererseits davon ab, ob sich bereits in vorangehenden Gesprächen eine Vertrauensbeziehung entwickelt hat, auf die nun zurückgegriffen werden kann.

Die Lehrperson sollte dann klären, worum es im Gespräch gehen soll. Hat sie das Gespräch initiiert, erläutert sie das Thema und die Ziele des Gesprächs und macht ihre Gesprächsabsicht deutlich. Haben die Eltern oder die Schüler um das Gespräch gebeten, fragt die Lehrkraft nach: „Worum genau geht es?" „Was soll am Ende des Gesprächs als Ergebnis erreicht sein?"

Die Orientierungsphase schließt mit einer Information und Verständigung über die Rahmenbedingungen ab. Dabei geht es insbesondere um den Zeitumfang, der für das Gespräch zur Verfügung steht. Wichtig ist zudem, dass bereits hier die Verfahrensverpflichtungen, z.B. im Hinblick auf Vertraulichkeit und Verschwiegenheit, mitgeteilt und vereinbart werden. Sollen oder müssen voraussichtlich andere Personen über das Gesprächsergebnis informiert werden, ist das ebenfalls bereits in dieser Phase anzusprechen. Denn um über das Maß an Selbstoffenbarung und Offenheit im Gesprächsverlauf entscheiden zu können, müssen die Gesprächspartner die Gesprächsbedingungen kennen und über den Umgang mit dem Ergebnis Bescheid wissen.

Die Orientierungsphase endet mit einer Vergewisserung, dass beide Seiten das gleiche Verständnis davon haben, worum es in dem Gespräch gehen und was mit dem Gespräch erreicht werden soll. Voraussetzung für die anschließenden Gesprächsphasen ist dann, dass beide Seiten den angestrebten Gesprächszielen, den Rahmenbedingungen und der Gesprächsstrukturierung zustimmen.

Die Klärungsphase

Die Gestaltung der Klärungsphase hängt davon ab, wer im Problembesitz ist:

✓ Hat die Lehrperson (z.B. in einem Kritik- oder Beurteilungsgespräch) das Problem, dann dient die Klärungsphase dazu, dass sie ihre Beurteilungseindrücke oder die Situation und das Verhalten, das Anlass zur Kritik gibt, erläutert. Die Schüler oder Eltern können dazu bei Bedarf Nachfragen stellen und sie haben das Recht zur Stellungnahme, die die Lehrkraft bei ihrer Entscheidung zu berücksichtigen hat. In diesen Gesprächen ist es sinnvoll, die Klärungsphase mit einer Konsens-Dissens-Markierung abzuschließen:
  - Inwieweit haben wir ein gemeinsames Bild von den gezeigten Leistungen, dem Vorfall oder dem Verhalten des Schülers?
  - Wo weichen unsere Wahrnehmungen der Situation und dessen, was passiert ist, voneinander ab?
  - Wo bleibt es nach der Klärungsphase bei unterschiedlichen Einschätzungen und Bewertungen?
  - Welche Veränderungen des Leistungs- und Sozialverhaltens hält die Lehrkraft für erforderlich
  - und bei welchen Aspekten sieht der Schüler ein, dass er sein Verhalten ändern muss?

- Haben die Schüler oder Eltern das Problem, dann erläutern sie den Gesprächsanlass und machen deutlich, was genau ihr Problem ist und warum sie die Situation als schwierig erleben. Die Lehrkraft fördert die Situationsklärung durch Prozessfragen. Diese haben nicht zum Ziel, selbst die Situation besser zu verstehen, sondern die Schüler und Eltern dabei zu unterstützen, dass ihnen am Ende der Klärungsphase die Situation klarer ist als zu Beginn des Gesprächs. Die Klärungsphase kann in vier unterschiedliche Richtungen zielen:
  - Klärung der gegenwärtigen Situation: Was ist der gegenwärtige Zustand, was ist erreicht, wo liegen Probleme?
  - Klärung der Vergangenheit: Was hat zu dieser Situation geführt?
  - Klärung wahrscheinlicher oder möglicher Konsequenzen, die sich aus dieser Situation ergeben werden.
  - Klärung des in der Zukunft angestrebten Zielzustands: Was ist anders, wenn die Probleme gelöst sind?

Die Veränderungsphase

In der Veränderungsphase geht es um eine Ideensammlung und -bewertung, welche Maßnahmen für eine positive Veränderung der Situation, die Lösung der Probleme und die Bewältigung zukünftiger Aufgaben und Anforderungen geeignet sind.
Auch diese Phase unterscheidet sich wieder abhängig davon, wer den Problembesitz hat:

- Hat die Lehrperson den Problembesitz, so kann die Veränderungsphase sich auf die Äußerung der Erwartungen und des Änderungsverlangens beschränken. Zu einer Ideensammlung und -bewertung kommt es nur dann, wenn der Schüler im Anschluss an ein Kritik- oder Beurteilungsgespräch Beratung und Unterstützung anfordert, wie er sein Verhalten und seine Leistungen verbessern kann.
- Haben der Schüler oder die Eltern den Problembesitz oder fordern sie Beratung an, so empfehlen sich die folgenden Schritte (König/Volmer 2002, S. 43 ff.):
  - Die Identifizierung bisheriger Verhaltensweisen, mit der (schwierigen) Situation umzugehen, und bisheriger Problemlösungsversuche. Das

Ziel dabei ist, den Rahmen möglicher Lösungen einzuschränken: Haben sich Verhaltensweisen und Reaktionen auf Probleme in der Vergangenheit nicht bewährt, kommen sie als Lösungsideen nicht in Frage. Damit kann dann auch der Neigung entgegengewirkt werden, Probleme durch „Mehr vom Gleichen“ zu lösen, statt einzusehen, dass sie nur „anders als bisher“ gelöst werden können.

- Die Sammlung neuer Lösungs- und Verhaltensmöglichkeiten, wobei die Lehrkraft die Schüler und Eltern einerseits durch lösungsorientierte Fragen (Prozessberatung) und andererseits durch eigene Vorschläge (Expertenberatung) dabei unterstützen kann, neue Ideen zu generieren.
- Die Bewertung der Ideen, die Prioritätensetzung und die Auswahl zwischen den Alternativen durch die Schüler oder die Eltern; sie entscheiden, was für sie passend ist.

Die Abschlussphase

In der Abschlussphase geht es vor allem darum, das erreichte Ergebnis festzuhalten (König/Volmer 2002, S. 46 ff.):

- ✓ Aus der Orientierungsrolle: „Ist dir klar, was ich von dir erwarte, und welche Konsequenzen es hat, wenn du diesen Erwartungen nicht entsprichst?“
- ✓ Aus der Unterstützerrolle: „Was von den Ideen und Vorschlägen aus der Veränderungsphase nimmst du oder nehmen Sie als Ergebnis? Und was sind deine oder Ihre nächsten Schritte?“

Der Schwerpunkt der Abschlussphase ist dann eine Vereinbarung, mit der festgelegt wird,

- ✓ zu welchen Verhaltensänderungen und welcher Weiterentwicklung der Schüler bereit ist,
- ✓ zu welchen Maßnahmen der Orientierung und Unterstützung die Eltern bereit sind und
- ✓ zu welchen Unterstützungsangeboten die Lehrkraft sich verpflichtet.

Wird von den beteiligten Personen eine Bereitschaft erklärt, übernehmen sie damit auch die Verantwortung: Der Schüler dafür, seine Probleme lösen und sein Verhalten oder seine Leistungen wie zugesagt verbessern zu können; die

Lehrperson und die Eltern dafür, dass sie die zugesagte Unterstützung bei Bedarf auch erbringen.

Da sich aber in der Zukunft erweisen kann, dass das nicht der Fall oder nicht möglich ist, ist es wichtig, zum Abschluss des Gesprächs auch zu vereinbaren, wie mit möglichen Störungen umzugehen ist. Dabei geht es vor allem darum, dass die Gesprächspartner sich zu einer rechtzeitigen, wechselseitigen Information über Störungen verpflichten, damit die Vereinbarung auch bei Abweichungen verbindlich bleibt oder im gegenseitigen Einvernehmen so revidiert werden kann, wie es die veränderten Umstände erforderlich machen.

4.5 Mit schwierigen Gesprächssituationen umgehen

Eine solche Absprache zu den Verfahrensverpflichtungen bei Störungen wirkt störungspräventiv und kann deshalb auch das Gespräch entlasten. Denn sowohl die Schüler wie die Lehrer/-innen werden eher zu Zusagen und Vereinbarungen bereit sein, wenn bei unvorhersehbaren Abweichungen eine Revision möglich ist. Das hat zur Folge, dass die Gespräche zu kühneren, weiter gehenden und damit besseren Ergebnissen führen werden, als wenn die Beteiligten in der Sorge um mögliche Störungen vorsichtig sind und sich mit Zusagen zurückhalten.

Vertraulichkeit und Verschwiegenheit

Wichtig ist zudem, nicht nur zu Beginn des Gesprächs, sondern auch am Gesprächsabschluss das Maß an Vertraulichkeit und Verschwiegenheit anzusprechen. Während der Schüler und seine Eltern in der Regel frei entscheiden können, ob sie andere Personen und – wenn ja – wen sie über ein Gespräch mit dem Lehrer informieren, muss die Lehrperson klar ankündigen, wen sie aus welchen Gründen über das Gesprächsergebnis informieren will oder muss. Denn wenn sie ohne Absprache und Einverständnis der Gesprächspartner weitere Personen einbezieht, verletzt das die Vertrauensgrundlage und das kann nicht nur für weitere Gespräche, sondern auch für die weitere Beziehung nachhaltig destruktiv wirken.

Besonders wichtig ist diese Klärung dann, wenn sich Schülerinnen oder Schüler mit ihren Lebensproblemen an Lehrkräfte wenden und diese den Eindruck gewinnen, dass die Probleme auf Vernachlässigung oder Missbrauch in der Familie zurückzuführen sind.

Denn dann sind sie schulgesetzlich verpflichtet, einen solchen Anschein zu melden und die Schulleitung darüber zu informieren. Tun sie das, ohne den betroffenen Schüler darüber vorher zu informieren, riskieren sie einen Vertrauensbruch. Und je tiefer das Vertrauen, das die Kinder und Jugendlichen ihren Lehrern als Vertrauenspersonen schenken, umso schwerwiegender und traumatischer erleben sie einen solchen Bruch des Vertrauens.

Die Information, dass die Lehrkraft die geschilderten Vorfälle ihrem Schulleiter melden muss, sollte sie damit verbinden, mit dem Schüler zu klären und von ihm Rat einzuholen, wie sie dabei vorgehen sollte, um die Risiken und den potenziellen Schaden für den Schüler möglichst gering zu halten.

Sollte der Schüler die Meldung an die Schulleitung psychisch nicht verkraften können, muss die Lehrperson entscheiden, ob sie für eine begrenzte Zeit auf eine Meldung verzichtet und mit dem Schüler in dieser Frist andere Wege wie z.B. eine psychosoziale Beratung durch den Schulpsychologischen Dienst erkundet. Denn im Unterschied zu den Lehrerinnen und Lehrern, die zu Auskünften verpflichtet sind, haben die Schulpsychologen nicht nur das Recht, sondern auch die Pflicht zur Verschwiegenheit.

Deshalb kann sich der Lehrer auch vor einer Entscheidung, wie er mit meldepflichtigen Informationen aus Schülergesprächen umgeht, ohne Risiko einer Aufdeckung vom Schulpsychologischen Dienst beraten lassen.

Was tun bei Straftaten?

Anders ist das bei einer Beratung durch die Polizei, insbesondere das Kommissariat Vorbeugung: Erfährt ein Lehrer in einem Schülergespräch von Straftaten, muss der Lehrer im Blick haben, dass die Polizei kein Recht auf Verschwiegenheit hat, sondern umgekehrt tätig werden muss, wenn ihr Straftaten bekannt werden. Möchte er sich zunächst nur beraten lassen, aber keine polizeilichen Aktionen auslösen, gibt es nur die Möglichkeit, den Vorfall anonymisiert mit der Bitte um Beratung vorzutragen. Notfalls muss er dann so tun, als wolle er nur vorbeugend eine Auskunft, um Handlungssicherheit in einer solchen Situation zu gewinnen, ohne dass ein tatsächlicher Vorfall zugrunde liege.

Neben der Störungsprävention im Hinblick auf die Folgen eines Gesprächs ist die Störungsprävention vor einem Gespräch wichtig. Dabei hilft die klare Angabe der normativen Vorgaben, die im Gespräch zu beachten sind und einen nicht verhandelbaren normativen Rahmen darstellen (vgl. Kap. 4.3).
Dabei hilft auch die Erwartungsklärung:

- ✓ Was soll am Ende als Gesprächergebnis erreicht sein?
- ✓ Was erwarten Sie/Was erwartest du, das ich tun soll?
- ✓ Und was kann ich als Unterstützung anbieten?

Denn je besser vorweg geklärt ist, was durch das Gespräch erreicht werden kann, umso geringer ist die Gefahr, dass die Enttäuschung von überzogenen Erwartungen im Gesprächsverlauf zu Schwierigkeiten führt. Dabei hilft zudem das Wissen, dass es zu Missverständnissen kommen kann, weil die Seite einer Nachricht, die der Lehrer intendiert, und das Ohr, mit dem Eltern oder Schüler/-innen hören, voneinander abweichen können (vgl. Kap. 2.4). Denn dieses Wissen ermöglicht, für solche Störungen sensibel zu sein und sie aufklären zu können, bevor sie zu schwierigen Situationen führen.

Gesprächssituationen werden immer dann als schwierig erlebt, wenn der Eindruck entsteht, dass man sich wechselseitig nicht mehr versteht oder wenn Äußerungen unerwartete Wirkungen haben, die die Weiterführung des Gesprächs belasten oder sogar blockieren.

Dafür kann es mehrere Gründe geben:

- ✓ kulturelle Unterschiede,
- ✓ Unterschiede zwischen den Sprachcodes,
- ✓ Rechthaberei und Kompromissunfähigkeit,
- ✓ starke Emotionen.

Kulturelle Unterschiede

Nicht nur bei Eltern und Schülern mit Migrationshintergrund, sondern auch bei deutschen Eltern mit einer ganz anderen sozialen Lebenswelt als der, in der der Lehrer sich bewegt, kann es zu Kommunikationsstörungen kommen. Das fängt bei der Kleidung und dem Auftreten von Lehrpersonen an, wenn diese nicht dem Bild eines Lehrers als Autorität und Vorbild entsprechen. Das kann die Folge der Unkenntnis kultureller Symbole sein. So darf z.B. in streng islamischen Familien eine Mutter dem Lehrer nicht die Hand geben, weil das ihre religiöse Verpflichtung verletzen würde. In Ägypten und anderen arabischen Ländern kann eine legere Sitzhaltung, bei der man dem Gesprächspartner die Fußsohle zeigt, als Beleidigung verstanden werden: „Du bist für mich der letzte Dreck". „Jede Kultur hat ihre eigenen nonverbalen und verbalen Signale, die positiv oder negativ entschlüsselt werden. Da es unmöglich ist, alle Signale zu kennen und fortwährend zu beachten, gilt es, die Wahrnehmung für Blockadereaktionen zu trainieren und ein Grundverständnis für Kulturen zu schulen, die indirekt kommunizieren, viele verschlüsselte Botschaften haben, weil sie z.B. persönliche Kritik für extrem unhöflich befinden und das ‚Nein'-Sagen tabuisieren" (Reissen 2010, S. 1 f; vgl. dort die Arbeitshilfe 45 32 01).

Kulturelle Unterschiede können zudem schwierige Gesprächssituationen hervorrufen, wenn im Hinblick auf die Erziehungsvorstellungen gegensätzliche Normen und Werte gelten.

Dabei geht es z.B. um den Stellenwert von Strafen als Reaktion auf kindliches Fehlverhalten. Dahinter kann nicht nur ein Streit um die richtigen Erziehungsmittel, sondern auch ein tiefer greifender Streit um Erziehungsziele stehen:

- ✓ Ist das Ziel der Erziehung, den Willen und den Eigensinn der Kinder zu brechen?
- ✓ Wird von ihnen gegenüber Erwachsenen vor allem Gehorsam und Unterwerfung verlangt
- ✓ oder sollen Partizipation und Eigenverantwortung gefördert werden?

Es geht um unterschiedliche Geschlechtsstereotypen:

- ✓ Was gehört sich für ein Mädchen (nicht)?
- ✓ Und welchen Erwartungen muss ein Junge entsprechen (Toprak 2013)?

Schließlich geht es grundlegend um den Gegensatz zwischen eher kollektiven Werten und Normen, die den Individuen wenig Gestaltungsspielraum bieten, und einer individualistischen Kultur der Selbstverwirklichung mit einem Wertepluralismus, der von Menschen aus anderen Kulturen eher als Werterelativismus und damit als Verzicht auf die Verbindlichkeit von Werten überhaupt erlebt wird.

Dass die Schulgesetze Erziehungs- und Bildungsziele festlegen, die bei interkulturellen Konflikten eher dem kulturellen Hintergrund der Lehrer/-innen als dem der Eltern und Schüler/-innen mit Migrationshintergrund oder mit anderen soziokulturellen Lebenswelten entsprechen, hilft dabei wenig weiter. Denn die Rechtsvorgaben ändern ja nichts daran, dass der Lehrer – auch wenn sein Handeln durch die gesetzlichen Normen legitimiert ist – auf eine Verständigung mit den Schülern und den Eltern angewiesen und für sie verantwortlich ist.

Den interkulturell bedingten Beziehungsstörungen und Kommunikationsblockaden entgegenzuwirken setzt ein hohes Maß an Bewusstheit und Sensibilität voraus. In der Gesprächsführung sollte der Lehrer immer wieder eine behutsame Vergewisserung vorsehen, ob die Eltern oder Schüler/-innen als Gesprächspartner ihn angemessen verstanden haben – und zwar nicht nur sprachlich, sondern auch auf der Ebene der kulturellen Symbolik. Dazu kann z.B. die Nachfrage dienen: „Was sollten denn aus Ihrer Sicht die Konsequenzen aus dem sein, was ich gerade sagte?" „Was könnten Sie denn tun und was wollen Sie tun, damit Ihr Kind besser mit den Problemen umgehen kann, die ich gerade genannt habe?" Umgekehrt kann es sinnvoll sein, dass der Lehrer Äußerungen oder Nachfragen der Eltern in eigenen Worten wiedergibt, bevor er dazu Stellung nimmt, z.B. „Sie sind der Meinung, dass ich … tun soll?" „Sie meinen, dass Ihr Sohn … tun soll. Habe ich Sie da richtig verstanden?"

Unterschiede zwischen den Sprachcodes

Ohne sich dessen bewusst zu sein, kann der Lehrer auch durch seinen Sprachcode Kommunikationsblockaden und schwierige Gesprächssituationen verursachen. Auch wenn die Unterscheidung von restringiertem und elaboriertem Code (Bernstein 1980) heute nicht mehr angemessen erscheint, weil sich die festen sozialen Milieus weitgehend aufgelöst haben, kann die Lehrersprache ausschließen und das kann den Eindruck wecken, dass die Schule keine Schule der Inklusion, sondern eine der Exklusion ist. Dann ist die implizite Botschaft für Eltern und Schüler mit anderen kulturellen und Bildungshintergründen: „Wir gehören zur Sprach- und Kommunikationsgemeinschaft der Lehrer/-innen und der Schule nicht dazu.“ Die Folge: Sie bleiben kommunikativ unter ihren Möglichkeiten und können ihre Potenziale nicht entfalten.

Darauf deutet auch die empirisch fundierte Kritik am Konstrukt des restringierten Codes hin: Äußerten sich Kinder aus der Unterschicht nicht in der für sie ungewohnten und fremden Situation des Interviews, sondern wurde eine Situation geschaffen, die ihnen aus ihrer Familie vertraut war, konnten sie sich vielfältiger und elaborierter unterhalten.

Dieses Gefühl, in der Schule und im Gespräch mit dem Lehrer in der Fremde zu sein, verstärkt das Gefühl von Unsicherheit und Angst. Noch stärker gilt das dann, wenn es in den Gesprächen auch um rechtliche Fragen geht, weil die Sprache der Gesetze und Rechtsverordnungen statt Teilhabe eher das Gefühl fördert, aus der Rechtsgemeinschaft ausgeschlossen zu sein, außer man greift auf einen Rechtsanwalt zurück. Unsicherheit und Ängste können dann in zweifacher Weise Gespräche blockieren: entweder stimmen Eltern allem zu, was der Lehrer sagt, und wagen auch nicht nachzufragen, wenn sie ihn überhaupt nicht verstanden haben, oder sie gehen als Überkompensation ihrer Unsicherheit ganz schnell in eine Angriffshaltung.

Je unreflektierter Lehrer/-innen ihren sozialen Sprachcode nutzen und erwarten, dass die Schüler und Eltern ihn angemessen verstehen können, umso größer ist die Gefahr der Missverständnisse, die zu schwierigen Gesprächssituationen führen.

Sich auf den Gesprächspartner einzustellen und mit Bewusstheit zu kommunizieren, setzt zunächst einmal Langsamkeit voraus. Das normale Sprechtempo zu reduzieren hilft den Adressaten, besser zu verstehen, und hilft der Lehrperson, sich besser der Wirkungen zu vergewissern, die ihre Äußerungen hervorrufen.

Bemerkt man bei sich eine Neigung zu barocken Satzgebilden, muss sich die Bewusstheit zudem darauf richten, die Komplexität der eigenen Sprache zu reduzieren und sie an die sprachlichen Fähigkeiten des Gegenübers anzupassen

Das ist insbesondere auch dann wichtig, wenn Lehrer ihre pädagogische oder fachliche Expertensprache nutzen, ohne zu klären, ob und inwieweit sie für die Eltern als Laien verständlich sind. Auch das verhindert eine Verständigung, weil diese voraussetzt, dass im Gespräch eine geteilte Wirklichkeit entsteht und Begriffe mit hinreichend gleichen inhaltlichen Vorstellungen mental verknüpft werden.

Beispiele dafür, wie die wesentlichen pädagogischen Botschaften durch eine einfache Sprache zugänglich gemacht werden können, gibt es, z.B. Broschüren, die in zwei Versionen vorgelegt werden: als ausführliche Version in der Expertensprache und als Zusammenfassung der wesentlichen Inhalte in leichter Sprache. Worauf bei mündlichen und schriftlichen Formulierungen in leichter Sprache zu achten ist, machen die Hinweise auf der Website http://bidok.uibk.ac.at/download/inclusion-europe-europaeische-reglen-ll.pdf deutlich (aufgerufen am 5.8.13 und trotz der fehlerhaften Schreibung korrekt!). Auch hier gilt wieder (vgl. Kap. 1.2), dass die Sorge um die sprachliche und sachliche Verständlichkeit mit Wertschätzung verbunden wird.

Dabei ist die Gefahr der Abwertung nicht nur dann gegeben, wenn Lehrer überhaupt nicht auf die Verständlichkeit für den Adressaten achten, sondern auch dann, wenn sie die Sprach- und Fachkompetenz des Adressaten unterschätzen und ihr überfürsorgliches Bemühen bei Eltern das Gefühl auslöst, wie ein kleines, wenig sprachmächtiges Kind behandelt zu werden.

Rechthaberei und Kompromissunfähigkeit

Gespräche setzen die Bereitschaft zur Verständigung und – wenn sie auf Vereinbarungen abzielen – zum Kompromiss voraus. Sie werden deshalb immer dann schwierig, wenn ein Gesprächspartner auf seinen Positionen beharrt und nicht bereit ist, sich auf einen Austausch einzulassen.

In der Regel ist die Rechthaberei mit dem Gefühl verbunden, dass die erlebte Wirklichkeit objektiv wahr sei. Wer diese Sicht auf die Wirklichkeit nicht teilt und ein Geschehen anders erlebt hat, habe deshalb unrecht, wenn er nicht sogar lüge. Solche Menschen sind nicht in der Lage anzuerkennen, dass es unterschiedliche Wahrnehmungen und Modellierungen von Wirklichkeit geben kann. Für ihre Wahrnehmung und Deutung erlebter Wirklichkeit ist die Dichotomie von „richtig“ und „falsch“ prägend. Entspricht die Aussage eines Lehrers im Gespräch mit solchen Eltern oder Schülern nicht deren Sicht, können sie nur – häufig wortreich – darauf bestehen, dass er unrecht hat.

Wenn trotzdem ein Gespräch möglich werden soll, darf die Lehrperson nicht versuchen, die Wirklichkeitssicht ihrer Gesprächspartner in Frage zu stellen und sie davon überzeugen wollen, dass sie unrecht haben. Denn dann würde sie sich auf die gleiche Ebene wie ihre Partner einlassen und statt einer Verständigung käme es zu einem Machtkampf um die Frage, wer seine Sicht durchsetzen kann.

Wohl aber sollte der Lehrer von den Rechthabern fordern, das Recht darauf, ihre Sichtweise für die richtige zu halten, den anderen Gesprächspartnern genauso zubilligen zu müssen. Für das Gespräch heißt das: Es führt nicht weiter, klären und entscheiden zu wollen, wer recht hat. Das Ziel des Gesprächs muss vielmehr sein zu klären, wie die Beteiligten mit der Tatsache umgehen, dass es beim gleichen Geschehen unterschiedlich erlebte Wirklichkeiten gibt, und wie sie auch bei Dissens zu einer Verständigung kommen können. Das setzt als Gesprächsgrundlage die kommunikativen Normen des Dialogs voraus. Diese sollten von der Lehrperson als Gesprächsführerin deutlich vertreten werden:

Die kommunikativen Normen des Dialogs

Die Suspendierung von Positionen

Die Gewissheit fester Überzeugungen und die Geltung scheinbar bewährter Alltagsroutinen werden auf ihre Voraussetzungen befragt. Hierbei spielen berufs- und lebensbiografische „Erzählungen“ eine wichtige Rolle: Statt „Das ist für mich richtig!“ wird gefragt: „Wie bin ich dazu gekommen, dies für richtig zu halten?“

Die Destabilisierung von Positionen

Keine Meinung, Position oder Schlussfolgerung werden ungeprüft als die Wahrheit oder richtige Lösung anerkannt. Hierbei geht es um die Fragen: Gibt es Alternativen oder andere Sichtweisen? Warum erscheinen sie uns als absurd, falsch, nicht praktikabel?

Positionen aufheben

Niemand wird genötigt, seine Positionen aufzugeben, niemand darf seine Auffassung anderen aufdrängen. Alle Positionen werden zugelassen und „hängen“ gleichsam für alle sichtbar zunächst ohne Bewertung im Sinne eines Richtig oder Falsch im „Raum“.

Positionen zur Disposition stellen

Jeder kann darauf vertrauen, dass seine Überzeugungen, Sichtweisen, wenn sie zur Verständigung und Problemlösung beitragen, einer eingehenden Befragung durch andere standhalten; wenn nicht, dass ich stark genug bin, meine Position zu überdenken. Dies gelingt umso besser, wenn es mit der Erfahrung verknüpft werden kann, dass es nicht um Sieger und Verlierer geht, sondern um die Bearbeitung von Problemen, die nur gelingt, wenn alle Beiträge und Sichtweisen respektiert werden.

Klärungsprozesse aushalten

Unstimmigkeiten, Dissens und Konflikte sind auch eine Chance, denn sie verhindern, dass es zu vorschnellen Scheinlösungen kommt, die dann nicht tragfähig sind.

Lösungen als Kompromisse auf Zeit

Entscheidungen können und sollen revidiert werden, wenn sie sich nicht bewähren oder andere Maßnahmen für die Lösung von Problemen oder das Vorgehen bei Vorhaben sich als geeigneter erweisen. Diese Revisionsoffenheit sichert Handlungsfähigkeit auch in Fällen, in denen die Gruppe keinen Konsens in der Sache erzielt.

(Nach: Haller, I./Wolf, H. 2004, S. 131 f)

Verweigern die Rechthaber, sich auf diese Normen einzulassen, und verweigern sie den anderen Gesprächspartnern das Recht, das sie für sich selbstverständlich reklamieren, nämlich ihre Wirklichkeitssicht und ihre Position mit dem Anspruch auf Anerkennung durch die anderen äußern zu dürfen, dann bleibt der Lehrperson in der Rolle der Moderation nur die Möglichkeit, das Gespräch abzubrechen, weil die Grundlagen fehlen, um überhaupt ein Gespräch führen zu können.

Dieser Gesprächsabschluss sollte allerdings soweit möglich einvernehmlich in folgenden Schritten erfolgen:

1) Es gibt zwei oder mehr unterschiedliche Sichtweisen und Positionen, die wir nicht weiter klären können.
2) Ich teile Ihnen/euch noch einmal mit, was ich jetzt entscheiden oder tun werde.
3) Gibt es dazu noch Nachfragen oder Bedenken? Wenn ja, werde ich darüber nachdenken und sie bei meiner Entscheidung und meinem weiteren Vorgehen berücksichtigen.
4) Sollten Sie/solltet ihr mit meiner Entscheidung oder meinem Vorgehen nicht einverstanden sein, gibt es die Möglichkeit der Beschwerde beim Schulleiter.

Starke Emotionen

Insbesondere bei Gesprächen mit Schülern kann es wegen starker Emotionen zu Gesprächskrisen kommen. Dann brechen Schülerinnen oder Schüler in Tränen aus, weil sie ein Fehlverhalten zugestehen müssen und ihnen klar wird, dadurch einen Mitschüler und die Beziehung zu ihm verletzt zu haben. Oder sie werden in einem Gespräch, in denen sie psychosoziale Beratung suchen, von ihren eigenen Lebensproblemen emotional überwältigt.

In solchen Gesprächssituationen gilt der Grundsatz: Störungen haben Vorrang. Denn wie auch bei Elterngesprächen, in denen starke Gefühle von Empörung den Gesprächseinstieg bestimmen, kann ein Gespräch auf der Sachebene erst dann geführt oder weitergeführt werden, wenn die Emotionen sich haben äußern können und die damit verbundene psychohygienische Reinigung ermöglicht, sich (wieder) auf das Gesprächsthema einzulassen.

Für die Lehrkräfte in der Rolle der Gesprächsführung heißt das: Sie müssen die Emotionen zulassen und ihnen im Gespräch Raum und Zeit geben und sie können erst dann wieder auf die Sachebene orientieren, wenn die emotionale Verfassung der Gesprächspartner dies zulässt.

Gelingt das empörten Eltern nicht, sollte die Lehrkraft sie vor die Alternative stellen, ob sie das Gespräch weiterführen wollen und können oder ob es abgebrochen werden muss: „Ich habe verstanden, warum sie so empört sind, und ich werde darüber nachdenken, was zu tun ist. Es hat aber wenig Sinn, wenn sie nun nur weiterhin ihre Empörung und Vorwürfe äußern. Was genau erwarten Sie, dass ich tun soll? Haben Sie Ideen, wie Ihrer Beschwerde abgeholfen kann? Und können wir das Gespräch jetzt so weiterführen, dass wir über Lösungen nachdenken?"

Brechen Schüler/-innen in Tränen aus, macht das die Lehrkräfte in der Regel selbst betroffen. Diese Betroffenheit kann zu der Reaktion führen, dem Schüler das Weinen auszureden: „Du musst doch jetzt nicht weinen." Ob der Schüler aber weinen muss und wie lange er dafür braucht, kann nur er selbst bestimmen. Deshalb ist hier das umgekehrte Signal wichtig: „Das ist in Ordnung, du darfst jetzt weinen. Lass dir dafür die Zeit, die du brauchst." Und bevor das Gespräch fortgesetzt wird, ist eine Vergewisserung wichtig: „Meinst du, wir können jetzt weiter miteinander reden?" Hilfreich kann auch sein, die Gefühle des Gesprächspartners in eigenen Worten zu verbalisieren: „Dir tut jetzt sehr leid, was du deinem Mitschüler angetan hast. Das hast du gar nicht gewollt.

Ist es das, was dich jetzt so bedrückt?" Dabei muss für den Schüler deutlich werden, dass die Verbalisierung ein Angebot ist und der Lehrer nicht in Anspruch nimmt, seine Gefühle definieren zu wollen. Wenn die Verbalisierung zur emotionalen Verfasstheit des Schülers passt, stärkt dies sein Gefühl, verstanden zu werden, und damit die Beziehung. Passt das Verstehens- und Deutungsangebot der Lehrkraft nicht, so kann es ihm trotzdem helfen, sich selbst auf die Spur zu kommen: „Nein, das ist es nicht. Mir geht es nicht gut mit dem, was ich getan habe, weil ich damit meine Eltern enttäuscht habe."

In Schülergesprächen sind solche Ausbrüche starker Emotionen nicht nur eine Krise, sondern vor allem eine Chance. Denn sie ermöglichen den Zugang zu tiefer liegenden Problemen und Konfliktebenen und sie sind in der Regel Ausdruck dafür, dass Schutzmechanismen wie der coole Panzer und die Selbstdarstellung, man habe alle Probleme im Griff, zusammenbrechen.

Damit, dass die Schüler sich ihrer Betroffenheit stellen, wächst zugleich die Bereitschaft, für das eigene Handeln, gerade auch bei Fehlverhalten, und für die Handlungsfolgen Verantwortung zu übernehmen. Dann bietet sich für die Weiterführung des Gesprächs eine Ideensammlung durch den Schüler an: „Hast du Ideen, wie du den Schaden wieder gut machen kannst?" „Hast du Ideen, wie der Mitschüler, den du verletzt hast, wieder dein Freund werden kann?"

Das Schwierigste: Wenn die Lehrer/-innen aus der Rolle fallen

Gerade im Umgang mit Emotionen zeigt sich, dass an die Schüler oder Eltern auf der einen und die Lehrkraft auf der anderen Seite unterschiedliche Anforderungen zu stellen sind und dass die Anforderungen an die Lehrer weitaus höher sind. Während sie die Emotionen ihrer Gesprächspartner zulassen und ihnen Raum geben müssen, dürfen sie von ihren eigenen Emotionen nicht überwältigt werden. Denn die emotionale Selbstbeherrschung ist die Voraussetzung dafür, dass sie ihre Rolle als Gesprächsführer und Moderator halten können. Agieren sie dagegen aus ihrer Emotion heraus, fallen sie aus dieser Rolle und sind nur noch auf der Ebene der Ranggleichheit eine Gesprächspartei wie die Schüler oder die Eltern auch. Sie sind dann nicht mehr in der Lage, das Gespräch zu steuern – und das in kritischen und emotional aufgeladenen Situationen, in denen diese Steuerung besonders dringlich und erforderlich ist.

Deshalb ist die innere Klarheit wichtig, in welcher Rolle – der der Gesprächspartei oder der der Moderation – die Lehrkräfte situativ im Gespräch gerade agieren. Das hilft den Lehrerinnen und Lehrern, ein Gespür für die Gefahr zu entwickeln, in schwierigen Gesprächssituationen aus der Rolle zu fallen.

Passiert es einem dann doch, ist die Sensibilisierung für diese Gefahr eine Hilfe, um wieder in die Rolle der Gesprächsführung hineinzufinden. Das setzt eine metakommunikative Unterbrechung des Gesprächs voraus. „Ich merke gerade, dass ich jetzt auch erregt und empört bin über das, was Sie sagen. Es hilft uns aber nicht weiter, wenn wir uns nun wechselseitig Vorwürfe machen. Und bevor wir weiter über den Vorfall/das Thema sprechen, sollten wir erst mal klären, was denn eigentlich das Ziel unseres Gesprächs ist. Was soll denn aus Ihrer Sicht am Ende des Gesprächs erreicht sein?"

Eine solche Intervention entwaffnet den Gesprächspartner, weil man eigene Fehler zugesteht, und wirkt dadurch der Gefahr einer Konflikteskalation entgegen. Sie ermöglicht zudem, den erneuten Wechsel in die Rolle der Moderation klar zu markieren und damit auch für die Gesprächspartner deutlich zu machen.

Führt die Betroffenheit und die emotionale Verwicklung bei Lehrern dazu, dass sie nicht in die Moderationsrolle zurückfinden, ist die Gefahr einer Eskalation und einer nachhaltigen Störung der Beziehung zu Eltern und Schülern groß. Dann kann es sinnvoll sein, ein Folgegespräch darüber zu führen, was in dem vorangegangenen Gespräch schief gegangen ist und wie solche Gesprächsentgleisungen künftig vermieden werden können. Die Lehrkraft muss dann prüfen, wie stark sie die Störung und Belastung der Beziehung erlebt und ob diese ihr erlauben, die Moderation dieses Gesprächs selbst wahrzunehmen oder eine dritte Person, z.B. einen Kollegen, die Klassen- oder Schulpflegschaftsvorsitzende oder ein Mitglied der Schulleitung, um die Moderation zu bitten. Das kann auch dann sinnvoll sein, wenn Eltern nach einem krisenhaften Beschwerdegespräch erneut eine Beschwerde vortragen wollen.

4.6 Gespräche dokumentieren und evaluieren

Die Evaluation am Gesprächsabschluss

Der Abschluss eines Gesprächs setzt immer eine Vereinbarung voraus, soweit das Gespräch nicht einseitig abgebrochen wird. „Haben wir die Angelegenheit jetzt geklärt oder sind noch Punkte offen?"

Eine solche Markierung des Gesprächsabschlusses schließt immer auch eine Evaluation ein. Sie kann sich auf die Zufriedenheit mit dem Verlauf oder dem Ergebnis des Gesprächs beziehen: „Ist das Ergebnis des Gesprächs für Sie/für dich in Ordnung? Wo haben wir eine Übereinstimmung erreicht, wo gibt es aus Ihrer/deiner Sicht noch Dissens? Wie gehen wir mit diesem Dissens in Zukunft um?" Die Evaluation kann sich auch auf die Wahrnehmung der Gesprächsführung durch die Lehrkraft beziehen: „Haben Sie sich/hast du dich im Verlauf des Gesprächs von mir verstanden gefühlt? Was hat es Ihnen/dir leicht gemacht und geholfen, am Gespräch konstruktiv teilzunehmen, und was hat es Ihnen/dir schwer gemacht?"

Schließlich kann eine knappe Gesprächsevaluation auch dazu dienen, sich der Beziehungsgrundlage für das weitere Zusammenleben und -wirken in der Schule zu vergewissern. Das ist insbesondere dann wichtig, wenn es kritische Gesprächssituationen gab, die möglicherweise über das Gespräch hinaus die Beziehung belasten können: „Ich habe mich an der und der Stelle im Gespräch unwohl gefühlt und ich hatte den Eindruck: Jetzt verstehen wir uns ja gar nicht mehr. Ist Ihnen/dir das auch so gegangen? Für mich hat sich das dann im weiteren Gespräch geklärt und da sind keine Fragen mehr offen. Wie sieht das denn bei Ihnen/bei dir aus?"

Neben dem gemeinsamen kurzen Rückblick auf ein Gespräch ist auch eine Evaluation im Sinne einer Selbstvergewisserung sinnvoll: Wie habe ich die Gesprächsführung wahrgenommen? Wo gab es heikle Stellen und wo bin ich vielleicht sogar aus der Rolle der Moderation gefallen? Wie habe in einem solchen Fall wieder in die Rolle hineingefunden? Für eine solche Vergewisserung sind die Kriterien für die Bewertung der Gesprächsqualität (Boettcher 2004, S. 23 ff) als Orientierung hilfreich.

Was ist ein gutes Gespräch?

A Sprache/Sprachgebrauch

1. Verständlich/richtig aufgebaut:

Ein Gespräch ist gut, wenn die (/meine) Gesprächsbeiträge verständlich waren und das Gespräch (von mir) richtig aufgebaut worden ist

2. Situationsangemessen:

Ein Gespräch ist gut, wenn ich auf die Situation – Partner, Zeitpunkt, Ort usw. – Rücksicht genommen habe

B Zwecke

3. Erfolgreich:

Ein Gespräch ist gut, wenn es erfolgreich ist. Gespräche können Erfolg auf „primärer Ebene“ (= mein Gesprächsanliegen ist realisiert worden) haben oder auf „Meta-Ebene“ (= für uns ist jetzt deutlicher und ansprechbar geworden, wo zwischen uns Konsens und wo Dissens besteht)

4. Effizient:

Ein Gespräch ist gut, wenn der Gesprächsaufwand – gemessen am Gesprächserfolg – klein oder zumindest vertretbar war

C Gesprächserleben

5. Angenehm:

Ein Gespräch ist gut, wenn es angenehm verläuft. Unter „angenehm“ kann Unterschiedliches verstanden werden: konfliktfrei oder zumindest konfliktarm/ohne (große) Emotionen/in freundlichem Ton/mit gegenseitigen Anerkennungen/usw.

6. Zu mir passend:

Ein Gespräch ist gut, wenn ich mich in meinen Gesprächsanteilen als konsistent, zu mir und meinen Selbstansprüchen passend erfahre

D Kooperationswirkung

7. Beziehungsentwickelnd:

Ein Gespräch ist gut, wenn es die Beziehung zwischen uns in diesem Gespräch (weiter-)entwickelt (z. B. mehr Deutlichkeit über vorhandene Probleme bringt oder mehr Nähe oder mehr einander zugestandene Distanz usw.)

8. Als Modell wirkend:

Ein Gespräch ist gut, wenn es als „Modell" zur Entwicklung der Gesprächskultur der anderen Mitglieder unserer Schule beiträgt

Da die Bewertung eines Gesprächs bei den Beteiligten unterschiedlich sein kann, ist am Ende eines jeden (zumindest jeden heiklen) Gesprächs die Vergewisserung wichtig, wie man selber und wie die andere Person das Gespräch einschätzt

Die Dokumentation von Gesprächen als Grundlage für das Gesprächscontrolling

Für alle Gespräche gilt: Es ist sinnvoll, sie zu dokumentieren, um bei weiteren Gesprächen auf die Absprachen und Ergebnisse vorangegangener Gespräche zurückgreifen und sie auch dem Gesprächspartner bei Bedarf in Erinnerung rufen zu können. Die Gesprächsnotizen werden dann einem Portfolio beigefügt, das die Lehrkräfte, insbesondere der Klassenlehrer, für jeden einzelnen ihrer Schüler/-innen anlegen sollte. In einem solchen Portfolio werden neben der Gesprächsnotizen Leistungsnachweise und die Beobachtungen zum Arbeits- und Sozialverhalten gesammelt, die aus dem Alltag positiv oder negativ herausragen. Für eine solche Dokumentation reicht eine knappe Notiz.

Formular für die Gesprächsdokumentation

Aspekt	Notiz
Gesprächspartner (Schüler, Eltern):	
Datum:	
Thema/Anliegen:	
Ergebnis/Absprachen/Vereinbarungen:	
Wiedervorlage am:	
Ort, Datum, Unterschrift:	

Abbildung 20: Formular für die Gesprächsdokumentation

Beinhaltet das Ergebnis des Gesprächs Selbstbindungen und -verpflichtungen, z.B. im Hinblick auf erwartete Verhaltensänderungen oder die Übernahme von Aufträgen und Aufgaben, sollte die Dokumentation des Gesprächs auch vom Schüler oder den Eltern unterzeichnet werden. Mit dieser Unterschrift erklären sie – ebenso wie umgekehrt die Lehrkraft – ihr Einverständnis mit den Erwartungen, die an sie gerichtet werden, und ihre Bereitschaft, Verantwortung dafür zu übernehmen, dass ihr Verhalten in der Zukunft diesen Erwartungen entspricht.

Die Wiedervorlage bezieht sich darauf, dass nach einem angemessenen oder vereinbarten Zeitraum die Absprachen zu Entscheidungen und Maßnahmen auf ihre Wirksamkeit überprüft werden sollten.

Die Dokumentation dient auf diese Weise zugleich dem Controlling (Bartz 2013):

- ✓ Haben die Absprachen und Vereinbarungen die erwarteten Wirkungen?
- ✓ Sind z.B. vereinbarte Perspektiven für die weitere Schullaufbahn auf einem guten Weg?
- ✓ Ist ein Konflikt nachhaltig gelöst oder traten in der Zwischenzeit wieder Probleme zwischen den Beteiligten auf?
- ✓ Ist die Wiederherstellung einer Beziehung nach einer psychischen oder physischen Verletzung dauerhaft gelungen und stabil?
- ✓ Wo gibt es Abweichungen zu den vereinbarten Wirkungen und Zielen?
- ✓ Sind Ursachen für diese Abweichungen offenkundig?
- ✓ Oder ist ein erneutes Gespräch erforderlich, um wieder auf die angestrebten Ziele hin zu orientieren und die Gesprächspartner, ob Schüler oder Eltern, darauf zu verpflichten?

Die Lehrkraft legt die Gesprächsnotiz bei dem für die Wiedervorlage festgelegten Termin ab und prüft dann, ob das Gespräch die angestrebten Wirkungen zur Folge hatte oder ob es zu Abweichungen kam. Sie kann auf dieser Grundlage entscheiden, ob Maßnahmen erforderlich sind oder ein erneutes Gespräch geführt werden sollte.

Die gerichtsverwertbare Dokumentation von Gesprächen

Für alle Gespräche, die einen Verwaltungsakt (Bott 2008 und 2010) vorbereiten oder für ihn relevant sind, ist die Dokumentation nicht nur sinnvoll, sondern verpflichtend.

Beispiel: Ein Schüler argumentiert bei einer Beschwerde zu einer Zeugnisnote, der Lehrer habe ihm erst kurz vor Schuljahrsende mitgeteilt, dass er seine Leistungen bei der sonstigen Mitarbeit als nicht ausreichend beurteile, oder er habe ihm dies zwar mitgeteilt, aber auch auf Nachfrage keine Auskunft gegeben, wie der Schüler seine Defizite aufarbeiten und seine Leistungen verbessern könne. In einem solchen Fall reicht es nicht aus, wenn der Lehrer sagt, nach seiner Erinnerung habe er dem Schüler entsprechende Informationen gegeben. Der Lehrer muss vielmehr das Datum und den Inhalt seiner Mitteilungen an den Schüler angeben und dazu muss er auf eine entsprechende Gesprächsnotiz zurückgreifen können.

Besonders wichtig sind solche Notizen bei erzieherischen Einwirkungen. Denn falls die Lehrer bzw. die Schule bei gehäuftem Fehlverhalten eines Schülers eine Ordnungsmaßnahme für erforderlich halten, müssen sie als Voraussetzung nachweisen, dass mehrfache erzieherische Einwirkungen nicht zu einer Verhaltensänderung geführt haben. So heißt es z.B. im Schulgesetz von Nordrhein-Westfalen: „Ordnungsmaßnahmen sind nur dann zulässig, wenn erzieherische Einwirkungen nicht ausreichen" (§ 53 Abs. 1 SchulG NRW).

Geht es dann um den Verwaltungsakt selbst, also z.B. um eine Ordnungsmaßnahme, müssen für die Dokumentation der Gespräche auch die Formvorschriften beachtet werden. So sind bei einer Ordnungsmaßnahme

- der Vorfall mit Zeit, Ort, Beteiligten und Ablauf zu beschreiben,
- die Nachweise für die Täterschaft anzuführen,
- die Regel oder Vorschrift zu nennen, gegen die der Täter verstoßen hat,
- die Tat unter Berücksichtigung des Rechtsgrundsatzes der Verhältnismäßigkeit zu bewerten,
- die Bewertung der Tat zu begründen,
- auf die Möglichkeit des Widerspruchs hinzuweisen.

Der Umfang für die Dokumentation eines Gesprächs richtet sich deshalb immer nach dem Zweck: Dient sie eher dem Controlling von Vereinbarungen und Maßnahmen, kann sie sich auf die Angabe der Absprachen beschränken. Muss sie gegebenenfalls gerichtsverwertbar sein, ist sie den Formvorschriften entsprechend umfangreicher zu gestalten. Die Dokumentation kann sich entsprechend an dem Grundsatz orientieren: So viel wie nötig und so wenig wie möglich.

5 GESPRÄCHSTYPEN UND DIE GESPRÄCHSTYPISCHE PHASENSTRUKTUR

Sind der Lehrkraft der Anlass, das Anliegen und die Ziele des Gesprächs klar, kann sie den geeigneten Gesprächstyp (vgl. Boettcher/Mosing 2013, S. 883 ff.) wählen und sich bei der Gesprächsstrukturierung am jeweiligen Gesprächstyp orientieren. Dabei gilt, dass die Gesprächstypen an die spezifische Thematik und Zielsetzung des je individuellen und einzigartigen Gesprächs angepasst werden müssen. Dennoch bieten sie eine Orientierung,

- ✓ welche Führungsrolle der Lehrperson (Orientierung oder Unterstützung) zum Gespräch passt,
- ✓ was am Ende des Gesprächs als Ergebnis erreicht sein soll und
- ✓ wie das Gespräch zu strukturieren ist.

Für die Gespräche mit Schülern und Eltern kommen vor allem folgende Gesprächstypen in Frage:

- ✓ das Kritikgespräch,
- ✓ das Beratungsgespräch,
- ✓ das Beschwerdegespräch,
- ✓ das Feedbackgespräch,
- ✓ das Beurteilungsgespräch,
- ✓ das Schlichtungsgespräch,
- ✓ das Beauftragungsgespräch,
- ✓ das Zielfestlegungsgespräch,
- ✓ das Schullaufbahnberatungsgespräch.

Zu diesen Gesprächstypen werden in den Folgekapiteln die Ziele, die Führungsrolle der Lehrkraft und die Gesprächsphasen erläutert (vgl. Bartz 2006, Arbeitshilfen 70 11 02 – 70 11 12). Die Übersicht zu den unterschiedlichen Typen kann als Leitfaden für die Gesprächsführung genutzt werden. Voraussetzung dafür ist, dass bei der Gesprächsvorbereitung eindeutig geklärt wird, welcher Gesprächstyp zum Thema und den Zielen eines geplanten Gesprächs passt.

PDF

5.1 Das Kritikgespräch

Die Lehrerinnen und Lehrer sind dazu verpflichtet, dafür zu sorgen, dass sich die Schüler/-innen sozial verträglich verhalten und ihre Lern- und Leistungsentwicklung den Qualitätserwartungen und -standards der Lehrpläne entspricht.

Genügt das Verhalten einzelner Schüler/-innen nicht den Ansprüchen, müssen die Lehrpersonen deshalb prüfen, ob eine Intervention und Konfrontation erforderlich ist. Schulrechtlich sind z.B. die Mahnung bei Minderleistungen Voraussetzung für eine Nichtversetzung und der Nachweis erfolgloser erzieherischer Einwirkungen die Voraussetzung für eine Ordnungsmaßnahme.

Nur wenn die Lehrer/-innen deutlich gemacht haben, welche Verhaltensweisen an der Schule und in der Klasse nicht geduldet werden, kann er bei erneutem Fehlverhalten eine Ordnungsmaßnahme beantragen.

Das Kritikgespräch (Boettcher/Mosing 2013, S. 885–916) führt der Lehrer als der hierarchisch Höherrangige, der mit Weisungsmacht ausgestattet ist. Das gilt nur für seine Beziehung zu den Schülern. Nur mit ihnen kann und muss er bei Bedarf Kritikgespräche führen, während er Eltern nur ein kritisches Feedback geben kann.

Die drei wesentlichen Äußerungen in einem Kritikgespräch sind:

- ✓ die Nennung von Anlass und Vorwurf,
- ✓ die Äußerung des Änderungsverlangens,
- ✓ die Ankündigung der Konsequenzen, wenn das Verhalten nicht geändert wird.

Das Kritikgespräch

Ziele

Der Schülerin bzw. dem Schüler ist klar, welche Verhaltensänderung die Lehrkraft von ihr erwartet und welche Konsequenzen es hat, wenn keine Verhaltensänderung erfolgt. Die Schülerin bzw. der Schüler verpflichtet sich darauf, Schäden wieder gut zu machen oder verletzte Beziehungen zu Mitschülern oder Lehrpersonen wieder herzustellen. An der Schule und in der Klasse ist klar, dass sozialverträgliches Verhalten und Qualität nicht gleichgültig ist.

Rolle der Lehrkraft: Orientierung

Gesprächsphasen

Orientierungsphase:

- ✓ Vergewisserung der Beziehung, z.B. durch Hinweise auf positive Leistungen oder Verhalten, damit glaubwürdig ist, dass sich die Kritik auf das Verhalten und nicht auf die Person bezieht
- ✓ Anlass für das Gespräch nennen

Klärungsphase:

- ✓ Situation (Vorfall, Beschwerde o.Ä.) erläutern
- ✓ Gründe erläutern, warum das in der Situation gezeigte Verhalten nicht akzeptabel ist
- ✓ Stellungnahme der kritisierten Person
- ✓ Versuch einer gemeinsamen Definition des Kritiktatbestands

Gegebenenfalls endet das Kritikgespräch hier mit der Feststellung, dass der Tatbestand geklärt ist und die Lehrkraft keinen Anlass für die Kritik mehr sieht.

Veränderungsphase:

- ✓ Äußerung des Änderungsverlangens (unter Berücksichtigung der Stellungnahme der Schülerin oder des Schülers)
- ✓ Vorschläge des Schülers, wie ein materieller Schaden wieder gut gemacht werden kann oder

- ✓ Vorschläge des Schülers, wie er die Beziehung zu seinem Opfer so wiederherstellen kann, dass ein weiteres Zusammenleben in der Schule oder Klasse möglich ist und das Opfer sich aufgrund der Zusagen des Täters wieder sicher fühlt

Abschlussphase:

- ✓ Vergewisserung, dass dem Schüler klar ist, was die Lehrperson von ihm erwartet
- ✓ Mitteilung von Konsequenzen, wenn sich das kritisierte Verhalten nicht ändert
- ✓ Erklärung der Lehrkraft, dass sie dem Schüler diese Verhaltensänderung nicht nur zumutet, sondern auch zutraut, und dass er ihr als Person wichtig ist, auch wenn sie das gezeigte Verhalten nicht akzeptiert
- ✓ Nachfrage, ob der Schüler glaubt, dass er das Verhalten ohne Beistand ändern kann oder ob er eine Beratung und Unterstützung wünscht. Ist dies der Fall: Klärung, was genau der Schüler braucht und ob die Lehrperson ihn beraten oder die Beratung durch eine andere Person vermitteln soll
- ✓ Absprachen zum weiteren Verfahren und Verfahrensverpflichtungen, z.B. Rückmeldung des Schülers, wenn die erwartete Verhaltensänderung auf Schwierigkeiten stößt

Wünscht die Schülerin oder der Schüler eine Beratung durch die Lehrkraft, kann sich an das Kritikgespräch unmittelbar ein Beratungsgespräch anschließen. Damit die Beratung nicht die Verbindlichkeit des Änderungsverlangens außer Kraft setzt, muss die Lehrkraft den Abschluss des Kritikgesprächs und den Wechsel von der Rolle der Orientierung zur Rolle der Unterstützung klar markieren.

5.2 Das Schlechte-Nachrichten-Gespräch

Der Anlass für ein Schlechte-Nachrichten-Gespräch (Weber 2006) ist ein Ereignis, das für den Adressaten in hohem Maß negativ und belastend ist. Dabei geht es z.B. um die Information von Eltern, dass ihr Kind einen Unfall erlitten hat, wegen eines schwerwiegenden Fehlverhaltens vorübergehend vom Schulbesuch ausgeschlossen wird, nicht versetzt wird oder einen angestrebten Schulabschluss nicht erreicht.

Voraussetzung für das Gespräch ist, dass das Ereignis oder die Entscheidung nicht rückgängig zu machen sind. Deshalb darf im Gespräch nicht der Eindruck entstehen, als gebe es noch Verhandlungsspielräume, um eine negative Entscheidung nachträglich doch wieder zu revidieren.

Das Überbringen schlechter Nachrichten erfordert:

- ✓ Das Gespräch muss unverzüglich nach der Entscheidung oder dem Schadensereignis geführt und darf nicht aufgeschoben werden.
- ✓ Der Gesprächsführer muss die schlechte Nachricht mit größtmöglicher Klarheit formulieren und darf nicht versuchen, sie „in Watte zu packen". Das Ziel ist in dieser Phase, dass der Betroffene die Nachricht eindeutig zur Kenntnis nimmt.
- ✓ Der Gesprächsführer muss dann die Zeit einräumen, die der Partner braucht, um die schlechte Nachricht zu verarbeiten. In dieser Gesprächsphase kommt es auf ein hohes Maß an Empathie und Zuwendung an, um die Reaktion des Gesprächspartners auffangen zu können. Die Gesprächsführung ist durch aktives Zuhören und das Verbalisieren der Gefühle des Betroffenen geprägt. Das Ziel ist, den anderen zu verstehen und ihn so zu beraten, dass er für sich Wege findet, wie er mit der schlechten Nachricht klar kommen kann. Wichtig ist dabei zugleich, sich nicht unter Rechtfertigungsdruck setzen zu lassen.

- ✓ Zeigt sich in dieser Phase, dass die Lehrkraft nicht in der Lage ist, die Reaktion der betroffenen Person hinreichend aufzufangen, muss je nach Situation eine sofortige oder kurzfristig absehbare professionelle Hilfe vermittelt werden. Zur Soforthilfe kann – insbesondere bei betroffenen Schülerinnen und Schülern – auch gehören, dass sie (unter Aufsicht) einen Raum nutzen können, um erst einmal zur Ruhe zu kommen. Gegebenenfalls kann die Klärung, wie es weiter geht, auch an eine solche Beruhigungsphase anschließen.

Das Schlechte-Nachrichten-Gespräch

Ziele

Der Gesprächspartner hat die schlechte Nachricht verstanden und eindeutig zur Kenntnis genommen. Er akzeptiert, dass die Entscheidung oder das Ereignis nicht rückgängig zu machen und nicht zu verhandeln sind. Der Gesprächspartner findet für sich Wege, wie er die schlechte Nachricht verarbeiten und wie er mit den Folgen umgehen kann.

Rolle der Lehrkraft

- ✓ Orientierung: Die Lehrkraft äußert die schlechte Nachricht klar – ohne Übertreibung und vor allem ohne Relativierung oder Verharmlosung
- ✓ Unterstützung: Die Lehrkraft unterstützt den Gesprächspartner dabei, für sich Wege zu finden, wie er mit der schlechten Nachricht und den Folgewirkungen des negativen Ereignisses oder der negativen Entscheidung umgehen kann

Gesprächsphasen

Orientierungsphase:

- ✓ Vergewisserung der Beziehung; soweit möglich Schaffen einer Vertrauensbeziehung
- ✓ Anlass für das Gespräch nennen

Klärungsphase:

- ✓ Schlechte Nachricht äußern
- ✓ Bei Bedarf Nachfragen klären
- ✓ Raum geben für die (emotionale) Reaktion der betroffenen Person
- ✓ Die Reaktion des Gesprächspartners soweit wie möglich auffangen, bis er sich darauf einlassen kann, eine Lösungsperspektive für den Umgang mit den Folgen zu entwickeln

Veränderungsphase:

- ✓ Ideensammlung: Der Betroffene entwickelt Ideen, wie er mit der schlechten Nachricht und den Folgewirkungen der negativen Entscheidung oder des negativen Ereignisses umgehen kann. Die Lehrkraft steuert das Gespräch durch Prozessfragen und bietet eigene Ideen zur Hilfe und Unterstützung an
- ✓ Ideenbewertung: Der Betroffene prüft, welche der Ideen ihm aktuell sinnvoll und möglich erscheinen

Abschlussphase:

- ✓ Der Betroffene legt fest, was jetzt seine nächsten Schritte sind
- ✓ Die Lehrperson klärt, wie es weiter geht und welche weiter gehenden Hilfen sie zur Verfügung stellen kann (z.B. professionelle Hilfe durch den Schulpsychologischen Dienst, Beratung durch schulische Beratungslehrkräfte)
- ✓ Absprachen zum weiteren Verfahren, z.B. Rückmeldung des Betroffenen, wenn sein Umgang mit den Entscheidungs- oder Ereignisfolgen auf Schwierigkeiten stößt

5.3 Das Beratungsgespräch

Die Beratung von Eltern und Schülern ist eine der professionellen Aufgaben und Pflichten der Lehrkräfte. Sie ist Bestandteil einer Schulkultur, die weniger auf Defizite und Anweisungen als auf die Ressourcen und Stärken der Schüler/-innen und die Verantwortlichkeit eines jeden setzt.

Die Beratung ist durch folgende Merkmale gekennzeichnet (König/Vollmer 2002, König/Söll 2005):

- ✓ Gegenstand sind schulische Themen. Das können fachliche Themen sein, aber ebenso persönliche Themen, die Auswirkungen auf das Lernen haben oder die mit den innerschulischen Beziehungen zusammenhängen.
- ✓ Der Berater nimmt dem Beratungsnehmer nicht die Entscheidung ab. Denn was für ihn gut ist, kann nur der Beratungsnehmer selbst entscheiden. Die Beratung ist deshalb eine Hilfe zur Selbsthilfe. Sie ist darauf gerichtet zu entlasten, zu klären, versteckte Chancen oder mögliche Risiken zu erkennen, Ressourcen verfügbar zu machen, neue Perspektiven zu entdecken und selbst Lösungen für Probleme zu finden.
- ✓ Der Berater nimmt im Beratungsgespräch sowohl eine Prozess- wie eine Expertenberatung wahr. Prozessberatung bedeutet, den Beratungsnehmer durch geeignete Fragen oder durch aktives Zuhören anzuregen, sich selbst über seine Situation klarer zu werden und neue Lösungsmöglichkeiten zu finden. Expertenberatung bedeutet, dass der Berater aufgrund seines professionellen Wissens und seiner Erfahrung Anregungen als Angebot gibt. Wie der Beratungsnehmer damit umgeht, entscheidet er.
- ✓ Beratung erfordert Akzeptanz und Wertschätzung und zugleich Neutralität und Distanz des Beraters gegenüber der Thematik und dem Beratungsnehmer. Ein (Klassen-)Lehrer kann seine Schüler deshalb nur beraten, wenn es um Angelegenheiten geht, bei denen er nicht konfrontieren und orientieren muss.
- ✓ Beratung kann nicht aufgezwungen werden. Ob ein Schüler Lehrkräfte um Beratung bittet, entscheidet er selbst. Dabei ist die wichtigste Voraussetzung Vertrauen: Ein Schüler wird sich nur dann durch einen Lehrer beraten lassen, wenn er ihm vertraut und sicher ist, dass das Beratungsgespräch wirklich Unterstützung beabsichtigt.

Während es den Lehrkräften leicht fallen wird, als Experte Anregungen zu geben und Ideen vorzuschlagen, ist die Prozessberatung eine für sie eher ungewohnte Rolle. Gerade in dieser Rolle zeigt sich aber, ob sie eine Beratungshaltung entwickelt haben und umsetzen, ohne die ein Beratungsgespräch nicht geführt werden kann. Dabei muss auch klar sein, dass die Ideen, die die Beratungsnehmer/-innen selbst entdeckt haben, in der Regel nachhaltiger wirksam sind als die Ideen, die sie von anderen übernehmen. Für die Prozessberatung können folgende Fragen (nach: König/Söll 2005, Arbeitshilfen Nr. 75 40 04 und 75 40 05) hilfreich sein (hier auf die Schüler/-innen bezogen in der 2. Person Singular formuliert):

Prozessfragen in der Klärungsphase

Prozessfragen zur Klärung der Vergangenheit:

- ✓ Wie war der bisherige Verlauf?
- ✓ Wie kam es dazu?
- ✓ Welche Faktoren haben aus deiner Sicht zu dem Problem geführt?

Prozessfragen zur Klärung der gegenwärtigen Situation:

- ✓ Kannst du die gegenwärtige Situation schildern?
- ✓ Was ist erreicht, was nicht?
- ✓ Was bedeutet das für deine gegenwärtige Situation? Was geht dir gerade durch den Kopf? Was heißt das für dich?
- ✓ Was meinst du, denken andere über diese Situation?

Prozessfragen zur Klärung möglicher Konsequenzen aus der gegenwärtigen Situation:

- ✓ Was meinst du, wie sich die Situation weiter entwickeln wird?
- ✓ Was passiert, wenn sich nichts verändert? Was passiert, wenn sich etwas verändert?
- ✓ Was passiert, wenn du nichts tust? Was passiert, wenn du etwas tust?
- ✓ Was wäre das Schlimmste, was passieren kann?
- ✓ Wie hoch schätzt du die Wahrscheinlichkeit ein, dass das Schlimmste passiert?

Prozessfragen in der Veränderungsphase

Prozessfragen in Richtung Vergangenheit:

- ✓ Hast du in der Vergangenheit eine ähnliche Situation erfolgreich bewältigt? Wie bist du dabei vorgegangen?
- ✓ Erinnerst du dich an eine Situation, in der du erfolgreich warst? Wie bist du dabei vorgegangen?
- ✓ Was hat dir bei solchen Situationen in der Vergangenheit geholfen?
- ✓ Gab es eine Situation, in der das Problem nicht auftrat? Was war da anders?

Prozessfragen in Bezug auf die Gegenwart:

- ✓ Welche Lösungsmöglichkeiten kommen dir jetzt in den Sinn?
- ✓ Was wäre ein erster Schritt?
- ✓ Was könntest du tun, um das Problem zu vergrößern?

Bei der Frage „Was könntest Du tun, um das Problem zu vergrößern?" werden häufig zugleich umgekehrt Möglichkeiten deutlich, das Problem zu lösen.

Prozessfrage in Richtung Zukunft:

- ✓ Stell dir vor, das Problem ist gelöst. In welchen Schritten bist du dabei vorgegangen?

Hilfreich kann eine Visualisierung des Gesprächsverlaufs sein. Sie ermöglicht, Erwartungen und Ideen festzuhalten und sich darüber klar zu sein, in welcher Phase sich das Gespräch befindet.

Das ist vor allem dann wichtig, wenn man aus einer Phase in eine andere zurückspringt. So kann es passieren, dass dem Beratungsnehmer in der Veränderungsphase weitere Aspekte der Problemsituation klar werden. Dann sollte das Gespräch noch einmal in die Klärungsphase zurückgeführt werden, bevor die Veränderungsphase fortgeführt wird.

Die Notiz der Erwartung an das Gesprächsergebnis kann am Ende für einen Soll-Ist-Abgleich genutzt werden. Zudem ermöglicht sie, im Gesprächsverlauf sich zu vergewissern, ob sich das Gesprächsziel verändert hat und deshalb neu formuliert werden sollte.

Als Vorlage für die Visualisierung kann folgende Übersicht dienen (König/Söll 2005, Arbeitshilfe 75 40 03):

Thema: Was genau ist das Problem?	**Lösungen:** Welche Ideen für die Problemlösung ergeben sich im Beratungsgespräch? .... Wie bewertet der Beratungsnehmer sie? ....
Gewünschtes Gesprächsergebnis: Was möchten der Schüler oder die Eltern zum Abschluss des Gesprächs geklärt und erreicht haben?	
Situation: Was sind die für das Problemverständnis wesentlichen Merkmale der Situation?	**Absprachen/Kontrakt:** Was sind die nächsten Schritte? ....

Das Beratungsgespräch

Ziel

Die Schülerin, der Schüler oder die Eltern sind in der Lage, bei einem Problem, für das sie keine Lösung wissen, aufgrund des Beratungsgesprächs selbst eine Lösung zu finden.

Rolle der Lehrkraft

Unterstützung: Die Lehrkraft unterstützt die Schüler/-innen oder die Eltern dabei, bei einem Problem selbst eine Lösung zu finden

Gesprächphasen

Orientierungsphase:

- Orientierung auf der Beziehungsebene:

- positive Beziehung herstellen (Akzeptanz)
- Selbstinstruktion als Berater/-in: „Die Beratung hat zum Ziel, den Schüler oder die Eltern dabei zu unterstützen, selbst eine Lösung zu finden“

✓ Orientierung auf der Inhaltsebene:

- Was ist das Thema der Beratung?
- Was soll nach Abschluss der Beratung das Ergebnis sein?

✓ Vereinbarung zwischen Lehrkraft als Beraterin und Schüler oder Eltern als Beratungsnehmern:

- Definition der Situation als Beratung und Klärung der entsprechenden Rollen
- Kontrakt über das Thema: Worum genau geht es in der Beratung?
- Kontrakt über den Zeitrahmen
- Kontrakt über die Erwartung: Was genau soll am Ende des Gesprächs erreicht sein?

Klärungsphase:

✓ Der Schüler oder die Eltern erzählen frei ihre (Problem-)Situation

✓ Die Lehrkraft unterstützt die Klärung durch Sondierungsfragen, die sich auf den Zusammenhang von Person, Rolle und System beziehen

Hinweis: Die Klärungsphase hat zum Ziel, dass der Schüler oder die Eltern ihre Situation besser verstehen. Nicht die Beraterin oder der Berater muss wissen, was wirklich war, sondern der Beratungsnehmer muss die Situation für sich klären

Veränderungsphase:

- Sammlung von Lösungsmöglichkeiten für das Problem:
  - Der Schüler oder die Eltern finden selbst neue Lösungen; die Lehrkraft unterstützt sie dabei durch lösungsorientierte Fragen (Prozessberatung)
  - Die Lehrkraft schlägt Lösungen vor (Expertenberatung)
- Bewertung der Lösungsalternativen:
  - Der Schüler oder die Eltern bewerten die Lösungsideen und -vorschläge
  - Die Lehrkraft unterstützt sie dabei und überprüft die Belastbarkeit der Lösungen, die die Eltern oder der Schüler für sich finden, z.B. durch die Frage, was bei der angestrebten Lösung schlimmstenfalls passieren kann und ob die Eltern oder der Schüler eine solche Worst-Case-Situation ertragen können oder ob die Lösung weiter bearbeitet und abgesichert werden muss (Prozessberatung)

Abschlussphase:

- Entwicklung eines konkreten Handlungsplans (Prozessberatung): „Was nehmen Sie/Was nimmst du als Ergebnis mit? Was machen Sie/Was machst du mit diesem Ergebnis? Was sind Ihre/deine nächsten Schritte?“
- Kontrakte:
  - Kontrakt, den die Eltern oder der Schüler mit sich selbst in Anwesenheit der Beraterin oder des Beraters machen: „Ich werde ...“

5.4 Das Beschwerdegespräch

Im Beschwerdegespräch geht es darum, dass das Verhalten, Entscheidungen und Maßnahmen von Lehrpersonen die Schüler oder Eltern beschweren. Das Gespräch ist mit der Erwartung verbunden, dass der Beschwerde abgeholfen wird. Soweit es um Probleme des Schülers mit seinen Mitschülern geht, kann sich die Beschwerde nicht gegen die Mitschüler richten, sondern nur dagegen, dass die Lehrer den Schüler nicht genügend schützen.

Für eine Beschwerde ist also charakteristisch, dass es eine hierarchische Beziehung voraussetzt. Die Beschwerde richtet sich entweder gegen eine ranghöhere Person, wenn sich Schüler über Lehrer beschweren, oder gegen die Professionellen, wenn Laien mit ihren Leistungen nicht zufrieden sind oder das Verhalten und die Leistungen nicht dem entsprechen, was das Bundesland und die Schule den Eltern als Qualitätsstandard zugesagt haben.

Dass Beschwerdegespräche zu den schwierigsten Gesprächen gehören und vor allem der Umgang von Lehrkräften mit Kritik an der eigenen Person hohe Anforderungen stellt, nicht nur als Partei im Gespräch zu agieren, sondern auch die Gesprächsführung und -moderation wahrzunehmen, hat Kapitel 3 deutlich gemacht. Zugleich wurden dort aber auch Gründe genannt, warum man an diese Gespräche mit einer Gelassenheit herangehen kann, die gerade bei diesem Gesprächstyp für einen guten Verlauf und ein gutes Ergebnis unerlässlich ist.

Fünf Gründe für Gelassenheit im Beschwerdegespräch

1) Eltern und Lehrer/-innen stehen nicht in einer hierarchischen Beziehung und können sich deshalb wechselseitig keine Weisungen erteilen, sondern nur Feedback geben. Über den Umgang mit kritischem Eltern- oder Schülerfeedback entscheidet die Lehrperson. Die Kritik kann deshalb – auch dann, wenn sie mit hohem Erwartungsdruck geäußert wird – nie die eigene Autonomie gefährden.

2) Die Kritik bezieht sich auf Entscheidungen, Maßnahmen und Verhalten der Lehrer/-innen in ihrer Berufsrolle. Auch wenn sie personenbezogen

geäußert wird, steht nicht die eigene Person auf dem Spiel. In welchem Maß die eigene Person bei der Gestaltung der Berufsrolle involviert ist, können nicht die Beschwerdeführer entscheiden, sondern das ist Sache der Selbstklärung und -prüfung durch die Lehrperson.

3) Lehrer/-innen sollten Beschwerden zunächst und vorrangig mit dem Selbstbekundungsohr hören: Was sagen die Beschwerdeführer über ihre Nöte, Sorgen und Ängste aus? Das Beziehungsohr zurückzustellen erleichtert, Vorwürfe nicht als Angriffe aufzugreifen und in Rechtfertigung zu gehen. Das Appellohr zurückzustellen erleichtert, sich nicht sogleich zur Verhaltensänderung und zur Abhilfe genötigt zu sehen.

4) Die Lehrer/-innen sollten Beschwerden immer zugewandt anhören und ernst nehmen. Das heißt aber nicht, dass sie bei jeder Beschwerde für deren Bearbeitung zuständig sind. Beschweren sich z.B. Eltern beim Klassenlehrer über einen Fachlehrer, ohne mit diesem bereits gesprochen zu haben, kann der Klassenlehrer die Bearbeitung der Beschwerde darauf reduzieren, sie zu diesem Gespräch auffordern, und er kann ihnen bei Bedarf eine Beratung anbieten, wie sie Schwierigkeiten im Gespräch mit dem Fachlehrer präventiv vermeiden können.

5) Das Schulrecht kann als Reservestruktur genutzt werden: Sind die Mittel einer kommunikativen Klärung ausgeschöpft, ist das kein Misserfolg. Das Ergebnis ist dann, dass die Eltern entscheiden, ob sie gegen eine Maßnahme, die ihr Kind und sie beschwert, Widerspruch und ggf. Klage einlegen. Für die Lehrkraft heißt das: Sie strebt eine Verständigung an, aber sie kann gelassen damit umgehen, wenn sie nicht zustande kommt.

Das Beschwerdegespräch

Ziel

Geht es um die Beschwerde über eine Lehrperson und wenden sich der Schüler oder die Eltern damit unmittelbar an sie, dann fühlen sie sich durch eine Entscheidung, eine Maßnahme oder das Verhalten der Lehrperson beschwert.

Das Ziel des Beschwerdegesprächs ist entsprechend, dass die Eltern oder der Schüler sich durch eine Beschwerdeklärung und ggf. durch eine Änderung von Entscheidungen, Maßnahmen oder Verhaltensweisen der Lehrperson von der Beschwerung entlastet fühlen.

Beschweren sich Schüler/-innen oder Eltern beim Klassenlehrer über eine andere Lehrperson, erwarten sie in der Regel, dass der Klassenlehrer dafür sorgt, dass die betroffene Lehrkraft ihre Entscheidung, Maßnahme oder ihr Verhalten ändert. Der Klassenlehrer wird dann gut prüfen müssen, ob er den Eltern oder Schülerinnen und Schülern ihre Probleme abnimmt und sie für sie löst oder ob er sie dabei unterstützt, wie sie bei der betroffenen Lehrperson auf eine Änderung von Verhalten, Entscheidungen und Maßnahmen hinwirken können.

Rolle der Lehrkraft

Unterstützung: Die Lehrkraft unterstützt die Eltern oder die Schüler/-innen dabei, von ihrer Beschwerung entlastet zu werden

Gesprächsphasen

Orientierungsphase:

- ✓ Orientierung auf der Beziehungsebene: positive Beziehung herstellen, indem die Lehrperson akzeptiert, dass die Schüler/-innen oder Eltern die Beschwerde äußern
- ✓ Orientierung auf der Inhalts- und Zielebene:
  - Was ist der Beschwerdeanlass? Worum genau geht es?
  - Was soll am Ende des Gesprächs als Ergebnis erreicht sein?
- ✓ Kontrakt über den Zeitrahmen

Klärungsphase:

- Die Eltern oder der Schüler erläutern den Anlass der Beschwerde und machen deutlich, warum sie die Entscheidung oder das Verhalten der Lehrperson in dieser Situation „beschwert“ hat.

- Die Lehrperson fragt nach, wenn die Situation und die Wirkungen einer Entscheidung oder eines Verhaltens nicht klar sind. Sie kann zudem im Sinne einer systemischen Diagnose nachfragen und klären: Wer ist sonst von dem Beschwerdeanlass betroffen? Welche Rechtsvorschriften und Regeln sind für die Beschwerde relevant? Welche Folgen hat der Beschwerdevorfall gehabt oder könnte er haben?

- Die Lehrperson fragt nach: „Was genau erwarten Sie/erwartest du, dass ich tun soll?“

- Die Lehrperson nimmt Stellung: Kann ich dieser Erwartung voraussichtlich entsprechen oder habe ich Bedenken?

Veränderungsphase:

- Die Eltern oder der Schüler äußern ihre Verhaltenserwartungen an die Lehrperson und entwickeln Lösungsideen: Was würde mir helfen, von der Beschwerung entlastet zu werden? Was kann ich selbst dazu beitragen, wo erwarte ich eine Verhaltensänderung der Lehrperson?

- Die Eltern oder der Schüler und die Lehrperson bewerten diese Lösungsideen: Welche der Lösungsideen halten sie für geeignet, um der Beschwerde abzuhelfen?

- Die Eltern oder der Schüler und die Lehrperson klären und legen fest, was sie tun können und tun wollen, um der Beschwerde abzuhelfen: Wozu ist die Lehrperson bereit und was sagen die Eltern oder der Schüler als ihren Beitrag zu?

Abschlussphase:

- ✓ Konsens-Dissens-Markierung: „Wo sind wir uns einig, was ich als Lehrperson tun werde und was Sie als Eltern tun werden/was du als Schüler tun wirst, um der Beschwerde abzuhelfen? Wo gibt es weiterhin einen Dissens und wie können und wollen wir mit dem Dissens umgehen?"

Wenn der Dissens aus der Sicht der Eltern oder der Schüler/-innen nicht erträglich und gleichzeitig die Lehrkraft nicht in der Lage oder nicht bereit ist, den Erwartungen der Eltern und Schüler/-innen zu entsprechen, ist es sinnvoll, sie über ihre Möglichkeiten zu weiteren Schritten (z.B. Schulleitung, Schulaufsicht, rechtliche Schritte) zu informieren, die ihnen für das Erreichen ihres Beschwerdeziels zur Verfügung stehen. Auf diese Weise nimmt die Lehrperson einerseits ihre Führungsverantwortung wahr und bleibt zugleich in der Unterstützerrolle glaubwürdig.

- ✓ Verabredung der Evaluation und der Verfahrensverpflichtungen:

  - Wie und wann überprüfen wir, ob die Beschwerde zufrieden stellend bearbeitet ist? Beide Gesprächspartner/-innen können sich dabei auch darauf einigen, wechselseitig davon auszugehen, dass der Beschwerde abgeholfen ist, solange nicht die jeweils andere Seite darüber informiert, dass dies aus ihrer Sicht nicht der Fall ist.

  - Verpflichtung der Eltern oder des Schülers, die Lehrkraft zu informieren, wenn diese sich aus ihrer Sicht nicht an die Absprachen hält oder wenn die Eltern oder der Schüler die von ihnen zugesagten Beiträge bei der Bearbeitung der Beschwerde nicht leisten können.

  - Verpflichtung der Lehrperson, die Eltern oder den Schüler zu informieren, wenn sie die vereinbarten nächsten Schritte nicht wie vorgesehen einhalten und umsetzen kann.

- Gegebenenfalls Verabredung einer Frist, bis zu der überprüft wird, ob und in welchem Maß der Beschwerde wirksam abgeholfen worden ist und woran sich das gezeigt hat oder zeigt.

5.5 Das Feedbackgespräch

Die Lehrperson stellt im Feedbackgespräch den Schülerinnen und Schülern ihre Einschätzung zu ihren Leistungen, ihren persönlichen Ressourcen und ihrer Leistungsfähigkeit, ihren fachlichen und sozialen Potenzialen und Kompetenzen zur Verfügung. Sie ermöglicht ihnen damit eine Orientierung für ihre Lern- und Leistungsentwicklung sowie ihre persönliche Weiterentwicklung.

Das Feedbackgespräch ist in zweifacher Weise ein Angebot:

(1) Es kann nicht aufgezwungen werden, denn der Schüler entscheidet als Feedbacknehmer, ob er ein Lehrerfeedback anhören will.

(2) Wie der Schüler mit dem Feedback umgeht, entscheidet er.

Dieser Mangel an Verbindlichkeit ist zugleich – gerade auch bei einem kritischen Feedback – eine Chance. Denn während ein Kritikgespräch die Angst vor Gesichtsverlust hervorrufen kann, wird bei einem Feedbackgespräch die persönliche Autonomie nicht gefährdet. Was dann vom Feedback angenommen wird, haftet besser, fördert die Bereitschaft zur Selbstverpflichtung und damit auch die Chance auf eine wirksame Umsetzung.

Neben dem Schülerfeedback bezieht sich das Feedbackgespräch auch auf Eltern. Da die Lehrkräfte ihnen gegenüber kein Weisungsrecht haben, können sie Kritik, Erwartungen und Anforderungen nicht mit dem Anspruch auf Verbindlichkeit äußern, sondern nur als (kritisches) Feedback anbieten.

Die folgende Übersicht bezieht sich auf das Lehrerfeedback gegenüber Schülerinnen und Schülern:

Lehrerfeedback gegenüber Schülerinnen und Schülern

Ziel

Klarheit beim Schüler, wie die Lehrperson ihre Leistungen oder ihr Verhalten einschätzt

Rolle der Lehrkraft: Unterstützung

Gesprächsphasen

Orientierungsphase:

- ✓ Erläuterung, auf welche Ebene und welche Aspekte sich das Feedback bezieht
- ✓ Angebot des Feedbacks – der Schüler entscheidet, ob er das Feedback zum jetzigen Zeitpunkt oder ggf. zu einem anderen Zeitpunkt oder gar nicht anhören will
- ✓ Erläuterung der Funktion des Feedbacks: Wie der Schüler das positive und das kritische Feedback nutzt, liegt in seiner Entscheidung.
- ✓ Zeitrahmen für das Gespräch

Klärungsphase:

Die Lehrperson äußert das Feedback und orientiert sich dabei an den folgenden Feedbackregeln:

Das Feedback soll sein

- ✓ Offen: Das heißt im Regelfall verbal. Nonverbale Signale haben den Nachteil der Mehrdeutigkeit

- ✓ Beschreibend: Das steht im Gegensatz zu erklärend und interpretierend und verpflichtet zur Konkretisierung bewertender Aussagen
- ✓ Konkret: Das steht im Gegensatz zu allgemein
- ✓ Angemessen: Die Bedürfnisse der beteiligten Personen müssen berücksichtigt werden
- ✓ Brauchbar: Es muss sich auf Verhaltensweisen beziehen, die die Empfängerin bzw. der Empfänger zu ändern fähig ist
- ✓ Willkommen: Das steht im Gegensatz zu aufgezwungen
- ✓ Zur rechten Zeit: Normalerweise ist Feedback umso wirksamer, je kürzer die Zeit zwischen dem betreffenden Verhalten und der Information über die Wirkung dieses Verhaltens ist
- ✓ Immer zuerst positiv: Entweder positive und kritische Rückmeldungen oder gar keine
- ✓ Im eigenen Namen: Der Feedbackgeber handelt nicht stellvertretend für andere.
- ✓ Ein Angebot: Der Empfänger entscheidet selbst, was er aufnehmen und annehmen will

Folgende Schritte der Reaktion sind denkbar:

- ✓ Quittieren: Welches sind die wichtigsten Punkte, die ich aufgenommen habe?
- ✓ Einblick geben: Wie geht es mir damit? Was war mir bekannt?
- ✓ Prioritäten setzen: Welche Punkte beschäftigen mich besonders? Was will ich bei mir besonders gut überprüfen?

Veränderungsphase:

- ✓ Die Lehrperson kann das Feedback mit Anregungen (aus der Expertenrolle) verbinden, wie der Schüler positive Aspekte beibehalten und weiter entwickeln oder bei kritischem Feedback sein Lernen, seine Leistungen und sein Verhalten verbessern kann
- ✓ Der Schüler kann in der Reaktion auf das Feedback um entsprechende Anregungen bitten
- ✓ Die Veränderungsphase kann aber auch entfallen, wenn der Schüler Zeit braucht, um zu klären, ob, wie und mit welcher Unterstützung er das Feedback für die Weiterentwicklung und Verbesserung seiner Leistungen und seines Verhaltens nutzen will

Abschlussphase:

- ✓ Rückblick auf das Gespräch: Wie geht es mir/uns mit dem erreichten Gesprächsergebnis? Hat der Schüler mehr Klarheit darüber, wie die Lehrkraft sein Verhalten, seine Leistung, seine Leistungsfähigkeit und persönlichen Ressourcen sowie seine Kompetenzen und Potenziale einschätzt?
- ✓ Nächste Schritte: Hat der Schüler Ideen für einen Handlungsplan, wie er das Feedback für seine Weiterentwicklung nutzen kann und will?

5.6 Das Beurteilungsgespräch

Im Beurteilungsgespräch (Steinmann/Schreyögg 1990, S. 628 ff.[2]) geht es darum, die Leistungsbewertung in Form von Zeugnisnoten zu begründen und zu erläutern. Denn für die Leistungsbeurteilung sollte der Grundsatz herrschen: keine Beurteilung ohne Kommunikation.

---

[2] Steinmann/Schreyögg beziehen sich auf den Unternehmensbereich, wobei sich durchaus Parallelen zur schulischen Leistungsbeurteilung zeigen.

Die Lehrperson informiert einen Schüler über die Beurteilungskriterien und die Beobachtungen und Eindrücke, die seiner Beurteilung zugrunde liegen. Er sollte dann die Beurteilung mit einer Beratung verbinden, wie der Schüler seine Leistungen verbessern kann. Insoweit hat das Beurteilungsgespräch die Funktion, die Motivations- und Förderfunktion der Leistungsbeurteilung zu unterstützen und eine Orientierung über die weitere Gestaltung der Schullaufbahn zu geben.

Eine weitere Funktion des Beurteilungsgesprächs kann sein, die latenten Funktionen der Leistungsbeurteilung explizit zu machen. Dazu gehören z.B. die Steuerung des Leistungs- und Sozialverhaltens durch Anpassungsdruck und damit eine Disziplinierung. Indem der Lehrer seine Erwartungen anspricht und deutlich macht, dass und wie sich das Arbeits- und Sozialverhalten auf die Leistungsnote ausgewirkt hat, gibt er dem Schüler die Möglichkeit, dazu Stellung zu nehmen und zu entscheiden, ob er sein Verhalten weiterführen oder ändern will.

Das Beurteilungsgespräch

Ziel

- ✓ Die Beurteilung und die Beobachtungen, Daten und Eindrücke, die zu ihr geführt haben, offenlegen
- ✓ Transparenz der Beurteilung herstellen
- ✓ Konsens und Dissens zwischen der beurteilenden und der beurteilten Person im Bezug auf die Beurteilung klären
- ✓ Das aus der Beurteilung gegebenenfalls folgende Änderungsverlangen deutlich machen
- ✓ Die Perspektiven und Maßnahmen der weiteren Entwicklung vereinbaren

Rolle der Lehrkraft: Orientierung

Gesprächsphasen

Orientierungsphase:

- ✓ Es geht um die Offenlegung der Beurteilung und die Konsequenzen und Perspektiven, die sich aus ihr ergeben
- ✓ Was bietet die Lehrperson im Beurteilungsgespräch an?
- ✓ Was erwartet der Schüler?
- ✓ Wie viel Zeit steht für das Gespräch zur Verfügung?

Klärungsphase:

- ✓ Erläuterung der Beurteilungskriterien und der Qualitätsstandards und -indikatoren, wie sie sich aus den Lehrplänen sowie gegebenenfalls aus schulinternen Absprachen zur Leistungsbewertung ergeben
- ✓ Austausch der Einschätzungen zwischen der beurteilenden und der beurteilten Person, in welchem Maß diese die Qualitätsstandards erreicht hat und an welchen Indikatoren sich das gezeigt hat
- ✓ Klären von Konsens oder Dissens im Hinblick auf die Beurteilung
- ✓ Klärung des weiteren Beurteilungsverfahrens, bis die Beurteilung in der Zeugnisnote festgelegt wird

Veränderungsphase:

- ✓ Sammeln von Lösungsvorschlägen, und Ideen, wie der Schüler auf der Grundlage der Beurteilung seine Leistungen verbessern kann und welche Ziele er sich dabei setzt

- ✓ Lösungsfragen (Prozessberatung) oder Anregungen (Expertenberatung) durch die Lehrperson, wenn der Schüler Beratung wünscht

Abschlussphase:

- ✓ Was ist das Ergebnis?
- ✓ Wie will der Schüler mit dem Ergebnis umgehen? Was sind seine nächsten Schritte?
- ✓ Kontrakt über Maßnahmen, Unterstützung, Aufgaben, Folgegespräche, Folgebeurteilungen

5.7 Das Schlichtungsgespräch

Ein Schlichtungsgespräch (Boettcher/Mosing 2013, S. 943-962, Krell/Kloft 2005) ist dann erforderlich, wenn es einen Konflikt zwischen Schülern – im Einzelfall auch zwischen Schülern und Lehrern oder Eltern und Lehrern – gibt, den die Beteiligten nicht selbst lösen können und der ihre Beziehung und dadurch auch ihr soziales Umfeld belastet.

Wenn die Konfliktbeteiligten nicht selbst eine Schlichtung anfordern, kann und muss die Lehrperson, in der Regel der Klassenlehrer, sie anordnen, wenn aus seiner Sicht die Belastung der beteiligten Personen und der Klasse durch den Konflikt nicht akzeptiert werden kann.

Bevor das Gespräch mit den Konfliktbeteiligten gemeinsam geführt wird, kann es sinnvoll sein, zunächst mit den einzelnen Schülern Sondierungsgespräche zu führen im Hinblick auf ihre Sichtweise des Konflikts und die Bereitschaft, zu einer Lösung beizutragen.

Auf dieser Grundlage kann die Lehrperson einschätzen, ob ein Schlichtungsgespräch überhaupt aussichtsreich zu führen ist und sie kann die Konfliktmoderation im Schlichtungsgespräch vorbereiten und planen.

Für den Lehrer als Gesprächsführer gibt es einen deutlichen Unterschied zu allen anderen Gesprächen, die er mit Schülern oder Eltern führt: Während er sonst in zwei Rollen als Gesprächsmoderator und als Gesprächspartei agiert, kann er sich hier auf eine Rolle, die der Gesprächsführung und -moderation beschränken.

Das Schlichtungsgespräch

Ziel

- ✓ Konfliktklärung und -lösung
- ✓ Vereinbarung einer für beide Konfliktparteien akzeptablen Lösung

Rolle der Lehrkraft

- ✓ Orientierung: Die Lehrperson bearbeitet einen Konflikt ohne Auftrag durch die Konfliktbeteiligten, weil sie eine Konfliktlösung für erforderlich hält. Sollte das Schlichtungsgespräch nicht zu einer Konfliktlösung führen, entscheidet sie den Konflikt durch Machteingriff
- ✓ Unterstützung: Die Lehrperson ist als Schlichter durch eine oder beide Konfliktparteien beauftragt und beschränkt sich auf die Konfliktmoderation

Gesprächsphasen

Orientierungsphase:

- ✓ Die Lehrperson erläutert den Anlass für das Gespräch, die eigene Rolle und das von ihr angestrebte Gesprächsergebnis. Sie macht ihre Erwartung deutlich, dass die Konfliktmoderation zu einem Ergebnis führt, das von allen Konfliktbeteiligten akzeptiert werden kann. Sie kann bereits hier darauf hinweisen, dass sie den Konflikt durch Machteingriff entscheiden wird, wenn keine Einigung zwischen den Beteiligten möglich ist

- Die Lehrperson erläutert das Verfahren der Konfliktmoderation und den Gesprächsablauf sowie die Gesprächsregeln
- Die Konfliktparteien äußern ihre Erwartungen: Was soll am Ende des Gesprächs erreicht sein?
- Die Lehrperson schlägt Formulierungen für das Gesprächsziel vor, bis beide Parteien ihr Einverständnis mit der Zielformulierung erklären
- Zeitrahmen für das Gespräch

Klärungsphase:

- Die Konfliktparteien äußern ihre Problem- und Konfliktsicht – die jeweils andere Konfliktpartei hört zu
- Die Lehrperson bringt durch sondierende Prozessfragen die unterschiedlichen Sicht- und Erlebnisweisen in einen Austausch

Veränderungsphase:

- Die Lehrperson fordert die Konfliktbeteiligten dazu auf, Lösungsideen für den Konflikt zu entwickeln
- Die Konfliktbeteiligten bewerten die Lösungen und die Lehrperson schlägt diejenigen Lösungen vor, die für beide Seiten am ehesten vertretbar erscheinen
- Die Konfliktbeteiligten erläutern, was sie zur Konfliktlösung beitragen können und wollen und welchen Beitrag sie von ihrem Konfliktpartner erwarten

Abschlussphase:

- ✓ Die Lehrperson markiert den erreichten Konsensstand und klärt, in welchen Punkten weiterhin Dissens besteht
- ✓ Kommt keine Einigung zustande, teilt die Lehrperson gegebenenfalls ihre Entscheidung als Konfliktlösung durch Machteingriff mit
- ✓ Die Lehrperson vereinbart mit den Konfliktparteien die nächsten Schritte und klärt mit ihnen, wie sie mit dem verbleibenden Dissens umgehen können und wollen
- ✓ Die Lehrperson vereinbart mit den Konfliktparteien die Umsetzung der Konfliktlösung und die Überprüfung des Erfolgs der Umsetzung: Wie und (bis) wann wird überprüft, ob die Schlichtungsvereinbarung für beide Parteien zufriedenstellend umgesetzt ist? Wer informiert wen, wenn aus seiner Sicht Probleme auftreten?

PDF

5.8 Das Beauftragungsgespräch

Neben den üblichen Aufträgen, die die Lehrpersonen im Schulalltag gegenüber ihren Schülerinnen und Schülern erteilen, ob es um Aufgaben für Einzel-, Partner- oder Gruppenarbeiten im Unterricht, um Hausaufgaben oder um Verhaltensanweisungen geht, gibt es auch Aufträge an einzelne Schüler/-innen oder Schülergruppen, die komplexer sind und deshalb eine Klärung in einem Gespräch erfordern.

Dabei kann es im Unterricht z.B. um Projektaufgaben gehen, die über einen längeren Zeitraum selbstständig bearbeitet werden sollen. Es kann aber auch um die Vorbereitung von Vorhaben wie Klassenfeiern oder -fahrten oder um die Wahrnehmung von Funktionen wie die des Klassensprechers oder der Leitung des Klassenrats gehen.

Bevor die Lehrerin oder der Lehrer das Beauftragungsgespräch führen, müssen sie entschieden haben, ob sie die Schüler verpflichten, die Aufgabe wahrzunehmen, oder ob sie ihnen nach der Erläuterung, um welchen Auftrag es geht, die Entscheidung überlassen, den Auftrag zu übernehmen oder abzulehnen.

Das Beauftragungsgespräch

Ziel

- ✓ Dem Schüler oder der Schülergruppe ist klar, welche Erwartungen die Lehrperson an die Aufgabenwahrnehmung hat
- ✓ Der Schüler oder die Schülergruppe übernehmen die Aufgabe oder entscheiden, ob sie die Aufgabe übernehmen
- ✓ Die Bedingungen der Aufgabenwahrnehmung sind geklärt und vereinbart

Rolle der Lehrkraft

Orientierung:

- ✓ Die Lehrkraft hat entschieden, dass ein Schüler die Aufgabe übernehmen soll
- ✓ Die Lehrkraft äußert ihre Ansprüche an die Qualität, mit der die Aufgabe wahrgenommen werden soll, und an die erwarteten Ergebnisse

Unterstützung:

- ✓ Die Lehrkraft klärt mit dem Schüler oder der Schülergruppe ihre Bereitschaft, die Aufgabe wahrzunehmen. In diesem Fall entscheiden diese, ob sie die Aufgabe übernehmen

- ✓ Die Lehrkraft vereinbart mit dem Schüler oder der Schülergruppe die Bedingungen (Anreize, Ressourcen, Unterstützung), unter denen sie die Aufgabe wahrnehmen

Gesprächsphasen

Orientierungsphase:

- ✓ „Es geht um die Aufgabe ... und diese Aufgabe hat für die Klasse oder die Schule folgende Bedeutsamkeit: ..."
- ✓ Warum soll dieser Schüler die Aufgabe übernehmen? Worin liegt seine besondere Eignung für diese Aufgabe?
- ✓ Klärung, ob der Schüler verpflichtet ist, den Auftrag wahrzunehmen, oder ob er am Ende des Gesprächs entscheiden kann, ob er ihn übernimmt
- ✓ Zeitrahmen für das Gespräch

Klärungsphase:

- ✓ Erläuterung der Aufgabe und der Erwartungen, die die Lehrperson im Hinblick auf die Qualität und Zuverlässigkeit hat
- ✓ Klärung der Rahmenvorgaben und der Fristen für die Aufgabenwahrnehmung
- ✓ Klärung von Fragen der Schüler/-innen zur Aufgabe

Veränderungsphase:

- ✓ Über welche Erfahrungen, Kompetenzen und Motivationen verfügen der Schüler oder die Schülergruppe, um die Aufgabe (gut) wahrnehmen zu können?
- ✓ Was brauchen sie, um die Aufgabe (gut) wahrnehmen zu können?

- ✓ Was kann und will die Lehrperson dazu als Unterstützung anbieten?

Abschlussphase:

- ✓ Wenn am Ende des Gesprächs der Schüler entscheiden soll, ob er die Aufgabe übernimmt: Mitteilung seiner Entscheidung oder Absprache, bis wann er sich entscheidet
- ✓ Klären und vereinbaren: Was sind die nächsten Schritte?
- ✓ Vereinbarung eines Termins für ein Folgegespräch, in dem der Stand der Aufgabenwahrnehmung überprüft und reflektiert wird

5.9 Das Zielfestlegungsgespräch

Im Unterschied zum Beauftragungsgespräch, bei dem die Lehrperson den Inhalt, die Ziele und die erwartete Qualität der Aufgabenwahrnehmung festlegt, geht es der Zielvereinbarung um Aufträge, bei denen die Ziele verhandelbar sind und die Schüler Ideen einbringen können, welche Ziele sie für sinnvoll halten und was aus ihrer Sicht die angestrebten Ergebnisse sein sollten.

Hier ist die Reihenfolge also so: Zuerst äußern die Schüler/-innen ihre Zielvorstellungen, dann nimmt die Lehrperson Stellung, ob sie diesen Zielen zustimmen kann, und auf dieser Grundlage kommt es zu einer Zielfestlegung, der beiden Seiten zustimmen können.

Der Vorteil einer Zielvereinbarung ist, dass die Schüler eine stärkere Motivation und auch ein stärkeres Verpflichtungsgefühl entwickeln, wenn sie ihre eigenen Ziele verfolgen können oder zumindest an der Festlegung der Ziele beteiligt waren.

Eine solche Zielvereinbarung ist aber nur möglich, wenn die Lehrperson nicht nur die Mittel, sondern auch die Ziele bei einer Beauftragung freistellen kann, und sie ist nur sinnvoll, wenn die Schüler/-innen über die Kompetenz und die Bereitschaft verfügen, die Ziele selbst zu entwickeln und geeignete Mittel für die Zielerreichung auszuwählen. Neben der Beauftragung mit besonderen Aufgaben und Funktionen lässt sich das Zielfestlegungsgespräch auch auf die Lern- und Leistungsentwicklung anwenden. Je mehr dabei das Instrument der Zielvereinbarung gewählt wird, umso mehr übernehmen die Schüler/-innen die Verantwortung für ihr eigenes Lernen und ihre Leistungsentwicklung.

Welche Art der Beauftragung und der Zielfestlegung – durch Zielvorgabe oder Zielvereinbarung - möglich und sinnvoll ist, kann die Lehrperson anhand der folgenden Übersicht überprüfen und entscheiden:

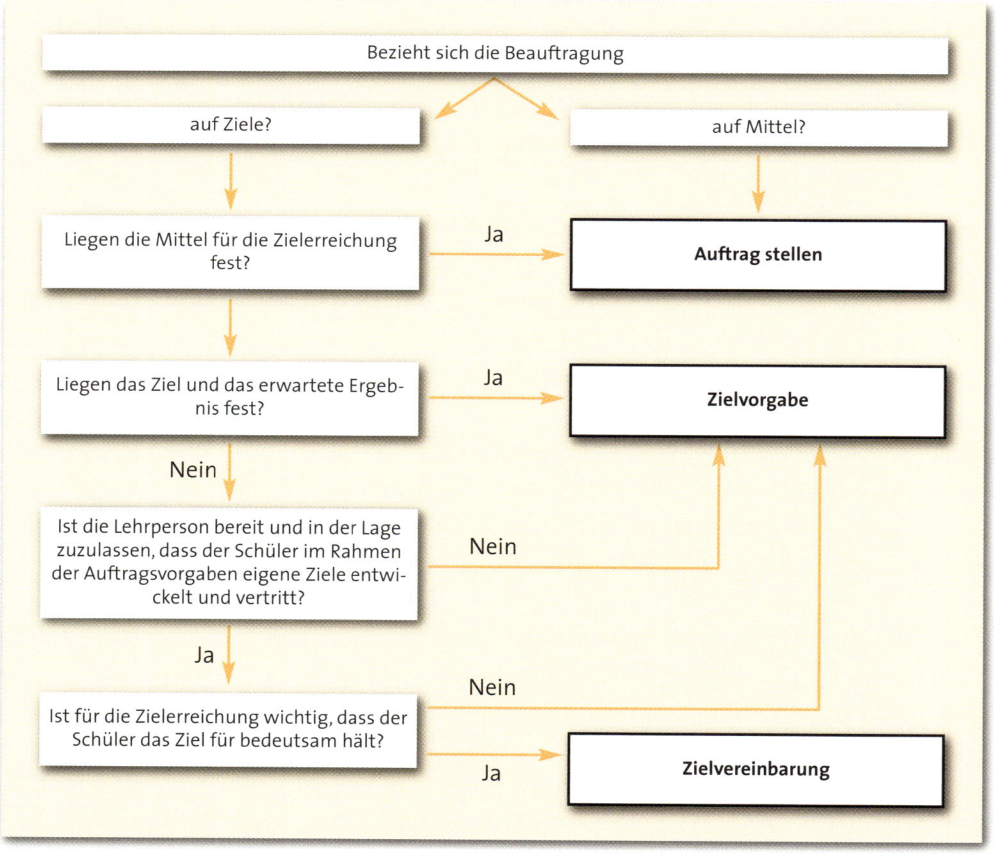

Abbildung 21: Die Zielvereinbarung

Das Zielfestlegungsgespräch

Ziel

- ✓ Dem Schüler sollen die Ziele und damit auch die Qualitätserwartungen und -ansprüche an sein Lernen, seine Leistungsentwicklung und die Wahrnehmung von Aufgaben klar sein

Rolle der Lehrkraft

Bei der Zielvorgabe:

- ✓ **Orientierung:** Die Lehrperson legt die Ziele – unabhängig vom Einverständnis des Schülers – fest

Bei der Zielvereinbarung:

- ✓ **Unterstützung und Orientierung:** Die Lehrperson unterstützt den Schüler dabei, Ziele für seine Aufgaben und seine Weiterentwicklung festzulegen, und nimmt Stellung, welchen Zielen sie zustimmen kann

Gesprächsphasen bei einer Zielvereinbarung

Orientierungsphase:

Lehrperson:

- ✓ Darstellung der Vorgaben (Zielkorridor)
- ✓ Darstellung und Erläuterung der Qualitätsstandards für die Aufgabenwahrnehmung, die die Lehrperson verbindlich erwartet
- ✓ Zeitrahmen für das Gespräch

Schüler/-in:

Die Schülerin oder der Schüler bereitet das Zielvereinbarungsgespräch anhand der folgenden Fragen vor:

- ✓ Welche Ziele schlägt er oder sie vor?
- ✓ Wie ist die Gewichtung der Ziele?
- ✓ Was ist das Hauptziel, was sind Teilziele?
- ✓ Woran zeigt sich, ob die Ziele erreicht sind?
- ✓ Welche Maßnahmen könnten zur Erreichung der Ziele geeignet sein?
- ✓ Welche Maßnahmen sind zur Kontrolle der Zielerreichung geeignet?

Klärungsphase:

- ✓ Erläuterung der Ziele durch den Schüler:
  - Welche Ziele und Teilziele hat er sich gesetzt?
  - Woran genau kann er feststellen, ob er das Ziel erreicht hat?
- ✓ Abgleich der Ziele zwischen der Lehrkraft und der Schülerin oder dem Schüler:
  - Wenn die Lehrperson den Zielen zustimmen kann, kommt es zur Vereinbarung
  - Wenn die die Lehrperson einzelnen Zielen nicht zustimmen kann oder weitere Ziele für erforderlich hält, erläutert sie dies und der Schüler nimmt Stellung, welchen Zielen er zustimmen kann

– Der erreichte Konsens wird als Zielfestlegung vereinbart; bei bleibendem Dissens wird geklärt, wie mit ihm umgegangen wird

Veränderungsphase:

Diskussion möglicher Maßnahmen der Zielerreichung:

- ✓ Was sind mögliche Maßnahmen der Zielerreichung?
- ✓ Gibt es andere (günstigere) Lösungsmöglichkeiten?
- ✓ Was sind Vor- und Nachteile der verschiedenen Möglichkeiten?

Vereinbarung möglicher Unterstützungsmaßnahmen:

- ✓ Welche Unterstützung wünscht sich der Schüler zur Erreichung der Ziele?
- ✓ Welche Unterstützung kann die Lehrkraft anbieten?
- ✓ Kontrakt zwischen der Lehrkraft und der Schülerin/dem Schüler

Abschlussphase:

- ✓ Verfahrensverpflichtungen: Rückmeldung durch den Schüler bei Problemen und Rückmeldung durch die Lehrperson, wenn eine vereinbarte Unterstützung nicht wie vorgesehen zur Verfügung gestellt werden kann
- ✓ Absprache, wann und wie der Stand der Zielerreichung überprüft wird

5.10 Das Schullaufbahnberatungsgespräch

Das Gespräch dient an Gelenkstellen der Schullaufbahn dazu, dass sich die Schüler/-innen und ihre Eltern vergewissern, welche Schulform der Sekundarstufe I und welche Bildungsgänge beim Übergang von der Sekundarstufe I in die Sekundarstufe II sinnvoll und welche Abschlüsse realistisch erreichbar sind.

Das erfordert auf der Grundlage des Leistungsstands eine Potenzialeinschätzung: Welche Begabung und welche Motivationen weist der Schüler auf? Dieses Potenzial muss dann mit den Anforderungen der weiterführenden Schulstufen und der Schulabschlüsse abgeglichen werden.

Die Beratungsaufgabe der Lehrperson besteht darin,

- ✓ über die Zugangsvoraussetzungen zu weiterführenden Bildungsgängen und die Abschlussstandards sowie die Prüfungsregelungen bei Abschlussprüfungen sowie die daraus sich ergebenden Anforderungen zu informieren,
- ✓ ein Feedback zu den Potenzialen zu geben und deutlich zu machen, welche Kompetenzen der Schüler entwickeln muss, um einen angestrebten Übergang oder Abschluss zu erreichen.

Im Gespräch geht es dann um einen Abgleich vom Selbstbild des Schülers mit dem Fremdbild des Lehrers:

- ✓ Wie schätzt der Schüler sich selbst ein?
- ✓ Wie schätzt der Lehrer seine Fähigkeiten und Ressourcen ein?
- ✓ Wie lassen sich Unterschiede zwischen den Einschätzungen erklären und welche Konsequenzen ergeben sich daraus?

Dabei sollte die Lehrperson die Autonomie und Eigenverantwortung des Schülers achten. Hat sie Zweifel, ob die Selbsteinschätzung und die angestrebten Ziele realistisch sind, sollte sie nicht den Schüler und seine Eltern von seiner Einschätzung und Sichtweise überzeugen wollen, sondern sich darauf beschränken, auf die Anforderungen und Risiken sowie die Anstrengungen, die der Schüler voraussehbar auf sich nehmen muss, aufmerksam zu machen.

Um den Schülerinnen und Schülern an den Gelenkstellen ihrer Schullaufbahn systematisch Gesprächsmöglichkeiten anzubieten, kann ein Schülersprechtag in einzelnen Jahrgängen, z.B. im vorletzten Schuljahr vor dem Ende der Sekundarstufe I, hilfreich sein. Er wird von den Klassenlehrerinnen und Klassenlehrern durchgeführt und zusätzlich sollte die Berufsberatung der Arbeitsagentur für Einzelgespräche zur Verfügung stehen.

Zudem ist es sinnvoll, die Elternsprechtage an den Gelenkstellen der Schullaufbahn für eine Laufbahnberatung zu nutzen. Das setzt voraus, dass für die Gespräche mehr Zeit als sonst üblich zur Verfügung steht.

Es setzt zudem voraus, dass die Beratung nicht auf einzelne Fächer bezogen ist. Sie sollte deshalb vom Klassenlehrer durchgeführt werden, der in einer Klassenkonferenz die Potenzialeinschätzung der Fachlehrer/-innen zu allen Schülerinnen und Schülern seiner Klasse einholt.

Es setzt schließlich eine Gesprächsstruktur voraus, in der – wie im Zielvereinbarungsgespräch – zunächst der Schüler seine Ziele und seine Selbsteinschätzung mitteilt, bevor dann der Klassenlehrer seine Sichtweise und Einschätzung vorträgt.

Das unterscheidet sich von der üblichen Struktur der Gespräche an Elternsprechtagen, bei denen der Lehrer seine Leistungsbeurteilung erläutert und rechtfertigt.

Der Vorteil des umgekehrten Verfahrens ist, dass der Schüler sich über seine Ziele klar werden und für deren Erreichen selbst Verantwortung übernehmen muss. Und wie für alle Menschen gilt auch für Schüler, dass sie mehr Motivation und Energie für Ziele aufwenden, auf die sich selbst verpflichtet haben, als für Ziele, bei denen sie nur nachvollziehen sollen, was andere von ihnen erwarten.

Elternsprechtage mit einer erweiterten Sprechzeit, um die Beratung als Lern- und Fördergespräch (Thomas 2007, Giese 2013) gestalten zu können, sollten vor allem an folgenden Stellen der Schullaufbahn von der Schule vorgesehen werden:

Zu Beginn an einer neuen Schule

- ✓ Welche Abschlüsse sind an dieser Schule erreichbar und welche Übergänge schließen sich an?
- ✓ Welche Ziele möchtest du am Ende der Grundschule/am Ende der Sekundarstufen I und II erreicht haben?
- ✓ Was, glaubst du, macht es dir möglich, diese Ziele zu erreichen?
- ✓ Was könnte es dir schwer machen, diese Ziele zu erreichen?
- ✓ Wie könnten dich die Lehrerinnen und Lehrer dabei unterstützen, diese Ziele zu erreichen?
- ✓ Was willst du tun und was sollen deine Lehrer/-innen tun, wenn es schwierig wird, deine Ziele zu erreichen?

Ein ausführliches Gespräch mit dem Klassenlehrer zu Beginn an der neuen Schule bietet zugleich die Möglichkeit, sich wechselseitig kennen zu lernen, und damit die Grundlage dafür, eine Vertrauensbeziehung zum Schüler und den Eltern herzustellen. Der zeitliche und organisatorische Aufwand für solche Gespräche lohnt sich. Denn da weitere Gespräche auf einer geklärten und vertrauensvollen Beziehung aufbauen können, sind diese dann auch in knapper Form möglich und sie verlaufen in der Regel erfolgreich, weil die Gefahr von Kommunikationsstörungen und Missverständnissen geringer ist als bei Gesprächen, die – vor allem in der Beziehung Lehrer-Eltern – nicht auf einer Vertrauensgrundlage aufbauen können.

Ein bis zwei Jahre vor Abschluss einer Stufe

- ✓ Welche Abschlussperspektiven ergeben sich aus deinem aktuellen Leistungsstand?
- ✓ Wenn dieser Abschluss von dir angestrebt wird: Was kannst und musst du tun, um deinen Leistungsstand zu halten?
- ✓ Wenn du einen höheren Abschluss erreichen willst: In welchen Unterrichtsfächern und in welchen Dimensionen musst du deine Leistungen verbessern und was kannst du tun, um sie zu verbessern?
- ✓ Welche Unterstützung brauchst du von den Lehrerinnen und Lehrern und welche Unterstützung können und wollen sie dir anbieten?

- Wie meldest du an, wenn du Schwierigkeiten siehst, dein Abschlussziel zu erreichen, und wann und wie sollen die Lehrer dir deutlich machen, dass dein Abschlussziel gefährdet ist?"

Das Schullaufbahnberatungsgespräch

Ziel

Aufzeigen von Entwicklungsbedarf und -möglichkeiten, um angestrebte Übergänge oder Abschlüsse zu erreichen – Vereinbarung von Maßnahmen

Rolle der LehrKraft

Unterstützung: Die Lehrperson unterstützt den Schüler bei der Gestaltung seiner weiteren Lern- und Leistungsentwicklung. Sie informiert über die Anforderungen, gibt Anregungen und ein Feedback zur Selbsteinschätzung des Schülers und seiner Übergangs- oder Abschlussziele. Das Feedback stützt sich auf ihre Einschätzung des Leistungspotenzials, der persönlichen Ressourcen und der Kompetenzen des Schülers

Gesprächsphasen

Orientierungsphase:

- Thema: Die Entwicklung und die Übergangs- und Abschlussperspektiven des Schülers
- Zielsetzung des Gesprächs: Was soll und kann am Ende des Gesprächs erreicht sein?
- Zeitrahmen für das Gespräch

Klärungsphase:

Sicht des Schülers:

- ✓ Wie schätzt er seinen aktuellen Leistungsstand und seine Potenziale ein? Wo sieht er Stärken? Wo sieht er Schwächen?
- ✓ Wie schätzt er seine Entwicklungsmöglichkeiten und seinen Entwicklungsbedarf ein?
- ✓ Welche Informationen über die Voraussetzungen und Regelungen bei den Übergängen und Abschlüssen sind ihm bekannt? Wo braucht er weitere Informationen durch den Lehrer?
- ✓ Welche Unterstützung erwartet er von den Lehrpersonen? Welches Lehrerverhalten hat ihn bei seiner bisherigen Lern- und Leistungsentwicklung gefördert und unterstützt, welches Verhalten hat ihm das Lernen und Leisten eher schwer gemacht?
- ✓ In welchen Bereichen möchte sich der Schüler weiter entwickeln?

Hinweis: Zuhören und nicht unterbrechen oder sogleich zu einzelnen Punkten Stellung nehmen!

Sicht der Lehrkraft:

- ✓ Wo sieht sie die Stärken und die Schwächen des Schülers?
- ✓ Wie schätzt sie die Entwicklungsmöglichkeiten und den Entwicklungsbedarf im Abgleich mit den Anforderungen ein, die bei den Übergängen und Abschlüssen gefordert werden?

Abgleich der Sichtweisen:

- ✓ Wo stimmen die Lehrkraft und der Schüler überein?

- ✓ Wo gibt es unterschiedliche Sichtweisen?

Hinweis: Unterschiedliche Sichtweisen nebeneinander stehen lassen!

Veränderungsphase:

Übergangs- und Abschlussziele:

- ✓ Welche Ziele setzt sich der Schüler? Was möchte er erreichen?
- ✓ Was für Entwicklungsmöglichkeiten sieht die Lehrkraft? Was sollte oder muss aus ihrer Sicht der Schüler tun, um die angestrebten Übergänge oder Abschlüsse zu erreichen?

Mögliche Schritte:

- ✓ Was sind aus der Sicht des Schülers mögliche Schritte zur Erreichung seiner Ziele?
- ✓ Was sind aus der Sicht der Lehrperson mögliche oder nötige Schritte, wenn der Schüler seine Ziele erreichen will?

Abschlussphase:

- ✓ Was ist das Ergebnis?
- ✓ Was sind die nächsten Schritte (Maßnahmenplan)?
- ✓ Absprache zu Verfahrensverpflichtungen, z.B. Angebot oder Einfordern von Unterstützung durch die Lehrerinnen und Lehrer; Warnung, wenn die Lehrer/-innen den angestrebten Übergang oder Abschluss gefährdet sehen

6 FAZIT

Hierarchie und Verantwortung

In einer hierarchischen Beziehung wie der zwischen Lehrern und Schülern und in der Beziehung von Professionellen und Laien wie der von Lehrern und Eltern haben die Höherrangigen bzw. die Professionellen die Verantwortung für die Beziehungsgestaltung. Sie sind zur Professionalität verpflichtet, während von den Schülern und Eltern Professionalität nicht erwartet werden darf.

Die Doppelrolle der Lehrerinnen und Lehrer

Lehrerinnen und Lehrer nehmen in Gesprächen mit Schülern und Eltern – mit Ausnahme des Schlichtungsgesprächs – eine Doppelrolle ein. Sie sind auf der Ebene der Gleichheit eine Gesprächspartei und sie nehmen als Gesprächsführer die übergeordnete Rolle der Gesprächsmoderation wahr. Diese Rolle erfordert, dass sie nicht nur den Gesprächspartner, sondern auch sich selbst als Gesprächspartei im Blick haben. Gespräche professionell zu führen erfordert deshalb ein hohes Maß an Selbstreflexion und Selbstdisziplin. Die Lehrpersonen müssen sich ihrer Verwicklung in Emotionen und Beziehungsdynamik bewusst sein und sich selbst so kontrollieren, dass sie nicht aus der Emotion heraus handeln. Denn dann würden sie aus der Rolle der Moderation fallen und könnten das Gespräch nicht mehr steuern, weil sie die Allparteilichkeit der Moderationsrolle nicht mehr gewährleisten könnten.

Gelassenheit

Um sich nicht in Emotionen und Beziehungsdynamik zu verwickeln, ist die Grundhaltung, mit der die Lehrpersonen in Gespräche hineingehen sollte, Gelassenheit. Sie wird durch die Einsicht gefördert, dass auch im schlimmsten Fall ein Gespräch nicht scheitern kann, solange die Lehrer die Rolle der Moderation beibehalten. Denn auch ein Dissens am Ende des Gesprächs oder ein Gesprächsabbruch bedeuten nicht ein Misslingen, wenn der Umgang mit dem Dissens geklärt wird und wenn der Abbruch mit einer Absprache verbunden wird, wann und unter welchen Voraussetzungen eine Fortführung des Gesprächs möglich und sinnvoll ist.

Vertrauen

Die Grundlage für gelingende Gespräche ist Vertrauen. Dabei gilt: Die hierarchisch höherrangigen Personen bzw. die Professionellen müssen ihren Gesprächspartnern einen Vertrauensvorschuss geben. Sie müssen davon ausgehen, dass die Eltern das Beste für ihr Kind wollen und dass die Schüler bereit sind, Anstrengungen für Ziele aufzuwenden, wenn diese ihnen bedeutsam und sinnvoll erscheinen. Umgekehrt können sie nicht von den Untergebenen bzw. den Laien Vertrauen erwarten, sondern müssen dieses Vertrauen durch Authentizität, Offenheit und Fairness erwerben.

Die Passung der vier Seiten einer Nachricht und der vier Ohren

Missverständnisse können vermieden werden, wenn Klarheit darüber besteht oder der Gesprächsführer Klarheit darüber herstellt, um welche der vier Seiten einer Nachricht es geht: die Sachebene, die Beziehungsebene, die Handlungsaufforderung oder die Selbstkundgabe. Je besser die vier Seiten der Nachricht und die vier Ohren, mit denen sie gehört wird, zusammen passen, umso größer ist die Chance der Verständigung.

Zielorientierung

Gelingende Gespräche setzen Zielklarheit voraus: Was soll am Ende des Gesprächs erreicht sein? Insbesondere muss am Ende eines Gesprächs für die Gesprächspartner der Anspruch an Verbindlichkeit klar sein: Handelt es sich um ein Feedback oder eine Beratung, entscheidet der Feedback- und Beratungsnehmer, wie er mit den Ergebnissen des Gesprächs umgeht. Handelt es sich um eine Weisung oder ein Änderungsverlangen, sind diese verbindlich und es kommt zu angekündigten Sanktionen, wenn der Weisung nicht gefolgt wird. Handelt es sich um eine Vereinbarung, entsteht Verbindlichkeit durch Selbstbindung und Selbstverpflichtung.

Verantwortung für den Gesprächserfolg

Vereinbarungen dienen zu Beginn des Gesprächs dazu, die Verantwortung für den Gesprächsverlauf und -erfolg zwischen der Gesprächsführung und den Gesprächspartnern zu teilen. Sie dienen am Ende des Gesprächs dazu, die Verantwortlichkeit für die Lösung der Probleme zu klären und festzulegen, um die es im Gespräch geht. Verantwortung zu klären und zu teilen ist Ausdruck von Wertschätzung, weil allen Beteiligten nicht nur zugemutet, sondern auch zugetraut wird, Probleme lösen und Verantwortung übernehmen zu können. Auf diese Weise wird eine Abwertung vermieden, z.B. dadurch, dass die Lehrperson die Fähigkeit von Schülern und Eltern in Frage stellt, für sich selbst sorgen und einstehen zu können. Ebenso kommt es nicht zu einer Abwertung durch Überfürsorglichkeit mit der Folge, dass die Lehrperson für die Schüler und Eltern deren Probleme löst.

Verständlichkeit

Eine professionelle Kommunikationsgestaltung achtet auf eine Sprache, die für alle Gesprächspartner verständlich ist. Sie weiß von der Unterschiedlichkeit kultureller Kommunikationsmuster und Symbole und nimmt auf sie Rücksicht. Der Gesprächsführer ist sensibel dafür, dass seine Sprache, seine akademische Sozialisation und sein Bildungshintergrund bei den Schülern und Eltern als Gesprächspartnern das Gefühl hervorrufen können, ausgeschlossen zu sein und sich nicht angemessen am Gespräch beteiligen zu können. Er verwendet deshalb – wenn erforderlich – die Merkmale der leichten Sprache, vermeidet Fachbegriffe oder erläutert sie und vergewissert sich, ob er sich für die Adressaten verständlich geäußert hat. Gerade auch an der Kommunikationsgestaltung zeigt sich, ob die Schule eine Schule der Inklusion oder der Exklusion ist.

Perspektivwechsel

Was Hattie für die wichtigste Voraussetzung von Unterrichtserfolg hält, ist auch für eine gelingende Kommunikation zwischen Lehrern und Schülern oder

Eltern eine wesentliche Voraussetzung: Die Lehrpersonen müssen nicht nur in der Rolle der Gesprächsführung und -moderation von oben auf sich als Gesprächspartei schauen, sondern sie müssen auch aus der Sicht der Gesprächspartner auf sich und ihr Agieren im Gespräch blicken können. „If the teacher's lens can be changed to seeing learning through the eyes of students, this would be an excellent beginning“ (John A.C. Hattie, Visible Learning).

Für die Kommunikation mit Eltern und Schülern heißt das: „If the teacher's lens can be changed to seeing communicating through the eyes of students and parents, this would be an excellent beginning.“

7 LITERATUR

Bandler, R./Grinder, J. (1992), Metasprache und Psychotherapie. Die Struktur der Magie I, 7. Aufl., Paderborn: Junfermann

Bartz, A. (2005 a), Die Rolle als Entscheider und Unterstützer klar wahrnehmen. In: Bartz, A. u.a. (Hrsg.), PraxisWissen SchulLeitung, Köln: Carl Link, Wolters Kluwer Deutschland, Beitrag 10.21

Bartz, A. (2005 b), Mit Elternbeschwerden klar und zugewandt umgehen und sie als Frühwarnsystem nutzen. In: Bartz, A. u.a. (Hrsg.), PraxisWissen SchulLeitung, Köln: Carl Link, Wolters Kluwer Deutschland, Beitrag 44.21

Bartz, A. (2006), Gespräche mit Lehrkräften führen. In: Bartz, A. u.a. (Hrsg.), PraxisWissen SchulLeitung, Köln: Carl Link, Wolters Kluwer Deutschland, Beitrag 70.11

Bartz, A. (2007), Schulleitungshandeln als Modell: das Führungshandeln von Schulleitung und Lehrkräften gestalten. In: Bartz, A. u.a. (Hrsg.), PraxisWissen SchulLeitung, Köln: Carl Link, Wolters Kluwer Deutschland, Beitrag 67.14

Bartz, A. (2013), Controlling. In: Buchen, H./Rolff, H.-G. (2013), Professionswissen Schulleitung, 3., erw. Aufl., Weinheim und Basel: Beltz, S. 1271-1291

Bernstein, B. (1980), Studien zur sprachlichen Sozialisation, 5. Aufl., Düsseldorf: Pädagogischer Verlag Schwann

Boettcher, W. (2004), Gesprächsführung. Zur Entwicklung der Gesprächsfähigkeiten von Schulleitungsmitgliedern, Landesinstitut für Schule (Hrsg.), Schulleitungsfortbildung NRW Bd. 11, Bönen: DruckVerlag Kettler

Boettcher, W./Mosing, G. (2013), Leitungskommunikation. In: Buchen, H./Rolff, H.-G. (2013), Professionswissen Schulleitung, 3., erw. Aufl., Weinheim und Basel: Beltz, S. 870-991

Bott. W. (2008), Der Verwaltungsakt in der Schule. In: Bartz, A. u.a. (Hrsg.), PraxisWissen SchulLeitung, Köln: Carl Link, Wolters Kluwer Deutschland, Beitrag 65.21

Bott. W. (2010), Fehlerhafte Verwaltungsakte – Hilfen zur Fehlervermeidung. In: Bartz, A. u.a. (Hrsg.), PraxisWissen SchulLeitung, Köln: Carl Link, Wolters Kluwer Deutschland, Beitrag 65.22

Dubs, R. (2002), Caring. Schüler gezielt unterstützen – Chancengleichheit fördern: In: Buchen, H./Horster, L./Rolff, H.-G. (Hrsg.), Schulleitung und Schulentwicklung, Berlin: Raabe, Beitrag D. 7.8

Dubs, R. (2013), Pädagogische Freiheit – Balance zwischen Verbindlichkeit und Beliebigkeit. In: Bartz, A. u.a. (Hrsg.), PraxisWissen SchulLeitung, Köln: Carl Link, Wolters Kluwer Deutschland, Beitrag 73.14

Fischer, H. (2012), Stoff-Wechsel. Auf dem Weg zu einer solaren Chemie für das 21. Jahrhundert, München: Verlag Antje Kunstmann

Friedrich, S. (2012), Wer wir sind, München: dtv

Geist, S./von der Groeben, A. (2013), Weltwissen der Zwölf- bis Dreizehnjährigen. Was Jugendliche für wichtig halten, PÄDAGOGIK 7-8/13, S. 48-51

Giese, A. (2013), Sich realistisch einschätzen und den weiteren Lernprozess planen, PÄDAGOGIK 7-8/13, S. 28-31

Haller, I./Wolf, H., Dialogische Führung. Landesinstitut für Schule (Hrsg.), Schulleitungsfortbildung NRW Bd. 5, Bönen: DruckVerlag Kettler 2004

Hattie, J./Beywl, W./Zierer, K. (2013), Lernen sichtbar machen, Baltmannsweiler: Schneider Verlag Hohengehren

Hoegg, G. (2012), Gute Lehrer müssen führen, Weinheim und Basel: Beltz

Hurrelmann, K./Timm, A. (2013), Angebote der Elternbildung. SchulVerwaltung NRW 7-8/2013, S. 196-198, Köln: Carl Link, Wolters Kluwer Deutschland

Hüther, G. (2005), Bedienungsanleitung für ein menschliches Gehirn, 5. Aufl., Göttingen: Vandenhoeck & Ruprecht

Juul, J. (2011), Das lernende Dreieck: Pädagogen – Kinder und Jugendliche – Eltern. In: StädteRegion Aachen Bildungsbüro (Hrsg.), Bildungstag 2011. Beziehung, Erziehung, Verantwortung, Aachen, S. 15-20

Kloft, C. (2005), Mit Jahresgesprächen werden die Entwicklungsziele der Schule und der Lehrkräfte aufeinander abgestimmt. In: Bartz, A. u.a. (Hrsg.), PraxisWissen SchulLeitung, Köln: Carl Link, Wolters Kluwer Deutschland, Beitrag 75.35

König, E./Volmer, G. (2002), Systemisches Coaching. Handbuch für Führungskräfte, Berater und Trainer, Weinheim und Basel: Beltz

König, E./Söll, F. (2005), Coaching durch Schulleiterinnen und Schulleiter ist ein Angebot zur Beratung und Unterstützung im Schulalltag. In: Bartz, A. u.a. (Hrsg.), PraxisWissen SchulLeitung, Köln: Carl Link, Wolters Kluwer Deutschland, Beitrag 75.40

Krell, H.-J./Kloft, C. (2005), Konstruktive Konfliktgespräche: Leitfaden und Hilfen für die Gesprächsführung. In: Bartz, A. u.a. (Hrsg.), PraxisWissen SchulLeitung, Köln: Carl Link, Wolters Kluwer Deutschland, Beitrag 76.11

Kumpfert, V. (2005), Schule im rechtlichen Rahmen - pädagogisches und rechtliches Vorgehen aufeinander abstimmen. In: Bartz, A. u.a. (Hrsg.), PraxisWissen SchulLeitung, Köln: Carl Link, Wolters Kluwer Deutschland, Beitrag 65.11

Mayer, B.M. (2003), Systemische Managementtrainings. Theorieansätze und Lernarchitekturen im Vergleich, Heidelberg: Carl Auer Systeme Verlag

Mebus, G./Sievers, J. (2006), Elternrechte und -pflichten im System Schule: Elternfortbildung ist sinnvoll! In: Bartz, A. u.a. (Hrsg.), PraxisWissen SchulLeitung, Köln: Carl Link, Wolters Kluwer Deutschland, Beitrag 44.31

Mosing, G. (2005), Führung und Verantwortung teilen. In: Bartz, A. u.a. (Hrsg.), PraxisWissen SchulLeitung, Köln: Carl Link, Wolters Kluwer Deutschland, Beitrag 10.31

Nowak, C. (1997), Konfliktmanagement – Zum konstruktiven Umgang mit Konflikten, in: Schulleitung – eine psychologische Herausforderung?, Stuttgart, Berlin u.a.: Raabe

Reissen, M. (2010), Interkulturelle Konflikte kompetent erfassen und lösen. In: Bartz, A. u.a. (Hrsg.), PraxisWissen SchulLeitung, Köln: Carl Link, Wolters Kluwer Deutschland, Beitrag 45.32

Rosenbusch, H. (1999), Schulleitung und Schulaufsicht. FernUniversität – Gesamthochschule Hagen (Hrsg.), VorLauf. Vorbereitung auf Leitungsaufgaben in Schulen. Modul 7.3

Rosenbusch, H.S. (2005), Organisationspädagogik der Schule. Grundlagen pädagogischen Führungshandelns, München, Neuwied: Luchterhand, Wolters Kluwer Deutschland

Schreiner, M. (2012), Mehr Schulerfolg durch umfassende Information der Eltern. In: Bartz, A. u.a. (Hrsg.), PraxisWissen SchulLeitung, Köln: Carl Link, Wolters Kluwer Deutschland, Beitrag 44.61

Schulz von Thun, F. (1981), Miteinander reden 1. Störungen und Klärungen, Reinbek bei Hamburg: Rowohlt

Schulz von Thun, F. (1998), Miteinander reden 3. Das „Innere Team“ und situationsgerechte Kommunikation, Reinbek bei Hamburg: Rowohlt

Schulz von Thun, F./Zach, K./Zoller, K. (2012), Miteinander reden von A-Z. Lexikon der Kommunikationspsychologie, Reinbek bei Hamburg: Rowohlt

Steinmann, H./Schreyögg, G. (1990), Management. Grundlagen der Unternehmensführung. Konzepte, Funktionen, Fallstudien, Wiesbaden: Gabler

Thomas, L. (2007), Regelmäßige Lernentwicklungs- und Fördergespräche einführen. In: Bartz, A. u.a. (Hrsg.), PraxisWissen SchulLeitung, Köln: Carl Link, Wolters Kluwer Deutschland, Beitrag 32.33

Toprak, A. (2013), Ein direkterer Weg zur Verständigung? Konfrontative Gesprächsmethoden bei türkeistämmigen Jungen. PÄDAGOGIK 7-8/13, S. 20-23

Veeser, W. (2013). Muslimische Eltern – ein Kapitel für sich? In: Bartz, A. u.a. (Hrsg.), PraxisWissen SchulLeitung, Köln: Carl Link, Wolters Kluwer Deutschland, Beitrag 45.33

Weber, P. (2006): Schwierige Gespräche kompetent bewältigen. Kritik-Gespräch. Schlechte-Nachrichten-Gespräch. Ein Praxisleitfaden für Führungskräfte, Lengerich: Pabst

Register

A

B

C

D

E

F

G

Register

Die Verweise beziehen sich auf die jeweilige Seitenzahl.

Notizen

Notizen

Notizen

Nach dem großen Erfolg des ersten Heftes
möchten wir Sie nun verlocken,
sich in der dunklen Jahreszeit
auf eine Reise in unsere Häuser zu begeben.
Mögen Sie dabei unsere Erfahrung teilen:
In jedem Dunkel wohnt ein Licht.

Ihre evangelischen Äbtissinnen

In Gottes guten Händen

Der Tageslauf wird im Kloster Barsinghausen vom Rhythmus der Gebetszeiten bestimmt

Wenn Gebet Bewegung wird – Meditation in Tanz, Wort und Gebärde" lautet der Titel für die Tanzabende im Kloster Barsinghausen. „Steh auf, komm in unseren Kreis. Du bist nicht zu jung und nicht zu alt. Wir geben tanzend dem Glauben Gestalt, um ganz Mensch zu werden" – mit diesem Text von Elke Hirsch lädt die Konventualin und psychosoziale Kunsttherapeutin Manuela Köhler in der Winterzeit zum getanzten Gebet ein. Dieser Kurs zeigt einen der Wege, wie man auf neue Weise sich selbst und dem eigenen Glauben näherkommen kann. „Mit allen Sinnen das Leben ein- und ausatmen, dem Atem nachspüren, das kann uns tiefer oder auch neu zum Glauben führen. Das Tanzen führt uns zur inneren Mitte", erklärt die Therapeutin und fügt an, dass im Tanz die Seele aufatmen kann, denn Bewegung und Tanz sind die ältesten und ursprünglichsten religiösen Ausdrucksformen der Menschheit. Zudem stellt der Tanz ein Gemeinschaftserlebnis dar, weckt Freude und trägt zur Stille sowie zur Konzentration bei. Auch bei den Kursen „meditatives Töpfern und Gestalten" mit dem Titel „In Gottes guten Händen" werden innere Bilder zum Vorschein gebracht.

Kloster Barsinghausen

Kloster Barsinghausen, Evangelische Kommunität, Bergamtstraße 8, 30890 Barsinghausen. Telefon und Fax (0 51 05) 6 19 38. www.klosterkammer.de

Sr. Barbara,
Äbtissin im Kloster Barsinghausen

Eine Besonderheit des Klosters Barsinghausen ist die Aufnahme von Alleinstehenden an Heiligabend. Wie viele Gäste können kommen?

Wir laden sieben bis acht alleinstehende Frauen und Männer ein, mit uns den Abend zu verbringen.

Seit wann und warum gibt es dieses Angebot?

Seit 17 Jahren. Es ist etwas richtig Gutes, für manche wie eine Brücke, um an diesem Tag nicht „in ein tiefes Loch zu fallen".

Wie verbringen Sie den Abend?

Wir beginnen um 18 Uhr mit der Christvesper in der Klosterkirche, wo wir auf der Nonnenempore unsere reservierten Plätze einnehmen. Anschließend gehen wir in die Gemeinschaftswohnung im Kloster. Dort gibt es ein festliches Abendessen, das mit einer Vorstellungsrunde beginnt.

Was folgt anschließend?

Wir gehen in die Weihnachtsstube, unseren Konventsaal. In der Mitte befindet sich die große Tafel. Für jeden ist ein Platz mit einer kleinen symbolischen Aufmerksamkeit vorbereitet.

Wie ist der Raum dekoriert, und was wird dort geschehen?

Mit vielen Kerzen, einem schönen Weihnachtsbaum, einer Krippe und alten handgearbeiteten Weihnachtstransparenten. Jeder kann bei diesem offenen Teil etwas lesen, erzählen, musizieren – auf unterschiedliche Weise Anteil nehmen. Schwester Maria-Martha spielt meist auch auf ihrer Ziehharmonika.

Es ist eher ruhig oder fröhlich?

Das ist immer verschieden. Es gibt heitere Augenblicke, aber auch sehr berührende Geschichten.

Wie wird der Abend beendet?

Gegen 21.45 Uhr gehen wir in den Andachtsraum im unteren Kreuzgang und beschließen den Abend mit einer liturgischen Christnachtfeier.

Die intensive Auseinandersetzung mit dem Werkstoff Ton unterstützt bewusstes Wahrnehmen, das Erkennen neuer Wege und die Begegnung mit Gott. Die Kommunität Barsinghausen ist Teil der Diakonischen Schwesternschaft Wolmirstedt e. V., die 1954 gegründet wurde. Nachdem dort mehr als 40 Jahre der Dienst an Kindern und Menschen mit geistigen und körperlichen Behinderungen im Vordergrund stand, orientiert sich das gemeinsame Leben der Schwestern in Barsinghausen an den drei evangelischen Räten: Gütergemeinschaft, Ehelosigkeit und Gehorsam. „Die Mitte und Kraftquelle unseres Lebens sind Gebet und die Feier des Abendmahls; wir verwenden das alte griechische Wort Eucharistie, das Danksagung bedeutet. Der Tageslauf wird vom Rhythmus der Tagzeitengebete bestimmt", bestätigt Äbtissin Sr. Barbara Silbe. Einzelgäste, die Stille und Gebet suchen, um Energie für ihren Alltag zu schöpfen, werden in Barsinghausen gern empfangen. Sie können an den Gebetszeiten und gemeinsamen Mahlzeiten teilnehmen. Als Hilfe werden begleitende Gespräche angeboten. Außerdem wird zum Mitleben in der Kommunität für begrenzte Zeit unter dem Leitwort „ora et labora" (bete und arbeite) eingeladen. Voraussetzung ist die Volljährigkeit sowie die Bereitschaft zur halbtägigen Mitarbeit und die Teilnahme an den Gebetszeiten.

Die Klosterführungen finden mittwochs um 15 Uhr sowie nach Vereinbarung statt. Der Klosterhof – das Gelände vor dem Haupteingang – und der untere Klostergang sind tagsüber frei zugänglich. Der Klostergarten ist im Rahmen einer Gartenführung zu besichtigen. Termine werden jeweils veröffentlicht.

Kleine Kostbarkeit

Wo Stille ist und Besinnlichkeit,
ist nicht Unruhe noch Ziellosigkeit.
Wo Barmherzigkeit ist und Bescheidenheit,
ist nicht Überfluss noch Härte.

Franz von Assisi

Rezepte aus Barsinghausen

Zucchini-Puffer

Die Zucchini grob raspeln und dann ausdrücken. Alle Zutaten durchrühren. Öl in einer Pfanne erhitzen. Darin die Zucchini-Puffer wie Kartoffelpuffer backen. Mit Schnittlauch überstreuen und servieren.
Tipp: Zucchini-Puffer können auch als süße Variante zubereitet werden.

Zutaten:
2 kleine Zucchini
2 Päckchen geriebener Gouda
3 Eier
Salz, Pfeffer, Petersilie
1 Knoblauchzehe oder Zwiebel
2 EL Mehl

Apfelgelee
mit Holunderblüten

Apfelsaft nach der im Rezept des Geliermittels angegebenen Menge mit drei schönen Dolden Holunderblüten über Nacht ziehen lassen. Am nächsten Tag Holunderdolden herausnehmen. Wenn kleine weiße Blütenblättchen im Saft verbleiben, sieht es besonders schön aus.
Den Saft nun, wie im Rezept angegeben, zu Gelee verarbeiten.

Nusskuchen

Hefeteig für ein Blech vorbereiten. Der Streuselteig wird aus Zucker, Butter, Mehl und Nüssen zubereitet und auf dem Hefeteig verteilt. Nach dem Backen werden 250 g Butter, 1 EL Puderzucker mit ⅛ l saure Sahne verrührt und auf den noch warmen Kuchen gestrichen.
Tipp: Besonders lecker schmeckt es, wenn grob gebrochene Walnüsse verwendet werden.

Zutaten für Streusel:
200 g Zucker
200 g weiche Butter
200 g Mehl
200 g grob zerbröselte Nüsse

Ein Frauenort mit besonderer Atmosphäre

Venezianische Handarbeit aus dem 13. Jahrhundert zeigt die Luftfahrt Alexanders des Großen

Das Stift Bassum ist die älteste noch existierende geistliche Einrichtung Norddeutschlands. Im Jahre 858 gründete die Edeldame Liutgart zur Versorgung und Ausbildung von unverheirateten Frauen adeliger Familien das Stift. Ihnen war Privatbesitz erlaubt, und sie konnten das Stift auch wieder verlassen. Zu ihren Hauptaufgaben gehörten das feierliche Gotteslob, die Fürbitte für die Verstorbenen und die Armenfürsorge. Eine Urkunde aus dem Jahre 1207 bestätigt die Gründung eines Krankenhauses. Sämtliche Versuche im Mittelalter, die Kanonissen als Nonnen einzukleiden, also in einen Orden aufzunehmen, blieben erfolglos. Die Reformation wurde 1541 eingeführt. Bis heute wird das Stift von einer Äbtissin geführt, die im Abteigebäude wohnt. Das heutige Gebäude wurde Mitte des 18. Jahrhunderts im Fachwerkstil von der damaligen Äbtissin aus privaten Mitteln gebaut. Es steht teilweise auf einem alten Gewölbekeller aus dem 13. Jahrhundert.

Im oberen Stockwerk befinden sich der prächtige Abteisaal und das Kanonikuszimmer, deren Wände mit Tapeten aus Rupfenstoff bespannt sind. Zu sehen sind auch Bemalungen mit

Stift Bassum

Stift Bassum, Stift 1, 27211 Bassum, Telefon (0 42 41) 25 32, www.stift-bassum.de, stift.bassum@t-online.de
Das Stift kann nur im Rahmen einer Führung besichtigt werden.

Isabell von Kameke,
Äbtissin im Stift Bassum

Wann wurden Sie als Kapitularin im Stift Bassum aufgenommen?
Schon als Studentin wurde ich bereits 1988 Kapitularin des Stifts. So ein früher Eintritt ist bei uns auch heute durchaus üblich.
Was und wo haben Sie studiert?
Betriebswirtschaftslehre in Göttingen.
Und seit wann sind Sie die Äbtissin des Stifts?
Im Juni 2008 wurde ich vom Stiftskapitel zur Äbtissin gewählt und führe seit November 2008 die Amtsgeschäfte. Offiziell wurde ich in mein Amt als Äbtissin im Mai 2009 mit einem besonders stimmungsvollen, musikalischen Festgottesdienst eingeführt.
Wie viele Äbtissinnen gab es bisher im Stift Bassum?
Mit mir sind es 49 historisch belegte Äbtissinnen.
Wo wohnen Sie? Wo leben die Stiftsdamen?
Im Stift Bassum haben nur die Äbtissin und die Stellvertreterin Residenzpflicht. Die Stiftsdamen wohnen in Bremen, Nordrhein-Westfalen und im südlichen Niedersachsen.
Was sind Ihre Hauptaufgaben als Äbtissin?
Ich vertrete das Stift nach außen und innen. Das Stift und sein Vermögen werden von mir verwaltet. Dabei unterstützt mich ein Rentmeister. Zu meinen weiteren Aufgaben gehören die Pflege des internen Zusammenhalts, aber auch Repräsentationspflichten.
Womit verbringen Sie Ihre Zeit im Winter?
Im Winter planen wir den Sommer. Dazu gehören auch bauliche Maßnahmen. Da bei den Sanierungen Nachhaltigkeit eine wichtige Rolle spielt, sind diese sehr aufwendig.
Gibt es im Winter einen Augenblick, auf den Sie sich besonders freuen?
Wenn der letzte Handwerker seine Arbeit niedergelegt hat und pausiert, kehrt mehr Ruhe ein. Ich genieße dann die besinnlichen Momente und auch den Blick auf den beleuchteten Innenhof – besonders wenn er verschneit ist.

spätbarocken und klassizistischen Elementen. Heute dient der Saal nicht nur als Versammlungsraum für Stifts-Anlässe, er wird auch für standesamtliche Eheschließungen, Konzerte und andere Veranstaltungen, wie Seminartage, Vorträge oder Symposien, genutzt. Die Räume der Abtei sind mit sehenswerten Möbeln und einigen Kunstwerken eingerichtet.

Zu den außergewöhnlichen Schätzen des Stifts zählt neben der Wandbespannung im Abteisaal ein Antependium (Altarbehang) aus dem 13. Jahrhundert. Die aufwändig restaurierte venezianische Arbeit zeigt die Luftfahrt Alexanders des Großen nach einer Legende von Ulrich von Etzenbach (1271-1286) Der Kleine Stiftshof ist fast ganz von ehemaligen Stiftsdamenhäusern umgeben. Das Älteste stammt aus dem Jahre 1689 und wurde auch als Lateinschule genutzt. Gegenüber befindet sich in einem großen Garten in der alten Rentei heute der evangelische Kindergarten. „Im nahen Stiftsforst kann man die „1000“-jährige Stiftsgerichtseiche besuchen. Sie wurde auch Kaffee-Eiche genannt, weil sich dort gelegentlich die Stiftsdamen zum Kaffeetrinken trafen“, erzählt Äbtissin Isabell von Kameke. Beim genaueren Betrachten ist hinter den zahlreichen Details des idyllisch gelegenen Stifts viel zu entdecken. Es ist ein Ort der Ruhe, der Geschichte wie auch des fröhlichen Lebens. Ein Besuch des Stifts und des Geländes lohnt zu jeder Jahreszeit. Besonders beim „Bassumer Advent“ auf dem Gelände des Stifts und der Kirche ist die Atmosphäre des besonderen Ortes zu spüren.

Kleine Kostbarkeit

Du, neues Jahr, sei ein Jahr des Lichtes,
der Liebe und des Schaffens!
Bringe den Menschen die Krone des Lebens,
und lasse die Kronen dieses Lebens menschlich sein!
Setze dem Überfluß Grenzen,
und lasse die Grenzen überflüssig werden.
Gib allem Glauben seine Freiheit,
und mach die Freiheit zum Glauben aller.
Nimm den Ehefrauen das letzte Wort,
und erinnere die Ehemänner dagegen an ihr erstes.
Lasse die Leute kein falsches Geld machen,
aber auch das Geld keine falschen Leute!
Gib den Regierungen ein besseres Deutsch
und den Deutschen bessere Regierungen!
Schenke unseren Freunden mehr Wahrheit
und der Wahrheit mehr Freunde.
Gib den Gutgesinnten eine gute Gesinnung,
lasse die Wissenschaften Wissen schaffen.
Bessere solche Beamten, die wohl feil, aber nicht
wohlfeil, und wohl tätig, aber nicht wohltätig sind,
und lasse die, die rechtschaffen sind, auch recht
schaffen!
Lasse uns nicht vergessen, dass wir alle von Gottes
Gnaden sind und dass alle allerhöchsten Menschen
Demokraten waren.
Gib unserem Verstand Herz und unserem Herzen
Verstand, auf dass unsere Seele schon hier selig wird.
Sorge dafür, dass wir alle in den Himmel kommen –
aber noch lange nicht!

Verfasser anonym
Bergische Volkszeitung 1864

Rezepte aus Bassum

Kürbis-Linsen-Salat

Zutaten:
300 g braune Linsen
600 g Kürbisfruchtfleisch
Ingwer
Salz
Pfeffer
Cayennepfeffer
Kürbiskernöl
Olivenöl
Zucker
Lauchzwiebeln
Kirschtomaten

Die Linsen entsprechend der Packungsanweisung kochen. Das Kürbisfruchtfleisch in Würfel schneiden und mit sehr fein gehacktem Ingwer in heißem Kürbiskernöl zirka drei bis fünf Minuten anbraten. Mit Salz und Pfeffer würzen. Essig, Olivenöl und Zucker verrühren und mit Salz, Pfeffer und Cayennepfeffer würzen. Danach vier Lauchzwiebeln (in Ringe geschnitten) und die geviertelten Kirschtomaten dazugeben. Anschließend alles mit der Kürbis-Linsen-Masse vermischen. Dazu schmeckt ein Baguettebrot.

Maronisuppe
mit Sherry

Zutaten:
375 g Maroni (Esskastanien)
¾ l Hühner- oder Gemüsebrühe
4 cl Sherry
Salz
Pfeffer
Sahne

Maroni mit einem scharfen Messer an der spitzen Seite kreuzweise einschlitzen. In reichlich Salzwasser 25 bis 30 Minuten kochen und dann sorgfältig Schale und Haut abschälen (oder fertige eingeschweißte Maroni verwenden). Die Kastanien pürieren und mit einem ¾ Liter heißer Hühner- oder Gemüsebrühe vermengen und kurz aufkochen lassen. Mit trockenem Sherry, Salz, Pfeffer und einem Schuss Sahne abschmecken.

Spaghettikürbisauflauf

Spaghettikürbis halbieren und in Salzwasser gar kochen. Anschließend das Fruchtfleisch auskratzen und in eine gefettete Backform mit in dicken Scheiben geschnittenen aromatischen Tomaten sowie Knoblauch geben. Darüber eine dünne Schicht Schmand verteilen und diese dann mit geriebenem Käse oder Käsescheiben abdecken. Circa 20 Minuten bei 160 Grad Umluft backen, bis der Käse zerlaufen ist. Dazu Nudeln servieren.

Pilgern auf Besinnungswegen

Künstlerwege um das Kloster Ebstorf inspirieren auf der Suche nach dem Sinn

Sinnsuche, Sehnsucht, Begegnung mit mir selbst, Erfahrung des Eingebundenseins, Begegnung mit meinen Gefühlen…“, Künstlerin Frauke Thein spricht mit dem Inspirationsweg, dessen Konzept sie gestaltet hat, besonders Menschen auf der Suche an. Zusammen mit den Bildern und Texten auf den Tafeln am Wegrand komplettiert diese Wanderung das Wege-Trio um das Kloster Ebstorf. „Jede Jahreszeit eignet sich für einen Spaziergang. Das Pilgern wird als besondere Weise des Kraftschöpfens wiederentdeckt. Einander begegnen, Natur erleben, über den Glauben ins Gespräch kommen und sich mit Gott und religiösen Themen befassen – all das ist, wie auch beim Pilgern, bei den Besinnungswegen um das Kloster Ebstorf möglich“, freut sich Äbtissin Erika Krüger über die Routen. Neben dem Inspirationsweg gehören der Schöpfungs- und der Auferstehungsweg zu den jeweils rund zweistündigen Wanderwegen, die mit dem Kloster Ebstorf als Mittelpunkt vom Missionarischen Zentrum Hanstedt und seinen kirchlichen Kooperationspartnern, den Kirchengemeinden, von Touristikern, von Verbänden und von der Samtgemeinde entwickelt wurden.

Kloster Ebstorf

Kloster Ebstorf, Kirchplatz 10, 29574 Ebstorf. Telefon: (0 58 22) 23 04, Fax (0 58 22) 23 19. Das Büro hat montags bis freitags von 8.30 bis 12.30 Uhr geöffnet.
www.kloster-ebstorf.de, presse@kloster-ebstorf.de

Erika Krüger,
Äbtissin im Kloster Ebstorf

Was ist Ihnen im Winter wichtig?
Den Winter empfinde ich als wunderschöne Jahreszeit. Ich freue mich über den Schnee. Die Konturen der Landschaft erhalten ein besonderes Gesicht. Zwischendurch finde ich es sogar schön, auch einmal eingeschneit zu sein.
Und wie gefallen Ihnen die kurzen Tage?
Die frühe Dunkelheit hat für mich etwas Beschützendes.
Mit welchen Tätigkeiten verbringen Sie die Winterzeit?
Sie unterscheiden sich nicht so sehr von denen im Sommer: Im Büro gibt es immer viel zu tun. Das alte Jahr wird aufgearbeitet, und das neue Jahr wird vorbereitet.
Sie haben Winterpause. Ist das Kloster dann für Besucher vollständig geschlossen?
Nein, im Winter haben wir nur keine regulären Führungen. Wir haben aber besondere Angebote: Am Sonnabend vor dem zweiten Advent gibt es unser Adventskonzert, am Martinstag Laternelaufen für die Kindergartenkinder und am dritten Advent unser Kreuzgangsingen.
Gibt es bei Ihnen in der Weihnachtszeit bestimmte Traditionen?
Am Nikolaustag erhält jede Bewohnerin eine Überraschung. Im Dezember laden wir alle Handwerker, die für uns in dem Jahr gearbeitet haben, zu einem Mittagessen ein. Weihnachten wird im Konvent immer gemeinsam gefeiert. Auch Familienangehörige, die sich einsam fühlen, sind bei uns dann herzlich eingeladen.

Bei den von den Künstlern Werner Steinbrecher (Auferstehungs- und Schöpfungsweg) und Frauke Thein (Inspirationsweg) gestalteten Stationen werden Bilder mit kurzen Psalmen oder Bibeltexten verbunden.

Für den Inspirationsweg wählte Friedemann Heß, Pastor im Ruhestand, die Texte aus. Am Startpunkt beim Domänenhof mit dem Titel Neubeginn „Inspiration“ dominieren die Farben Gelb und Orange. Es folgt die Verbundenheit „Herzflamme“. Zu sehen sind zwei pinkfarbene Blüten, die durch Flammen verbunden sind. Die Texte dazu handeln von der kraftspendenden Liebe zwischen den Menschen. Von der grünen Unbeschwertheit „Verspielte Offenheit“ geht es über den Zorn „Feuerausbruch“ zum Traumwandeln „Heidemond“. Mit der Spannung „Magie des Unbekannten“ wird ein weiterer Kontrast eingespielt, der bald von der Harmonie „Zusammenklang“ abgelöst wird. Angst „Schutzsuche“, Trost „Lichter Schatten“ – es folgen immer neue Anregungen, die den Spaziergänger auf dem abwechslungsreichen Weg bereichern. An der Kirche in Hanstedt angekommen, steht Übergang „Atemlose Stille“. Dieser führt zum Auferstehungsweg, der den Kreis am Kloster Ebstorf schließt. Zentrale Themen dieser Wege durch malerische Wälder, an Feldern, Wiesen und dem Flusstal vorbei stellen neben dem Erleben der Natur Spiritualität und christlicher Glaube dar. Die ausdrucksstarken Werke der Künstler setzen sich mit der Natur und menschlichen Gefühlen auseinander – sie inspirieren auf der Suche nach dem Sinn des Lebens.

Vom 1. April bis 15. Oktober Einlass: dienstags bis sonnabends von 10 bis 11 Uhr und von 14 bis 17 Uhr. Sonntags und an kirchlichen Feiertagen um 11.15 Uhr und von 14 Uhr bis 17 Uhr. Vom 16. bis 31. Oktober gibt es jeweils nur eine Führung um 14 Uhr.
Gruppenanmeldungen sind rechtzeitig erforderlich. Montags und Karfreitag bleibt das Kloster geschlossen. Im April/Mai und Oktober/November finden auf dem Nonnenchor Konzerte und während der ganzen Saison in der Propsteihalle Ausstellungen verschiedener regionaler Künstler statt.

Kleine Kostbarkeit

Die höchste Form des Glücks
ist ein Leben
mit einem gewissen Grad
an Verrücktheit.

Erasmus von Rotterdam

Rezepte aus Ebstorf

Bunte Plätzchen

Butter, Zucker, Eier und Mehl rasch vermengen, zu einer zwei bis drei Millimeter dicken Platte ausrollen, mit den kleingeschnittenen Früchten und gehackten Nüssen belegen und fest zusammenrollen. In Pergamentpapier einschlagen und kühl stellen. Nach circa einer Stunde von der Rolle Scheibchen abschneiden und auf einem gebutterten Blech bei mittlerer Hitze backen.

Zutaten:
200 g Butter
200 g Zucker
3 Eier
300 g Mehl
300 g verschiedene Reste von kandierten Früchten, gehackten Mandeln oder Haselnüssen, Orangeat, Zitronat usw.
Fett für das Backblech

Schinken-Sauerkraut-Rollen

Die Zwiebel in Würfel schneiden, dann in der Butter mit dem geriebenen Apfel andünsten. Das Sauerkraut locker zerpflückt dazugeben. Circa 20 Minuten zugedeckt dünsten. Mit Salz, Pfeffer und Zucker abschmecken und etwas abkühlen lassen.
Sauerkrautmenge in vier Portionen teilen und in jeweils eine Schinkenscheibe einrollen. Je eine Käsescheibe darum wickeln. Nebeneinander in einer flacken, gefetteten Auflaufform im auf 200 Grad vorgeheizten Ofen circa 15 Minuten backen.
Als Beilage können Bratkartoffeln oder Kartoffelpüree gereicht werden.

Zutaten:
1 mittelgroße Zwiebel
50 g Butter
1 mittelgroßer Apfel
400 g Sauerkraut
Frisch gemahlener weißer Pfeffer
Zucker
4 große Scheiben Kochschinken
4 Scheiben Käse, holl. Gouda mittelalt

Rehgulasch

Das Fleisch vom Knochen lösen und mundgerecht würfeln. Die Zwiebel fein hacken und in der Butter goldgelb rösten, dann das Fleisch dazugeben und unter mehrfachem Rühren schmoren, bis das Fleisch weiß wird. Mit Paprika und Pfefferkörnern würzen, salzen und mit Wasser aufgießen.
Eine Stunde kochen, dann das fein geschnittene Wurzelwerk und die zerdrückte Knoblauchzehe dazugeben, danach das Fleisch gar dünsten, bis das Fleisch weich zu werden beginnt. Nun die in Würfel geschnittenen Kartoffeln dazugeben und alles fertig garen.
Die feingehackte Petersilie und die saure Sahne dazugeben, alles vermengen und kurz wieder erhitzen. Mit Salz und Pfeffer abschmecken und nach Geschmack mit etwas Speisestärke andicken.

Zutaten:
1,5 kg Schulterblatt vom Reh
1 Mohrrübe
1 Petersilienwurzel
1 Zwiebel
1 Knoblauchzehe
1 EL Butter
400 g Kartoffeln
Salz
5-7 Pfefferkörner
2 EL saure Sahne
1 Bund Petersilie
Paprika edelsüß
Schwarzer Pfeffer
Speisestärke

Wo der festliche Ruf der Glocken erklingt

Eine kleine Geschichte aus dem Stift Fischbeck von einem großen Geläute

Es war an einem Mittwoch im Dezember. Nach langen Überlegungen entschieden sich die Äbtissin vom Stift Fischbeck und die Stiftsdamen im Kapitel, eine zusätzliche Andacht im Damenchor der Kirche zu feiern. Entgegen der wöchentlichen und öffentlichen Schlussandacht, die immer am Samstag um 18 Uhr gehalten wird, wollten die Frauen dieses neue Innehalten, in Erinnerung an eine alte Tradition des geistlichen Lebens im Stift Fischbeck, als eine Fürbitte für das Kapitel halten.

An jenem Tag arbeitete ein Mechaniker an der defekten elektrischen Läuteanlage der Glocken. Denn seit vielen Jahren waren bis zu dem Zeitpunkt von insgesamt sieben Glocken nur vier zu hören.

„Wir hatten schon den ganzen Tag immer wieder Glockenklänge zu Zeiten gehört, die unüblich in unserem täglichen Glockenkalender sind. Aber mit Freuden und der Gewissheit: Es tut sich was…“ erinnert sich Äbtissin Uda von der Nahmer an den bedeutungsvollen Abend.

Kurz vor der ersten Andacht an jenem Mittwoch rauschte sie in ihrem Chormantel durch die Kirche, um dem Handwerker einen guten Tag zu wün-

Stift Fischbeck

Stift Fischbeck, Im Stift 6 a, 31840 Hessisch Oldendorf, Telefon (0 51 52) 86 03, Fax (0 51 52) 96 24 89, Internet: www.stift-fischbeck.de

Uda von der Nahmer,
Äbtissin im Stift Fischbeck

Was spielt bei Ihnen in der Weihnachtszeit eine wichtige Rolle?
Singen, singen, singen! „Tochter Zion, freue dich!" Wir haben übrigens ein wunderschönes Tafelbild im Stift, auf dem der Erzengel Gabriel zu sehen ist, der der Jungfrau Maria eine weiße Lilie überreicht. Es ist in seiner Aussage und Gestik wunderschön. Außerdem ist für mich die Vorfreude auf Weihnachten, das Wachsen des Lichts, sehr wichtig. Genauso wie das Winterkonzert in der Stiftskirche und der, vom ersten Advent bis Epiphanias, erhellte Kreuzhof.
Wie verbringen Sie den Heiligen Abend?
Am Heiligen Abend feiern wir zusammen. Ich koche. Wir essen im Kapitelsaal, fein gedeckt, mit altem Meissen-Porzellan, schönen Gläsern, Leinen. Der geschmückte Weihnachtsbaum steht im Abteizimmer. Dort haben wir nach dem Essen unsere Feier. Mit Gästen, wenn sie da sind. Kleine Geschenke bis fünf Euro oder etwas Gebrauchtes. Gemeinsamer Gottesdienstbesuch, am frühen Abend und zur Christmette. Kaffeetrinken am zweiten Feiertag.
Gibt es bestimmte Kindheitserinnerungen?
So viele! Mein Vater war ein Weihnachtszauberer.
Welches sind Ihre Lieblingsgeschichten, -lieder oder -texte?
Darum lasst uns ablegen die Werke der Finsternis und anlegen die Waffen des Lichts. Der Frost haucht zarte Häkelspitzen. Fröhlich soll mein Herze springen…
Welche Gerüche und Bilder verbinden Sie mit dem Winter?
Pfeffernüsse aus Ostfriesland! Englischer Christmas Tea. Kekse von unserer ehrenamtlichen Mitarbeiterin Dietlind Rank. Der Duft von Schnee. Ja, der duftet! Zu den Bildern gehören auch die Eisblumen im Remtergang.

schen und um ihn zu informieren, dass gleich eine Andacht beginnt. Er müsse seine Arbeiten aber nicht unterbrechen, sollte nur informiert sein.

In dem Damenchor hatten sich in der Zwischenzeit weitere Stiftsdamen eingefunden. Die Kerzen am Altar wurden entzündet und – wie üblich – der Vorhang zum Fischbecker Wandteppich aufgezogen. Der Blumenschmuck auf dem Altar wurde wohlwollend betrachtet. Die Stiftsdamen nahmen auf der Kirchenbank Platz und wurden still, sie sammelten sich für ihre Andacht.

„Und dann schlug die Glocke. Die große Glocke. Und die anderen sechs gesellten sich nach und nach feierlich dazu und fanden zu einem großen Festtagsgeläut zusammen. Und wir saßen dort, ganz still, und lauschten den unerwarteten Klängen. Zufall oder Fügung?

Als der letzte Glockenton verklungen war, begannen wir unsere Andacht. Sehr bewegt. Und der Fürbitte konnte ich aus vollem Herzen ein Dankgebet anschließen", denkt Äbtissin Uda von der Nahmer immer noch gern an den bewegenden Beginn der mittlerweile etablierten Mittwochsandacht und einer Art „Vorpremiere" für das festliche Weihnachtsgeläut mit allen sieben Glocken zurück.

Kirchenöffnung und Führungen finden von Ostersonntag bis 31. Oktober statt. Die Stiftskirche ist dienstags bis samstags von 10 bis 14 Uhr geöffnet. Eine Führung findet täglich (außer Montag) um 14.30 Uhr statt. Gruppenführungen (ab 10 Personen) nach Anmeldung: Dienstag bis Samstag in der Zeit zwischen 10 bis 15 Uhr. Telefon: (0 57 51) 40 39 80.

Kleine Kostbarkeit

Der Frost haucht zarte Häkelspitzen
Perlmuttergrau ans Scheibenglas.
Da blühn bis an die Fensterritzen
Eisblumen, Sterne, Farn und Gras.

Kristalle schaukeln von den Bäumen,
Die letzten Vögel sind entflohn.
Leis fällt der Schnee …In unsern Träumen
weihnachtet es seit gestern schon.

Mascha Kaléko:
Die paar leuchtenden Jahre.

Rezepte aus Fischbeck

Gewürzplätzchen

Alle Zutaten gründlich kneten. Dann 1,5 bis 2 Zentimeter dicke Rollen formen und im Kühlschrank, am besten über Nacht, fest werden lassen. Anschließend dünne Plätzchen schneiden. Den Backofen auf 180 Grad vorheizen und die Plätzchen 15 bis 20 Minuten backen.

Zutaten:
375 g Mehl
1 Prise Salz
200 g Rohrzucker
1 Päckchen Vanillezucker und das persönliche Lieblingsgewürz, wie zum Beispiel Zimt
250 g Butter (Zimmertemperatur)

Teebowle ohne Alkohol

Den Tee mit eineinhalb Litern kochendem Wasser aufbrühen. Drei bis vier Minuten zeihen lassen. Durch ein Sieb gießen. Mit Zucker und Vanillezucker gemischt abkühlen lassen. Dann mit Zitronen- und Orangensaft, halbierten Erdbeeren, Bananenscheiben und aufgetauten Himbeeren mischen. Eine halbe Stunde durchziehen lassen. Vor dem Servieren Sprudel und Eiswürfel zugeben. Tipp: Wenn die Bowle zu stark ist, weniger Tee und mehr Zitronensprudel verwenden. Mit Früchtetee angesetzt kann diese Bowle auch bei Kinderfesten getrunken werden.

Zutaten (für acht Personen):
10 TL schwarzer Tee
100 g Zucker
2 Päckchen Vanillezucker
¼ l gepresster Zitronensaft
¼ l gepresster Orangensaft
250 g gefrorene Erdbeeren
1 Banane
300 g gefrorene Himbeeren
1 l Zitronensprudel
Einige Eiswürfel

Neujahrssuppe

von Annegret aus Juist

Wasser kochen, Linsen zweimal waschen, ins Wasser geben und circa 20 Minuten garkochen. Vom Herd nehmen, Gewürze dazu, nächsten Liter Wasser kochend dazugeben. Vorm Servieren Tomaten und Zitronensaft dazugeben und aufkochen lassen.

Zutaten (sechs Personen):
1 l Wasser
300 g rote Linsen (eher mehr)
1 ½ TL Salz
½ TL Kurkuma (darf nicht mitkochen!)
½ TL Rohrzucker
1 ½ TL Madras Curry (kann auch mehr sein)
1 l Wasser
2 Tomaten klein geschnitten
4 EL Zitronensaft

Variante 1
Pfanne: Ein Esslöffel Öl erhitzen, ½ TL Kreuzkümmel einrühren. Zur fertigen Suppe geben.

Variante 2
Ein Teelöffel Tomatenmark und frisches Koriandergrün dazugeben (eine Hälfte klein gehackt, frische Blättchen obendrauf).

Variante 3
Statt Tomaten zwei EL frischen Ingwer, zwei frische Chilischoten (entkernen, mitkochen, dann rausnehmen).
Beilage: frisches Brot

Liebevoll gestaltete Details erfreuen die Herzen

Kloster Isenhagen: Wo im Advent täglich mehr als 50 Kerzen leuchten

Abseits vom Trubel bietet der geschichtsträchtige Bau viele Möglichkeiten der Einkehr, der Begegnung, des Rückzugs und der Inspiration. Frauen bereiten kleine Überraschungen für ihre Mitmenschen vor, backen, dekorieren, lassen sich Zeit für gesellige Augenblicke. Zu jedem Adventssonntag erhalten die Konventualinnen Kostproben aus der Klosterküche. Zu den vielen Planungen gehört auch die Vorbereitung des lebendigen Adventskalenders in der Klosterkirche. Wenn in der Adventszeit jeden Tag in den 50 geschmückten, zum Innenhof gelegenen Fenstern des Klosters Isenhagen die Kerzen angezündet werden, ist es auch Zeit, sich mit den Weihnachtsdarstellungen der Altäre in der Kirche und dem Nonnenchor auseinanderzusetzen.

In der Mitte des Nonnenchores steht ein prachtvoller Flügelaltar mit wertvollen Malereien auf den Flügelrückseiten. Das Kunstwerk war nur an Festtagen geöffnet. Vermutlich wurde der Marienaltar mit seinen zahlreichen Reliefs im Jahr 1515 von einem Braunschweiger Bildhauer geschnitzt. Vier Reliefs um die Muttergottes mit dem Jesuskind in der Mitte zeigen Begebenheiten aus dem Leben Marias. Dazu gehören die Verkündigung, Heimsuchung, Geburt Jesu

Kloster Isenhagen

Kloster Isenhagen, Klosterstraße 2, 29386 Hankensbüttel, Telefon: (0 58 32) 313, Fax (0 58 32) 97 94 08, www.kloster-isenhagen.de, info@kloster-isenhagen.de

Susanne Jäger,
Äbtissin im Kloster Isenhagen

Was bedeutet für Sie persönlich die dunkle Jahreszeit?
Die dunkle Jahreszeit verbinde ich vor meinem inneren Auge immer mit Besinnung, Kerzenschein und einer Tasse Tee. Sooft es meine Zeit erlaubt, gönne ich mir – meist abends - auch solche Ruhepausen, die Zeit zum Innehalten, Gebet, Nachdenken oder ich lasse einfach die Gedanken schweifen.
Und das Weihnachstfest? Wie verbringen Sie Heiligabend?
Die Feier des Heiligen Abends hat in unserem Kloster eine ganz besondere Tradition mit einem festgelegten Ablauf. Der Konvent besucht gemeinsam die Christvesper um 17 Uhr. Danach wird sich festlich gekleidet, wozu auch das Anlegen des Ordens gehört. Um 19 Uhr zünde ich die Bienenwachskerzen am Weihnachtsbaum im Konventzimmer an, läute ein Glöckchen und bitte den Konvent herein. Gemeinsam stimmen wir „Stille Nacht" an. Danach lese ich die Weihnachtsgeschichte aus der Bibel vor. Bevor wir mit dem Weihnachtsessen beginnen, singen wir ein weiteres Weihnachtslied. Da am Heiligabend niemand in der Küche stehen und kochen soll, werden durchweg kalte Speisen vorbereitet. Anschließend folgt die Bescherung, und mit einem Glas Wein klingt der Abend aus. Am ersten Weihnachtstag trifft sich der Konvent noch einmal zu einer gemeinsamen nachmittäglichen Kaffeetafel.
Haben Sie eine Lieblingsgeschichte oder ein Lieblingsgericht für das Fest?
Es gibt so viele wunderbare Weihnachtsgeschichten! Seien es Erzählungen für Kinder oder Werke der Weltliteratur – einen Favoriten habe ich nicht.
Und was unternehmen Sie Silvester?
Silvester besucht der Konvent den Abendgottesdienst. Danach gibt es ein gemütliches Zusammensein, bei dem man das vergangene Jahr noch einmal Revue passieren lässt und das nicht zwingend bis Mitternacht ausgedehnt wird. Ein Glas Sekt gehört dann auch dazu. Das neue Jahr wird traditionsgemäß eingeläutet, und zum Glück übertönen die Glocken unserer Klosterkirche das Silvesterfeuerwerk der Umgebung.

und die Anbetung durch die Heiligen Drei Könige. Die zwölf Apostel sind auf den Flügelreliefs zu sehen. Sehr bewegend ist die Geburtsszene im Stall von Bethlehem dargestellt, denn an der Krippe wachen Kinder – keine Engel oder Hirten – und Joseph hält in seinen Händen eine Klosterlampe, wie sie auch im Museum zu sehen ist.

Im Kirchenraum befindet sich der Flügelaltar eines Braunschweiger Bildhauers von 1440. Er stellt in 16 Reliefs und der bekrönenden Kreuzigungsgruppe das Leben und Leiden Christi dar. Vermutlich wurde die ehemals figürliche Predella im 17. Jahrhundert durch eine gemalte Abendmahlsdarstellung ersetzt. Später entfernte man die Malereien auf den Außenseiten der Flügel. Selbst die Bemalung der Reliefs ist nicht mehr im Original erhalten, denn diese wurde im 18. Jahrhundert abgenommen und durch weiße Farbe ersetzt.

„Es ist immer ein ganz wunderbarer Augenblick, wenn wir bei den Führungen erst die Altäre erklären und dann im Museum Details wie die historische Klosterlampe oder die früheren Altarbehänge zeigen können", freut sich Äbtissin Susanne Jäger über ein Beispiel aus der Vielzahl der Kunstschätze des Klosters Isenhagen.

Klosterführungen finden vom 1. April bis zum 15. Oktober, dienstags bis sonntags 14.30 bis 17.00 Uhr statt. Letzter Einlass ist 16.30 Uhr. Da das Kloster bewohnt ist, kann es nur im Rahmen von Führungen besichtigt werden. Karfreitag und anlässlich besonderer Veranstaltungen finden keine Führungen statt.

Kleine Kostbarkeit

Herr Christ
nun breit die Arme aus und segne unser liebes Haus!
Behüt die Kammern und die Keller und mach sie alle Tage heller.
Die Wandrer die vorübereilen, die sollen gerne bei uns verweilen.
Lass alle guten Geister ein, tritt selbst so oft du magst herein!
Und segne Brot und Salz und Flachs und auch das goldne Lichterwachs.
Bewahre uns vor Brand und Flut, beschirm des Herdes heilge Glut.
Die Tier und Blumen lass gedeihn und dir zur Freud gewachsen sein.
Halt klar und rein die Wasserquelle und wehr der Sünde diese Schwelle.
Dies Haus weiss von des Kreuzes Last, die du für uns getragen hast.
Herr Christus,
breit die Arme aus und
segne unser liebes Haus!

Dieser Haussegen empfängt jeden Gast, der das Kloster betritt.

Rezepte aus Isenhagen

Marmeladen-Ringerl

Teigzutaten zu einem glatten Mürbeteig verkneten, zu einer Kugel formen, in Folie wickeln und 30 Minuten kühl stellen. Dann etwa zwei Millimeter dick ausrollen und Kreise mit einem Durchmesser von sechs Zentimetern ausstechen. Auf ein mit Backpapier ausgelegtes Backblech setzen. Aus der Hälfte der Plätzchen kleine Kreise ausstechen, sodass Ringe entstehen. In acht bis zehn Minuten bei 180 Grad (Ober-/Unterhitze) hellgelb backen. Auf einem Kuchengitter abkühlen lassen. Puder- und Vanillezucker mischen. Ringe dicht nebeneinander legen und dick mit Zuckermischung bestäuben. Restliche Plätzchen dünn mit Marmelade bestreichen, Ringe daraufsetzen. Jeweils in die Mitte noch etwas Marmelade spritzen.

Zutaten:
Für den Teig
220 g Mehl
1 Prise Salz
abgeriebene Schale einer halben unbehandelten Zitrone
Mark von ½ Vanilleschote
180 g gemahlene Mandeln
150 g Puderzucker
1 Ei
200 g kalte Butter
Außerdem
50 g Puderzucker
2 EL Vanillezucker
250 g Marmelade oder Gelee (vorzugsweise Quitte oder Hagebutte)

Dominosteine

Zutaten (für etwa 60 Dominosteine):
Teig:
½ TL Pottasche
3 TL Eiweiß, 375 g Honig
450 g Mehl, 4 TL Lebkuchengewürz
1 Pk. Backpulver
5 EL Rum
Mehl zum Bearbeiten

Füllung:
250 g Pflaumenmus
1 Pk. Mohn-Backmischung (250 g)

Glasur:
300 g Halbbitter-Kuvertüre
300 g dunkle Kuchenglasur
50 g weiße Kuvertüre

Pottasche im Eiweiß auflösen. Honig, Mehl, Lebkuchengewürz, Backpulver und Rum mit den Knethaken des Handrührers zu einem glatten Teig verkneten. Zum Schluss die aufgelöste Pottasche unterkneten. Teig in Folie gewickelt eine Stunde kalt stellen. Anschließend den Teig in drei Stücke teilen und auf einer bemehlten Fläche je 30 x 25 Zentimeter groß ausrollen. Die erste Platte auf ein Blech mit Backpapier legen, mehrmals einstechen. Mit dem Pflaumenmus bestreichen. Zweite Platte darüber legen, mehrmals einstechen und mit der Mohnmischung bestreichen. Mit der dritten Platte abdecken und diese einstechen. Die Ränder mit mehrfach gefalteter Alufolie abstützen. Im vorgeheizten Ofen bei 175 Grad (Umluft 150 Grad) auf der zweiten Einschubleiste von unten 20 bis 25 Minuten backen. Auskühlen lassen.

Die Teigplatte in 5 x 2,5 Zentimeter große Stücke teilen. Halbbitter-Kuvertüre und Glasur hacken und über einem heißen Wasserbad auflösen. Die Teigstücke hineintauchen, gut abtropfen und auf Gittern (oder Backpapier) trocknen lassen. Die weiße Kuvertüre hacken, über heißem Wasserbad auflösen und die Stücke damit verzieren. Trocknen lassen, dann gut verpacken und kühl lagern.

Weihnachten hinter historischen Mauern

Kloster Lüne: Wenn ein anderes Licht in geschichtsträchtigen Mauern leuchtet

Wenn die Sonnenstunden kürzer werden, leuchtet das Kloster Lüne in einem anderen Licht. Rund um das Kloster findet zum Ende der Saison immer Anfang November einer der größten Laternenumzüge der Region statt. Dieser traditionelle Lichterzug der freiwilligen Feuerwehr Lüneburg erfreut sich großer Beliebtheit, besonders weil ein vorangehender Trommler des Spielmannszugs mehrere Hundert Kinder mit ihrem bunten Lichtermeer durch den Kreuzgang des Klosters führt.

Nachdem jeweils am Freitag vor dem ersten Advent das adventliche Beisammensein mit den ehrenamtlich tätigen Damen und Herren erfolgt, stehen beim begehbaren Adventskalender am 6. Dezember wieder die jüngeren Besucher im Mittelpunkt des Geschehens. Wenn sie im Innenhof singen, öffnet sich die Tür, und jedes Kind erhält eine kleine Nascherei von den Konventualinnen. Anschließend geht es durch den Kreuzgang zum Nikolausgottesdienst in die Kirche.

Schon der prachtvolle Adventskranz in der Brunnenhalle versetzt in adventliche Stimmung. Zu den Traditionen gehört auch das Aufstellen der historischen Weihnachtstransparente.

Kloster Lüne

Kloster Lüne, Am Domänenhof, 21337 Lüneburg, Telefon (0 41 31) 5 23 18, Fax (04 13) 5 60 52. www.kloster-luene.de, info@kloster-luene.de
Die Führungen durch das Kloster finden vom 1. April bis 15. Oktober, dienstags bis samstags 10.30, 14.30 und 15.30 Uhr sowie an Sonn- und Feiertagen 11.30, 14.30 und 15.30 Uhr statt. Montags und Karfreitag ist geschlossen. Das Museum ist dienstags bis samstags von 10.30 bis 12.30 Uhr und 14.30 Uhr

Reinhild Freifrau von der Goltz, Äbtissin im Kloster Lüne

Gibt es für Sie einen besonders wichtigen Augenblick in der Winterzeit?
Die Winterwende, wenn die Tage ab dem 21. Dezember wieder länger werden.
Welches Gericht bieten Sie traditionell Weihnachten an?
Gebackenen Rehrücken aus Schokolade, Mandeln und Eiern, ohne Mehl - also passend zum Fest sehr reichhaltig!
Was unternehmen Sie gegen die kalten Temperaturen im Kloster?
Wir lassen möglichst viele Veranstaltungen am Kaminfeuer stattfinden.
Wie feiern Sie Weihnachten?
Konvent, Bewohner und Gäste des Klosters treffen sich in größerer Runde am grünen Kachelofen zu Tee und Weihnachtsgebäck, um im Anschluss gemeinsam an der Christvesper teilzunehmen. Während der Konvent vor dem Weihnachtszimmer wartet, singt er Weihnachtslieder. In der Zeit zünde ich zusammen mit meinem Sohn oder einer der Konventualinnen die Kerzen am Baum an. Wenn das „Christkind" dreimal klingelt, kommen alle in den festlich geschmückten Raum, und ich lese die Weihnachtsgeschichte vor.
Welche Fassung lesen Sie?
Ich lese aus einer alten Familienbibel von 1836.
Warum verbringen Sie so das Weihnachtsfest?
Es erinnert an die Kindheit, wenn vor der Tür gewartet wurde und mit dem Entzünden der Kerzen am Weihnachtsbaum das Licht, das durch Türritzen und –schloss fiel, immer heller wurde. Es ist zugleich ein Symbol des Lichtes, das uns geschenkt wird – durch Christi Geburt.

Das durchscheinende Licht bringt die Bilder zum Leuchten und weckt Kindheitserinnerungen.

Die Bilder auf dem Transparent wirken lebendig. Sie erzählen die Botschaft von Weihnachten, von dem Kind in der Krippe. Und in der Geborgenheit des Klosters erhält der Sinn von Weihnachten eine zusätzliche Dimension. Die Betrachter fühlen das Leuchten der Weihnachtsgeschichte in ihren Herzen. Weihnachtstransparente sind ein besonderer Schatz der Adventszeit. Die Darstellungen führen über den Weg des Lichts zu dem Kind in der Krippe und bedeuten auch einen Ruhepol in der Zeit der vielen Aktivitäten.

Heiligabend werden die täglichen Aufgaben der Frauen, die im Kloster leben und arbeiten, für einen Augenblick unterbrochen. Mindestens vier öffentliche Gottesdienste werden am 24. Dezember in der historischen Klosterkirche mit insgesamt bis zu 1500 Besuchern gefeiert. Auch zu diesen liturgischen Festen läuten nach altem Brauch Frauen des Konvents die Glocken von Hand.

bis 17 Uhr geöffnet. An Sonn- und Feiertagen 11.30 bis 13 Uhr und 14.30 bis 17 Uhr. Gruppenführungen sind zwischen dem 16. Oktober und 31. März auf Anfrage möglich. Das Café im Kloster ist im Sommerhalbjahr dienstags bis sonntags von 10 bis 18 Uhr geöffnet. Winterhalbjahr und Sonderveranstaltungen auf Anfrage, Telefon (0 41 31) 24 98 92. Ein Besuch der Weberei ist dienstags bis freitags von 10 bis 17.30 Uhr möglich. Im Winterhalbjahr auf Anfrage, Telefon (0 41 31) 40 96 48.

Kleine Kostbarkeit

Für einen Augenblick lang

In einer Kirche stehen.
Für einen Augenblick lang
eins sein
mit den Steinen des Bodens,
mit den Mauern, mit den Fenstern,
mit den Bögen, den spitzen und runden,
mit Himmel und Erde,
mit gestern und heute,
mit Leib und Seele,
mit mir und den andern,
mit Freunden und Feinden,
mit Gott in mir,
mit Gott außer mir.
Für einen Augenblick lang
nichts als sein.
Ewig sein.
Mensch sein.

Martin Gutl

Rezepte aus Lüneburg

Klosterpunsch des Cafés im Kloster

Für den Apfelsaft zerkleinerte Äpfel unter Zugabe von Wasser, Nelken, Zimt und Sternanis kurz aufkochen. Einige Apfelstücke zurückbehalten, das Übrige durch Sieb oder Tuch pressen. Den Saft mit Wasser auffüllen und erhitzen, mit Honig oder Zucker abschmecken, Apfelstücke hineingeben und heiß in geeignete Gläser füllen.

Zutaten (1 Liter Punsch, vier Personen):
500 ml selbst gemachter Apfelsaft
500 ml Wasser
2-4 Nelken
1 Stange Zimt
1 Sternanis
nach Belieben mit gemahlenem Zimt abschmecken
mit Honig oder Zucker süßen

Schichtnachspeise
von Konventualin Friederike von Meding

Die Zutaten in einzelnen Schichten in eine hochwandige Glasschale füllen. Beginnend mit einer gebröckelten Baiserschicht auf dem Boden, folgen darüber gefrorene Himbeeren, eine Schicht Vanilleeis, geschlagene Sahne, erneut gebröckelter Baiser, wieder Himbeeren und zum Abschluss wieder eine Schicht geschlagene Sahne. Empfehlenswert ist eine Verzierung, zum Beispiel mit Schokostreuseln. Eine Aufbewahrung ist für ein bis zwei Stunden im Kühlschrank möglich. Tipp: Der Verzehr ist ratsam, wenn die Himbeeren aufgetaut sind und das Vanilleeis noch halbgefroren ist.

Zutaten:
Baiser
gefrorene Himbeeren
Vanilleeis
geschlagene Sahne
Schokostreusel

In der Mitte der Nacht glüht die Hoffnung

Ein Gang durch Geschichte und Gegenwart des Klosters Mariensee bei Kerzenschein

Wenn die dunkle Jahreszeit beginnt, laden die Klosterführerinnen zu einem Abend der besonderen Art ein: nur mit Kerzenlicht erhellt, erfahren und erleben die Menschen in den Räumen des Klosters etwas von seiner wechselvollen Geschichte. Die Zeitreise beginnt um das Jahr 1214 mit einem Gespräch des Stifterehepaares in historischen Kostümen. Als der Graf von Wölpe gar zu sparsam sein will bei der Stiftung, ermahnt ihn seine Frau: „Liebling, denk an das Fegefeuer!" Das weitere Eintauchen in eine andere Welt birgt etwas Mystisches, wenn in der Kirche der lateinische Gesang ertönt: „Ubi caritas": „Wo die Liebe und die Güte wohnt, ist Gott gegenwärtig." Der Weg führt weiter durch den Kreuzgang, zur Prieche, zur Ausgrabungsstelle und alten Küche bis zur Stickwerkstatt. An den einzelnen Stationen wird erzählt, gesungen, aber auch geschwiegen. Anschaulich werden die Themen, wie die Klosterordnung, die Einführung der Reformation und der Bildungsauftrag bis zum heutigen Klosterleben vermittelt. In der Abtei des Klosters nehmen alle an einer Mahlzeit teil.

Wie in vielen Klöstern heute noch üblich, wird eine Tischlesung gehalten,

Kloster Mariensee

Kloster Mariensee, Höltystraße 1, 31535 Neustadt am Rübenberge. Telefon (0 50 34) 87 99 90, Fax (0 50 34) 8 79 99 29, www.kloster-mariensee.de
Das Kloster ist ganzjährig geöffnet und über den Haupteingang durch den Kreuzgang begehbar. Führungen durch das Kloster finden von Ostermontag bis zum

Bärbel Görcke,
Äbtissin im Kloster Mariensee

Was ist Ihnen in dieser Jahreszeit wichtig?
Nach der Zeit der vielen Aktivitäten beginnen wir, uns mehr nach innen zu wenden. Es folgen stillere Veranstaltungen, wie das Kloster bei Nacht.
Was ist darunter zu verstehen?
Es ist ein Gang, auf dem wir gleichsam die Geschichte des Klosters durchschreiten. Weil nur Kerzen Licht geben, wird die Atmosphäre des Ortes besonders gut spürbar. Denn seit über 800 Jahren leben hier ja ununterbrochen Frauen!
Wie entstand das Konzept?
Es war eine Idee unserer Klosterführerinnen; wir haben sie dann gemeinsam entwickelt.
Wie nähern Sie sich dem Weihnachtsfest?
In den Tagen vor Weihnachten beten wir die sogenannten O-Antiphonen oder Großen Antiphonen. Das sind Gebetsrufe, die im Stundengebet wie auch in den katholischen Messen der letzten Adventstage gebetet werden. Auch im evangelischen Gesangbuch gibt es ein Lied aus England, das ihnen nachgedichtet ist: „O komm, du Morgenstern" (EG 19).
Woher stammt die Tradition?
Es sind Bilder aus dem Schatz des Volkes Israel. Schon die alte Kirche hat diese Rufe übernommen – mindestens seit dem 7. Jahrhundert. Bis heute bitten wir so Gott um sein Kommen in diese Welt – in ökumenischer Verbundenheit.
Was gehört noch zu den Bräuchen?
Zu den Höhepunkten der Adventszeit gehört gleich zu Beginn auch das Kranzbinden mit dem Konvent und den Ehrenamtlichen. Wir treffen uns in der historischen Küche, wo unsere Mitarbeiter das Feuer geschürt haben. Dann duftet es nach Tannengrün, und auf dem alten Eisenofen brodelt der Punsch.

während Suppe, Brot und Tee und schweigend eingenommen werden.

„Maria ist das Urbild einer Glaubenden, denn sie hörte das Wort Gottes und nahm es für ihr Leben an. Darum finden sich in den meisten Klöstern Mariendarstellungen.", erklärt Klosterführerin Barbara Werhahn. Die Marienskulptur und eine Weihnachtsdarstellung auf der Prieche, der Damenempore des Klosters Mariensee, gehören ebenfalls zu den Stationen des historischen Rundgangs. Beide Skulpturen zeigen Maria mit langen blonden Locken, eine Vorstellung, die zurückgeht auf eine Vision, die Birgitta von Schweden im Jahr 1372 in Bethlehem hatte. Sie sah das Geburtsgeschehen sich vor ihren Augen abspielen: die Jungfrau mit „wie Gold glänzenden Haaren, die ihr über die Schultern flossen" begrüßte das neugeborene Kind als ‚Mein Gott, mein Herr und mein Sohn'. Seitdem wurde Maria jahrhundertelang als andächtig Anbetende dargestellt; vorher zeigten Weihnachtsdarstellungen immer eine liegende Frau mit Schleier.

Auch Martin Luther hat Maria hoch geschätzt. Darum sieht der lutherische Festkalender die drei biblischen Marienfeste vor: die Darstellung im Tempel, die Verkündigung der Geburt Jesu und die Begegnung von Maria und Elisabeth. Damals sang Maria ein Loblied, das bis heute zum Abendgebet der Kirche gehört: das Magnifikat. Es wird nicht nur in den Klöstern, sondern auch in vielen Gemeinden täglich gebetet. „Maria lobt Gott, weil er sich auf die Seite derer stellt, die im Dunkeln wohnen und sonst wenig beachtet werden. Wir könnten auch sagen: in der Mitte der Nacht glüht die Hoffnung", schließt die Äbtissin den Moment der Besinnung. Zusammen mit den Klosterführerinnen und Gästen stimmt sie in den Lobgesang der Maria ein.

2. Sonntag im Oktober immer sonnabends sowie an Sonn- und Feiertagen jeweils um 15 und 16.30 Uhr statt. Gruppen werden um frühzeitige und schriftliche Anmeldung gebeten. Die Gärten sind nur im Rahmen der Klosterführungen und am Freitagnachmittag während der Führungszeit zugänglich. Für besondere Interessen und Altersgruppen haben die Klosterführerinnen zusätzliche Angebote vorbereitet. Das Klostermuseum ist ebenfalls während der Führungszeit dienstags bis freitags von 15 bis 17 Uhr, sowie sonnabends, sonntags und an Feiertagen von 15 bis 18 Uhr geöffnet. Das Klahn-Museum ist während der Führungszeit sonnabends von 15 bis 18 Uhr geöffnet. Gruppen werden um Voranmeldung gebeten.

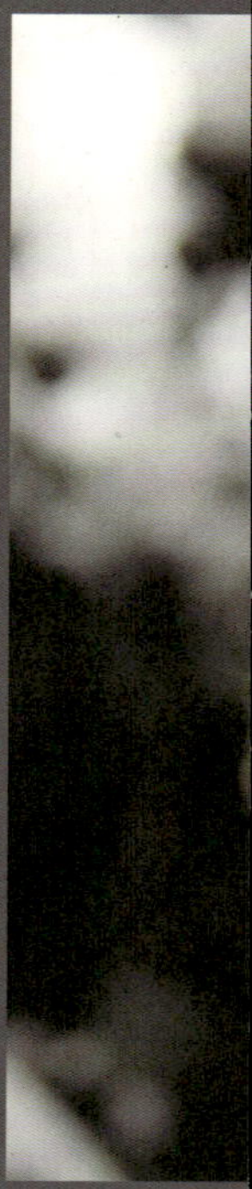

Kleine Kostbarkeit

O komm, o komm, du Morgenstern,
lass uns dich schauen, unsern Herrn.
Vertreib das Dunkel unsrer Nacht
durch deines klaren Lichtes Pracht.
Freut euch, freut euch, der Herr ist nah.
Freut euch und singt Halleluja.

Aus dem EG 19

Rezepte aus Mariensee

Adventspunsch mit Mispeln

nach Konventualin Gunthild Heidtmann

Die in Scheiben geschnittenen Mispeln mit dem Portwein tränken und einige Stunden ziehen lassen. Tee und Apfelsaft mit den anderen Zutaten etwa 20 Minuten erhitzen, nicht kochen; in den letzten fünf Minuten die Früchte hinzufügen. Alles gut durchziehen lassen. Mit Vollrohrzucker oder Honig süßen.

Die Früchte müssen Frost abbekommen haben damit sie weich und süß werden.

Variante: mit Äpfeln aus dem eigenen (Kloster-) Garten einen Apfelpunsch zubereiten. Dann nimmt man statt Portwein eine Mischung aus Cidre und Calvados. Ist noch etwas fruchtiger.

Zutaten vier Personen:
1 Handvoll Mispeln (aus dem Klostergarten; man bekommt sie aber auch in manchen türkischen Läden)
100 ml Portwein
300 ml (Rotbusch-)Tee
300 ml naturtrüber Apfelsaft
1 Zimtstange
1 Sternanis
Mark von 1 Vanilleschote, einige Gewürznelken,
1 Prise Muskat
Honig oder Vollrohrzucker zum Süßen

Klosterbrötchen

Zutaten:
500 g Weizen, möglichst frisch gemahlen
1 Schuss Olivenöl
1 TL Salz
1 Würfel Hefe oder 1 Päckchen Trockenbackhefe, wenn frische Hefe verwendet wird, mit einem TL Zucker einen Vorteig bilden und 5 min gehen lassen
lauwarmes Wasser, Haferflocken und Weizenmehl „nach Gefühl"

Alle Zutaten mit so viel Wasser verkneten, dass sich ein fester, weicher Teig ergibt. Eine Rolle formen und zwölf Scheiben abschneiden. Jedes Stück kneten, nebeneinander auf ein mit Backpapier ausgelegtes Blech legen, jeweils kreuzweise einschneiden. Im nicht vorgeheizten Ofen bei 180 Grad circa zehn Minuten backen.

Tipp: Sehr lecker schmeckt es auch mit einer Füllung aus Kräutern und saurer Sahne, die vor dem Backen in die Mitte des Brötchens gegeben wird.

Linsensuppe „Kloster bei Nacht"

200 g Linsen in einen Liter Gemüsebrühe etwa eine Stunde bei schwacher Hitze kochen.
Tipp: Die kleinen roten Linsen werden schneller weich. In der Zwischenzeit eine Stange Porree, 50 g Sellerie, 200 g Möhren und 400 g Kartoffeln putzen und klein schneiden, zu den weich gekochten Linsen geben und noch 20 Minuten mit kochen. Würzen mit reichlich Oregano, Thymian und etwas Paprika. Zum Schluss werden noch drei Esslöffel Tomatenmark und eine klein geschnittene Tomate untergerührt. Vor dem Servieren die Suppe mit einem Klecks saurer Sahne, Tomatenwürfeln und Petersilie oder Basilikum garnieren. Dieser Eintopf, den es bei der Veranstaltung Kloster bei Nacht gibt, sättigt, schmeckt und wärmt an kalten Wintertagen.

Gedanken sind ein besonderes Geschenk

Kloster Marienwerder: In der Zeit der kurzen Tage leuchtet der Dezember besonders

Trotz der Dunkelheit und Kälte, der kahlen Bäume und kurzen Tage, leuchtet gerade der Monat Dezember ganz besonders und inspiriert zu meditativen Gedanken.

Rosemarie Meding, Äbtissin des Klosters Marienwerder, lässt ihre Gedanken in der Zeit gerne von Symbolen inspirieren, die die Botschaft von Advent und Weihnachten aufnehmen. Es sind Texte, Bilder und kleine Zeichen. Sie können neue Zugänge zu den altvertrauten Themen eröffnen. So können Gedanken und Meditationen zum Geschenk werden:

In diesem Jahr bin ich
auf drei moderne Könige gestoßen,
die alle ihre Ecken und Kanten,
Schweißnähte oder Lackkratzer haben.

Sie versammelten sich:
der rote Adalbert,
der grüne Kunibert
und der orangefarbene Winnifred.
Geschenke haben sie gerade nicht dabei!

Sie stehen einfach zusammen.
Sie werden von einer Firma
unter der Rubrik „Königreich" vertrieben.

„Ein Königreich für ein Pferd" –

Kloster Marienwerder

Kloster Marienwerder, Quantelholz 62, 30419 Hannover, Telefon (05 11) 279 46 59 91, Fax (05 11) 279 46 59 99.
www.marienwerder.de, info@kloster-marienwerder.de

Rosemarie Meding,
Äbtissin im Kloster Marienwerder

Gibt es bestimmte Traditionen, die für Sie in der dunklen Jahreszeit wichtig sind?
Kerzenlicht, Tee trinken, Zeit zum Lesen, besonders Geschichten und Gedichte, die mit den Themen der Jahreszeit zu tun haben. Singen und Musik hören, das Haus schmücken und der Duft von Advent. All das gehört für mich in diese äußerlich triste Jahreszeit. Ich lasse meine Sinne gerne davon ansprechen und genieße es, wenn wir hier im Haus zusammenrücken und den „leuchtenden Advent" gemeinsam erleben.
Was bedeuten für Sie Krippen?
Vor Jahren erlebte ich eine Tradition, die sehr geprägt war von Ritualen, auch im Zusammenhang mit Krippen. Das habe ich sehr schätzen gelernt und es deshalb in mein weiteres Leben übernommen. So habe ich verschiedene Krippendarstellungen, um die sich immer auch eine eigene Geschichte rankt. Die Figuren kommen nach und nach dazu. Für mich sind die Krippen noch mal eine symbolhafte Möglichkeit, mich schrittweise auf den Weihnachtsweg zu machen. Am 24. Dezember kommt erst am Abend das Kind in die Krippe.
Welche Rolle spielt für Sie der Blumenschmuck?
Ich liebe ihn, gerade auch den einfachen. Der Adventskranz ist für mich unverzichtbar. Prägende Farben sind für mich im Advent Grün und Rot. In der Weihnachtszeit kommen die weiße Christrose und Gold in den Vordergrund – Gold, die Farbe für Gott.
In welcher Form geben Sie Ihren Mitmenschen gern Botschaften mit?
Ich mache mir seit Jahren Gedanken, wie ich die alte, vertraute Botschaft des Weihnachtsevangeliums neu erfahrbar machen kann. So versuche ich die christliche Botschaft mit adventlichen und weihnachtlichen Symbolen zu verknüpfen und die Menschen dadurch neu zum Hören, Schauen und Nachdenken anzuregen. Ich „kaue" Vertrautes für mich noch einmal durch. Ein persönlicher, großer Gewinn!

dieses Zitat von Shakespeare hat wohl jeder schon einmal abgewandelt:
ein Königreich für ...
ein Taschentuch ...
eine staufreie Autobahn, ...
mehr Zeit, ...
Eine lange Liste solcher sehnlichster Wünsche ließe sich anführen.

Die „klassischen Könige",
Caspar, Melchior, Balthasar genannt,
haben später ihr „Königreich" hinter sich gelassen.

Sie hatten sicherlich auch Wünsche,
aber vor allem ein konkretes Ziel vor Augen und sind mit ihren Geschenken unbeirrbar dem Stern gefolgt.

Träume und Wünsche,
aber auch konkrete Ziele mit sich selbst und anderen vereinbaren.

Wege werden sich finden.
Wir Christen erfahren, dass wir diese Wege nicht alleine gehen müssen.

Gott geht mit.
Vergiss deine Träume nicht und
opfere deine Wünsche nicht immer wieder dem Alltag!
Gott geht mit!

Das ist ein ermutigender Gedanke auch zu Beginn eines neuen Jahres!

Rosemarie Meding

Die Klosterkirche ist sonntags von 14 bis 16 Uhr geöffnet. Führungen durch das Kloster sind nur nach telefonischer Vereinbarung möglich.

Kleine Kostbarkeit

Da hatte Gott eine zündende Idee:

Weihnachten wurde er Mensch
und hat uns als Kind
das Licht der Liebe
in die Welt gebracht.

Es will uns leuchten
– das Licht der Liebe.
Es will uns zündende Idee sein
– das Licht der Liebe.
Es will auch unsere Liebe
immer wieder neu entzünden
– das Licht der Weihnacht.

Rosemarie Meding

Rezepte aus Marienwerder

Apple Crumble

Äpfel in Achtel schneiden, nach Belieben schälen und in Butter andünsten. Vorher eingeweichte (z. B. in Cointreau) Rosinen und Zimt hinzugeben. Die Masse (Äpfel nicht zu weich kochen) in eine Pieform schütten und mit Streuseln abdecken. Im vorgeheizten Ofen bei 180 Grad ca. 20 Minuten backen. Mit flüssiger Cointreau-Sahne servieren. Gutes Gelingen!

Zutaten (für vier Personen):
500 g Boskop-Äpfel
100 g Rosinen
50 g brauner Zucker
Butter zum Andünsten
Nach Geschmack Zimt

Streusel
75 g Mehl
50 g Zucker
50 g Butter
Päckchen Vanillezucker

Blätterteigtaschen mit Sauerkraut und Trauben

Den Ofen auf 200 Grad vorheizen. Den Blätterteig antauen lassen. Das Sauerkraut gut abtropfen lassen. Den Schinkenspeck in einer Pfanne mit etwas Öl anbraten. Das Sauerkraut und den Apfelsaft zugeben. Etwa 15 Minuten schmoren lassen. Das Kraut etwas auskühlen lassen. Die Trauben waschen, je nach Größe halbieren und unter das Sauerkraut heben. Die Sauerkrautmasse auf jeweils eine Hälfte der Blätterteigscheiben verteilen. Mit etwas geriebenem Käse bestreuen und zur Tasche zuklappen. Die Teigränder mit einer Gabel andrücken. Die Taschen auf ein mit Backpapier ausgelegtes Backblech legen. Mit verquirltem Eigelb bestreichen. Im vorgeheizten Backofen bei 200 Grad etwa 20 bis 30 Minuten goldbraun backen.
Lauwarm mit Bier oder Wein servieren.

Zutaten (für 6 - 8 Taschen):
200 g frisches Sauerkraut
1 Paket TK-Blätterteig
50 g fein gewürfelter Schinkenspeck
etwas Apfelsaft
150 g blaue kernlose Trauben
50 g Bergkäse
etwas Öl zum Anbraten
1 Eigelb zum Bestreichen

Mandelküchlein mit Zimtsirup

Zutaten (für 18 - 24 Stück):
Teig:
125 g Butter
125 g Puderzucker
4 Eiweiß
40 g Mehl
50 g gemahlene Mandeln
1 EL Rum
Sirup:
1-2 TL Zimt
150 g Zucker
1 TL Zitronensaft
Fett und Mehl für die Form

Für den Teig die Butter in einem Topf erhitzen, bis sie nussig riecht. Anschließend durch ein feines Sieb gießen. Kleine Tartelett- oder Muffinförmchen (4 cm) gut einfetten, gegebenenfalls zusätzlich mehlieren. Den Backofen auf 210 Grad vorheizen. Den Puderzucker mit dem Eiweiß nur gut verrühren. Das Mehl und die Mandeln unterrühren. Nach und nach die flüssige Butter und den Rum unterziehen. Den Teig in die Formen füllen. Den Backofen auf 180 Grad zurückschalten. Küchlein etwa zehn bis 15 Minuten backen. Sie sollen aufgehen und goldgelbe Farbe bekommen. Für den Sirup 300 ml Wasser mit Zimt, Zucker und Zitronensaft aufkochen. Die Mandelküchlein aus dem Backofen nehmen. Mit einem Zahnstocher mehrmals einstechen und den Sirup mit einem Backpinsel darüber verteilen. Die Küchlein halten sich gut verpackt im Kühlschrank etwa eine Woche.

Wenn ein Lichtermeer auf den Wegen funkelt

Der Siebenstern begleitet im Kloster Medingen durch die Advents- und Weihnachtszeit

Immer im Advent – dann leuchtet ein besonderer Glanz in fast jedem Haushalt in Bad Bevensen. Es ist ein gedrechselter Siebenstern, der die Fenster in den Häusern, Kirchen und auch die Festtafel im Kloster Medingen schmückt. Ursprünglich wurde er nur aus weißen Holzarten gedrechselt. Inzwischen ist er von Nussbaum über Eiche bis zu farbigen Exemplaren in vielfältigsten Variationen erhältlich. Der Siebenstern besteht aus einer konischen Ständerstange mit einem runden Holzfuß. Darauf befinden sich in gleichmäßigen Abständen drei Querstangen unterschiedlicher Länge, auf denen sieben Kerzen gesteckt werden. Aus der Vogelperspektive bilden sie ein Sechseck um einen leuchtenden Mittelpunkt.

Alter und Herkunft des Siebensterns sind weitgehend ungeklärt. Völkerkundler meinen, dass der weihnachtliche Festleuchter wie die Lichterpyramiden aus dem skandinavischen Raum oder dem Erzgebirge stammt. Außerdem hatte das Licht in der Vorstellungswelt der Ahnen eine segenbringende Wirkung und war geeignet, die bösen Geister der Nacht zu vertreiben. Sicher ist wohl nur, dass dieser Leuchter, wie auch alle anderen siebenflammigen Leuchter und Lichterpyramiden, auf

Kloster Medingen, St. Mauritius Klosterweg 1, 29549 Bad Bevensen, Telefon (0 58 21) 22 86, Fax (0 58 21) 96 77 51, www.kloster-medingen.de.

Dr. Kristin Püttmann,

Äbtissin im Kloster Medingen

Seit wann sind Sie die Äbtissin des Klosters Medingen?
Ich wurde am 12. Oktober 2012 in einem Festgottesdienst in das Amt der Äbtissin eingeführt.
Was hat Sie zu diesem Schritt inspiriert?
Irgendwie lief das, was ich in meinem bisherigen Leben getan habe, scheinbar unterbewusst auf dieses Ziel zu. Eine Anzeige der Stellenausschreibung in der „Zeit" zu Beginn des Jahres 2012 brachte mich dann auf die Idee, mich in Medingen zu bewerben. Es ist schon ein „Magic Moment" gewesen – denn Medingen habe ich immer besonders geliebt.
Was war Ihre bisherige Tätigkeit?
Ich war selbstständige Kulturwissenschaftlerin. Ich hatte und habe auch weiterhin einen Lehrauftrag an der Leuphana Universität Lüneburg.
Wo und was haben Sie studiert?
Ich habe Kunstgeschichte, Archäologie, Anglistik und Volkskunde in Münster und München studiert. Meine Doktorarbeit habe ich dann im Fach Kunstgeschichte geschrieben.
Welche Ziele haben Sie sich für Medingen gesteckt?
„Den Faden weiterspinnen" – diesen besonderen Ort in seiner Geschichte und Gegenwart erfassen und zwischen Tradition und Moderne zukunftsfähig machen.
Wie verbringen Sie die Winterzeit?
Vieles läuft ganzjährig weiter – also kein Winterschlaf! Dazu gehören die angemeldeten Klosterführungen: Weil wir bei einem Kurort liegen, sind bei uns Führungen an den Festtagen gefragt und werden bereits im Sommer gebucht. Außerdem muss die neue Saison vorbereitet werden, genauso wie die Planung von Events mit langer Vorlaufzeit. Zu den Aktivitäten im Winter gehört die Konzertreihe „Junge Pianisten" im Festsaal bei Kerzenlicht sowie die gemeinsame Advents-und Weihnachtszeit des Konvents mit unterschiedlichen Ereignissen.

die heilige Zahl Sieben zurückzuführen ist. Heute wird der Siebenstern in fast allen Bevenser Häusern zu Festlichkeiten, wie Verlobungen, Hochzeiten oder Taufen, angezündet. Früher, als die Toten noch in den Häusern aufgebahrt wurden, stand er an den Särgen. Auswanderer nahmen ihre Leuchter mit, um sich auch im Ausland während der Weihnachtszeit ein kleines Stück Heimat zu bewahren.

In Bad Bevensen trugen die Bewohner ihre Siebensterne erstmals am ersten Weihnachtstag des Jahres 1842 zur Frühmette in die Dreikönigskirche, denn die evangelische Landeskirche hatte zu der Zeit den Gemeinden die Mittel für die Beleuchtung der Frühmette gestrichen. „Denn bringt doch jo Söbensterns mit, de jüt to Huus hebt!", soll der damalige Pastor Herbst gesagt haben. Bis heute ist dieser Brauch erhalten: Frühmorgens gehen die Bevenser am ersten Weihnachtstag mit ihren Siebensternen, der einzigen Lichtquelle an dem Tag in der Kirche, zum Gottesdienst. Die besonders festliche Atmosphäre wirkt ansteckend, denn die Gottesdienstbesucher kommen von weit her, um das stimmungsvolle Kerzenlicht zu erleben. Inzwischen wurde der Brauch der Siebenstern-Gottesdienste zusätzlich an den Nachmittagen der Adventssonntage eingeführt. „Wenn bei uns die Ehrenamtlichen und Frauen der Gemeinde zur Kaffetafel im Advent eingeladen sind, gehört der Siebenstern selbstverständlich dazu. In unserer Silberkammer befinden sich im Besitz des Schützenvereins sogar zwei silberne Siebensterne", erklärt Äbtissin Dr. Kristin Püttmann, die die Atmosphäre des Kerzenlichts auch beim begehbaren Adventskalender im Kloster Medingen schätzt: am Nikolaustag wird der Weg zwischen Kloster und Brauhaus nur durch ein Laternenlichtermeer beleuchtet.

Vom 1. April bis zum 15. Oktober finden dienstags bis freitags um 14, 15 und 16 Uhr sowie samstags, sonntags und an Feiertagen um 11, 14, 15 und 16 Uhr Führungen durch das Kloster statt. Montags sowie am Dank- und Weihfest des Klosters (23. und 24. August) ist geschlossen.
Sonderführungen für Gruppen, auch nach dem 15. Oktober, können direkt im Kloster, Telefon (0 58 21) 96 78 38, gebucht werden.

Kleine Kostbarkeit

Wessen Herz nach Gott ausschaut,
dessen Auge wird nicht blind.
Wessen Geist vor Gott sich beugt,
dessen Seele wird nicht krumm.

Klara von Assisi

Rezepte aus Medingen

Altäbtissins Orangenpunsch

Alles erhitzen aber nicht kochen. Dann abseihen und auf Punschgläser verteilen. Jedem Punschglas ein Sahnehäubchen aufsetzen und mit Zimt bestreuen.

Zutaten:
1 l Bio-Orangensaft
1 l Weißwein
0,75 l Orangenlikör
0,5 l frisch gepresster Orangensaft
2 EL guter Rapshonig
2 TL Nelken
3 Zimtstangen

Steinpilz-Bruschetta

Baguette in acht Scheiben schneiden. Im vorgeheizten Ofen bei 210 Grad (Umluft 190 Grad) auf der zweiten Schiene von oben goldbraun rösten und mit der Knoblauchzehe einreiben. Den Rest der Zehe hacken.
Steinpilze putzen und vierteln. Olivenöl in einer Pfanne erhitzen und die Pilze darin bei sehr starker Hitze circa 30 Sekunden anbraten. Gehackte Knoblauchzehe und Rosmarin dazugeben und weitere 45 Sekunden braten.
Mit Zitronensaft ablöschen, mit Zitronenschale würzen, salzen und pfeffern. Die Pilze auf die Brotscheiben geben und servieren.

Zutaten für acht Portionen:
150 g Baguette
1 kleine Knoblauchzehe
500 g kleine Steinpilze
2 EL Olivenöl
2 Zweige Rosmarin
1 EL Zitronensaft
1 TL abgeriebene Zitronenschale (unbehandelt)
Salz
Pfeffer

Königskuchen

Das Fett schaumig rühren und nach und nach Zucker, Vanillezucker, Eier und Gewürze hinzugeben. Das mit Backpulver gemischte Mehl abwechselnd mit der Milch unterrühren. Nur so viel Milch verwenden, dass der Teig schwer reißend vom Löffel fällt. Die gewaschenen, gut abgetropften Rosinen und Korinthen sowie das Zitronat zuletzt unter den Teig heben und ihn in eine gefettete mit Backpapier ausgelegte Kastenform füllen. Bei 175 bis 185 Grad etwa 80 bis 100 Minuten backen.

Zutaten:
250 g Butter oder Margarine
200 g Zucker
1 Päckchen Vanillezucker
5 Eier
geriebene Schale einer unbehandelten Zitrone oder 2 EL Rum
etwas Salz
500 g Weizenmehl
4 gestrichene TL Backpulver
knapp 1/8 l Milch
250 g Rosinen
100 g Korinthen
50 g in kleine Würfel geschnittenes Zitronat

Märkte, Vorträge und Besinnliches sorgen für Kontraste

Das Stift Obernkirchen bietet ein breit gefächertes Bildungsangebot

Immer im Advent ist es so weit: Mehrmals wöchentlich bringt ein neues beleuchtetes „Fenster" Licht in das Dunkel. Im Stift hat es schon Tradition, dass am dritten Advent das Adventsfenster in dem historischen Kreuzgang des geschichtsträchtigen Ortes stattfindet. Bei Kerzenschein ziehen die Gäste singend durch das mehr als 800 Jahre alte Baudenkmal. Zu dem feierlichen Augenblick gehört auch eine Geschichte, die Äbtissin Susanne Wöbbeking vorliest. Anschließend werden Stiftsbrot und alkoholfreier Punsch gereicht. „Für uns ist das eine sehr gute und besinnliche Alternative zu der kommerziellen Vorweihnachtszeit", bestätigt die Äbtissin.

Dichtes Gedränge und fröhliche Stimmung prägen schon Anfang Dezember die Atmosphäre des Weihnachtsmarktes. Der Duft von Orangen und Zimt zieht am ersten Advent durch die Gänge und Räume. Kunsthandwerk, Selbstgebackenes, Leinen, Holzarbeiten werden angeboten; Gemütlichkeit und Lichterglanz locken die Gäste aus dem weiteren Umkreis.

Ebenfalls zu den beliebten Traditionen gehört die Veranstaltungsreihe „Treff im Stift" Obernkirchen. Sie ist Anfang der 90er-Jahre aus dem Loc-

Stift Obernkirchen

Stift Obernkirchen, Bergamtstraße 12, 31683 Obernkirchen, Telefon (0 57 24) 84 50, Fax (0 57 24) 39 71 86, www.stift-obernkirchen.de und www.treff-im-stift-obernkirchen.de

Susanne Wöbbeking,
Äbtissin im Stift Obernkirchen

Wie verändert sich das Stift im Winter?
Die offiziellen Führungen sind dann eingestellt, und Veranstaltungen finden in der kühleren Jahreszeit nur in den Sälen statt. Für standesamtliche Hochzeiten zum Beispiel steht die Abteihalle zur Verfügung, da der Wappensaal ungeheizt ist.
Welche Veranstaltungen werden im Winter durchgeführt?
Vom Herbst bis zum Frühjahr gehört unter anderem die Vortragsreihe „Treff im Stift" dazu. Die Referenten kommen oft von weit her und übernachten dann im Stift. Es ist bei uns Tradition, dass sie vor dem Vortrag zum Essen eingeladen werden. Dies ist eine schöne Gelegenheit, interessante Kontakte zu knüpfen.
Was genießen Sie in der Winterzeit besonders?
Als Kapitel können wir mehr gemeinsame Zeit miteinander verbringen. Regelmäßig heize ich meinen Kachelofen an und genieße gesellige Augenblicke, wenn es die Zeit erlaubt. Hat es dann auch noch geschneit, zeigen sich die malerischen Konturen des Gartens von ihrer schönsten Seite. Es ist auch eine Freude, die Vögel und Eichhörnchen an den verschiedenen Futterstellen zu beobachten.
Welcher Augenblick erfreut Sie an einem Wintertag immer besonders?
Wenn ich mich von außen dem Stift nähere und der typische Holzfeuergeruch der Kaminöfen in der Luft liegt. Dann habe ich das Gefühl: „Ich komme nach Hause!".

cumer Freundeskreis hervorgegangen. Bereits 1950 gründete der Obernkirchener Industrielle Friederich Heye den Loccumer Freundeskreis, um sich gezielt und intensiv mit gesellschaftlichen, politischen und kirchlichen Fragestellungen auseinanderzusetzen. Seitdem gab es die Veranstaltungen vom Loccumer Freundeskreis an verschiedenen Orten der Stadt, hauptsächlich aber im Stift Obernkirchen. Auch sechs Jahrzehnte nach der Gründung des Kreises setzt sich „Treff im Stift" vielschichtig mit Zeitfragen auseinander. Neben Vorträgen ergänzen Konzerte und Kunstausstellungen die kontrastreiche Vortragsreihe. Dazu ermöglichen Exkursionen zu den Jahresthemen eine weitere Vertiefung der Eindrücke. „Also lautet der Beschluss, dass der Mensch was lernen muss" – zitiert Äbtissin Wöbbeking treffend die Worte von Wilhelm Busch:

„Nicht allein das A-B-C
Bringt den Menschen in die Höh`;
Nicht allein im Schreiben, Lesen
Übt sich ein vernünftig Wesen;
Nicht allein in Rechnungssachen
Soll der Mensch sich Mühe machen;
Sondern auch der Weisheit Lehren
Muss man mit Vergnügen hören".

Führungen finden vom 1. April bis zum 31. Oktober immer mittwochs und samstags um 15.30 Uhr sowie nach Vereinbarung statt. Kinderführungen nach Vereinbarung.

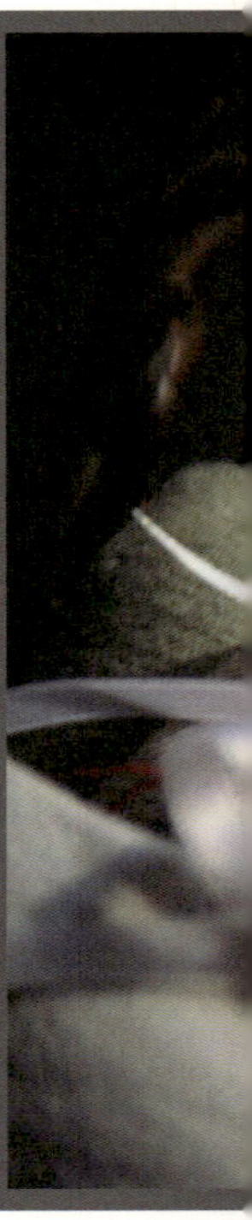

Kleine Kostbarkeit

Es wird mit Recht ein guter Braten
Gerechnet zu den guten Taten;
Und daß man ihn gehörig mache,
Ist weibliche Charaktersache.
Ein braves Mädchen braucht dazu
Mal, erstens, reine Seelenruh,
Daß bei Verwendung der Gewürze
Sie sich nicht hastig überstürze.
Dann, zweitens, braucht sie Sinnigkeit,
Ja, sozusagen Innigkeit,
Damit sie alles appetitlich,
Bald so, bald so und recht gemütlich
Begießen, drehn und wenden könne,
Daß an der Sache nichts verbrenne.
In summa braucht sie Herzensgüte,
Ein sanftes Sorgen im Gemüte,
Fast etwas Liebe insofern.
Für all die hübschen, edlen Herrn,
Die diesen Braten essen sollen
Und immer gern was Gutes wollen.
Ich weiß, daß hier ein jeder spricht:
„Ein böses Mädchen kann es nicht."
Drum hab ich mir auch stets gedacht
Zu Haus und anderwärts:
Wer einen guten Braten macht,
Hat auch ein gutes Herz.

Wilhelm Busch

Rezepte aus Obernkirchen

Apfeltorte

Aus den Teigzutaten einen Knetteig herstellen und 30 Minuten kühl stellen. Eine Springform (24 Zentimeter Durchmesser) fetten. Mit zwei Dritteln vom Teig den Boden auslegen und einen drei Zentimeter hohen Rand formen. Die Äpfel schälen, entkernen und in Scheiben schneiden. Mit dem Zitronensaft vermengen und in die Form füllen. Zucker, Zimt, Rosinen oder Nüsse darüberstreuen und vom restlichen Teig ein Gitter auf die Äpfel legen. Auf der mittleren Schiene 30 bis 45 Minuten bei 170 Grad (Ober- und Unterhitze) backen. Danach noch fünf Minuten im Backofen auskühlen lassen. Marmelade mit Rum vermischen, erwärmen und über den Kuchen streichen.

Zutaten:
Für den Teig:
300 g Mehl
1 Prise Salz
150 g Zucker
210 g Butter
1 Eigelb

Für den Belag:
1,5 kg Äpfel
1 TL Zitronensaft
2 EL Zucker
1 TL Zimt
Rosinen oder gehackte Nüsse
1 EL Rum
2 EL Aprikosenmarmelade

Quittenbrot

Zutaten:
1,2 kg Quitten (1 kg Brei)
500 g Gelierzucker 1:2
3 EL frisch gepresster Zitronensaft
gemahlener Zimt
geriebener Ingwer nach Belieben

Die Quitten abbürsten, waschen, trocken reiben und in Stücke schneiden. Die harten Kerngehäuse entfernen, dann mit wenig Wasser weich kochen und passieren. Den Brei mit Zucker, Zitronensaft und eventuell weiteren Gewürzen nach der Anleitung des Gelierzuckers kochen. Eine Porzellanplatte oder ein Tablett mit Pergamentpapier auslegen. Dieses fetten und die Masse darauf ausstreichen. Zum Trocknen an einen warmen Ort stellen, dabei einmal wenden. Sobald die Masse fest geworden ist, wird diese in kleine Rechtecke oder Stifte geschnitten, in Zucker gewälzt oder zur Hälfte in Kuvertüre getunkt.

Feldsalat mit Rote-Bete-Stiften

Zutaten nach Belieben auf Salatteller verteilen und kurz vor dem Servieren mit der Soße beträufeln.

Zutaten:
ca. 200 g Feldsalat, geputzt und gewaschen
1 Rote-Bete-Knolle, gekocht, abgezogen und in feine Stifte geschnitten
gehackte Walnusskerne

Soße: 2 EL Balsamico-Essig
3 EL naturtrüber Apfelsaft
Salz
frisch gemahlener Pfeffer
½ TL Senf
3 EL gutes Öl nach Geschmack

Der kleine Schatz heißt Bambino

Kloster Walsrode: Kostbare Perlen verzieren das bodenlange Gewand

Bambino heißt der kleine Star im Kloster Walsrode. Das farbig gefasste Christkind aus Holz ist mehr als 500 Jahre alt. In seiner Hand hält der segnende Jesusknabe eine Weltkugel. Im 17. Jahrhundert erhielt er ein prächtiges, bodenlanges Gewand. Er trägt eine Bischofskappe aus vier roten Samtsegmenten, Leinenhemden mit und ohne Ärmel und ein aus älteren Teilen zusammengesetztes Obergewand, ebenfalls aus rotem Samt.

Das Obergewand ist reich bestickt, mit Messingpailletten und Brakteaten – dünnen, einseitig bedruckten Münzen – besetzt. Die aufwendige Stickerei besteht zum Teil aus wertvollen Ilmenau-Flussperlen, die die Kostbarkeit des kleinen Klosterschatzes unterstreichen. Die Ilmenau ist heute ein zwischen weiten Ufern und grünen Wiesen in einem lieblichen Tale schnell dahinfließender Fluss. Er hat jedoch eine bewegte Vergangenheit hinter sich.

In alten Zeiten floss die Ilmenau im versumpften Flussbett träge der Elbe zu. Wie in anderen Heideflüssen gab es an der Ilmenau noch bis zum 19. Jahrhundert die Perlenfischerei. Die Flussperlmuscheln sind etwa zehn Zentimeter lang und vier bis fünf Zentimeter breit. Eine Perle entsteht, in-

Kloster Walsrode

Kloster Walsrode, Kirchplatz 2, 29664 Walsrode, Telefon (0 51 61) 4 85 83 80, Fax (0 51 61) 4 85 83 89, www.klosterwalsrode.de, info@kloster-walsrode.de

Dr. Sigrid Vierck,
Äbtissin im Kloster Walsrode

Wie verbringen Sie die Weihnachts- und Wintertage?
Meine Tochter kommt, und wir freuen uns auf die Ruhe dieser Tage. Das halten wir seit vielen Jahren so. Heiligabend feiern wir alle im Kloster, Konventualinnen und Besuch, gemeinsam im Remter am Nachmittag, anschließend geht es in den Gottesdienst. Auch die traditionelle Gans mit Rotkohl und Klößen am ersten Weihnachtstag lassen wir nicht aus.
Und Silvester?
Ganz unterschiedlich, je nachdem, ob ich eingeladen bin oder nicht. Mir gefällt das stille Silvester hier im Kloster, wo wir mit etwas Bleigießen, Schrottwichteln und anderen Späßen nach einem leckeren Karpfenessen bis zum Anstoßen beisammen sind. Aber ich war auch schon mehrmals in Berlin und habe dort „ganz groß" in Gesellschaft gefeiert. Beides hat seinen Reiz.
Sie sind eine leidenschaftliche Köchin. Welche Gerichte favorisieren Sie im Winter?
In der Lüneburger Heide sind die Schnucken und die Kartoffeln „zu Hause". Beides liebe ich sehr und bereite im Winter gerne Gästeessen mit üppigen Gratins und vielen Gängen zu. Frisches Heidschnuckenfleisch besorge ich direkt beim Erzeuger, dafür ist mir niemals der Weg zu weit.
Haben Sie einen besonderen Tipp für die Zubereitung der Schnucke?
Schnuckenkeule ist ideal für eine Gastgeberin: mit Fett (am liebsten Olivenöl) rundum einreiben, Salz in die Oberfläche einklopfen; bei größter Hitze (270 Grad) eine Viertelstunde kross anbraten, dann runter auf 180/190 Grad schalten und je nach Größe 1 bis 1 ½ Stunde garen. Ist der Braten einmal im Ofen, braucht nichts mehr getan zu werden. Nur die Soße muss vor dem Servieren noch zubereitet werden. Alle anderen Gänge, wie die Vorspeise, Suppe, Nachspeise, das Gratin sowie die Böhnchen, werden vorbereitet und stehen bereit.

dem sich ein Sandkorn im Inneren der Muschel einnistet und so einen Reiz darstellt. Die Muschel wehrt sich gegenüber dem Eindringling, indem sie ihn mit zahlreichen dünnen Schichten Perlmuttsubstanz überzieht. Etwa 30 bis 40 Jahre dauert das Ausbilden einer Perle, wobei Flussperlmuscheln bis zu 80 Jahre alt werden. Nur jede 500. Muschel beinhaltet eine brauchbare Perle. Wegen des übertriebenen Fischens, unbefugten Perlenfangs und einer zunehmenden Flussregulierung ist die Perlenfischerei eingegangen.

Der liturgische Ritus des Einkleidens von Christusfiguren ist bis heute im katholischen Bereich bekannt und wird beispielsweise im Kloster Neuzelle, Lausitz, oder beim „Prager Jesulein" ausgeübt. In den festarmen Zeiten des Kirchenjahres wird die Figur lediglich mit leinenem Hemd bekleidet. An hohen Festtagen erhält sie dann ein besonderes Festgewand, oder es gibt verschiedene Festgewänder für die verschiedenen Kirchenfeste, wie etwa in Prag.

Heute befindet sich die kleine Figur in einer lichtgeschützten Glasvitrine in der Klosterkapelle neben dem Altar und ist stets in weihnachtlichem Festgewand zu bewundern.

Das Klostergelände ist täglich bis 18 Uhr (im Winter bis zum Einbruch der Dunkelheit) für Besucher zugänglich. Führungen finden täglich statt, vom 1. April bis 30. September um 15, 16 und 17 Uhr, vom 1. Oktober bis zum 31. Oktober um 15 und 16 Uhr. Zusätzlich werden spezielle Kinder- und Themenführungen angeboten. Gruppen werden gebeten, sich telefonisch, per Fax oder per Email anzumelden. Führungen zu anderen Terminen und außerhalb der Saison ebenfalls nach Anmeldung. Keine Führungen an Karfreitag, am 24. Juni und an Veranstaltungstagen.

Kleine Kostbarkeit

Ein Kindelein so löbelich
ist uns geboren heute
von einer Jungfrau säuberlich,
zu Trost uns armen Leuten.
Wär uns das Kindlein nicht geborn,
so wärn wir allzumal verlorn,
das Heil ist unser aller.
Ei, du süßer Jesu Christ,
der du Mensch geboren bist,
behüt uns vor der Hölle.

„Dies sollte häufig, an manchen Tagen mehrmals und dann jeweils dreimal gesungen werden. Vielleicht besteht ein Zusammenhang mit dem einzigartigen „Bambino", schreibt Ulrike Volkhardt im Beiheft zur CD „Vorlehn uns freden gnediglich" mit Musik aus dem Kloster Walsrode.

Rezept aus Walsrode

Dresdner Christstollen
Familienrezept

Voraussetzung: Alle Zutaten müssen gut und zwar gleich warm sein. Der Teig soll in einem gut gewärmten Raum zubereitet werden.
Das gesamte Mehl in eine Schüssel geben, in der Mitte eine Vertiefung bilden und dorthinein die folgendermaßen zubereitete Hefe geben. Die Hefe in eine Tasse mit lauwarmer Milch hineinbröseln, umrühren, bis die Hefe sich vollkommen mit der Milch verbunden hat. Diese Hefeflüssigkeit in die Mehlvertiefung geben. In diese Hefeflüssigkeit einen gehäuften Teelöffel Zucker geben, leicht mit dem Finger umrühren, wobei man darauf achtet, dass das Mehl nicht hineingerät. Das Ganze mit einem sauberen Tuch zudecken und an einem zugfreien warmen Ort gehen lassen, bis sich „Blasenwolken" gebildet haben. Die Hefeflüssigkeit ist dann doppelt so hoch wie vorher.
Die zerlassene, mit dem Talg vermischte Butter (nicht heiß) zugeben. Ebenso die lauwarme Milch, den Zucker, den Zimt, die geriebene Zitronenschale sowie den Zitronensaft, die fein gehackten Mandeln (süße und bittere), das Salz und den Rum nach und nach zugeben.
Nun den Teig so lange kneten, bis er Blasen schlägt, je länger, desto besser. Die gewaschenen und entstielten Rosinen trocken (!) hineinkneten, ebenso Orangeat und Zitronat. Der Teig muss eher zäh, fest als weich und laufend sein. Nun den Teig nochmals eine gute halbe Stunde gehen lassen Dann formen: den Teig dick nudeln in eine ovale Form (1), dann ineinanderlappen (2) zur Form eines Stollens (3). Auf ein gefettetes Blech geben.
Das Ganze bei mäßiger Hitze 1 bis 1 ½ Stunden backen.
Den Stollen sofort nach Herausnehmen aus dem Ofen auf ein Siebgestell legen, mit flüssiger Butter bestreichen, diesen Vorgang drei- bis viermal wiederholen, zuletzt dick mit Puderzucker bestreuen.
An einem kühlen Ort aufbewahren. In einer Zellophantüte luftdicht verschlossen hält er sich am besten. Nach drei bis vier Wochen schmeckt er am besten.

Zutaten:
Teig:
750 g Mehl
282 g Butter
1 TL Talg
100 g Zucker
450 g Rosinen
8 g bittere Mandeln
25 g süße Mandeln
0,25 l Milch
½ ungespritzte Zitrone, Schale und Saft
1 Messerspitze Zimt
Zitronat und Orangeat nach Belieben
1 Prise Salz
1 Fingerhut Rum
Puderzucker und flüssige Butter zum Bestreichen des fertig gebackenen Stollens

Hefezubereitung:
30 g Hefe
Milch und Zucker

Granatapfel ist ein Symbol der Liebe und Heilung

Chormäntel stellen sichtbares Zeichen der Gemeinschaft im Kloster Wennigsen dar

Ein wärmender Mantel stellt das sichtbare Zeichen der neu aufbrechenden Frauengemeinschaft im Kloster Wennigsen dar. Seit Anfang Januar 2013 tragen dort die Frauen, die miteinander ein intensives geistliches Leben führen und andere mit umfangreichen Angeboten dazu einladen, ihre Chormäntel. Damit lebt eine alte Tradition wieder neu auf, denn als liturgisches Gewand wird es immer zu den gemeinsamen Gebets- und Andachtszeiten getragen.

Auf der Suche nach einem geeigneten Schnitt und Muster ließ sich Äbtissin Gabriele Siemers von der Mantelmadonna, die aus der Gründungszeit des Klosters vor mehr als 800 Jahren stammt, inspirieren. Es ist eine romanische, aufrechte Maria, mit einem erwachsenen Christus auf dem Schoß, mit fein gestalteten Händen und einem wunderbaren Glanz und Leuchten im Gesicht. Seit dem 16. Jahrhundert trägt sie einen grünen Seidenbrokatmantel. Auf ihm sind zarte Ornamente der Natur zu sehen. Die Motive zeigen filigrane Blumen, Bäume und Granatäpfel.

„Diese Maria ist in den Mantel der Schöpfung gekleidet. Darin empfängt und trägt sie das Geheimnis Gottes, lässt etwas von ihm sichtbar werden.

Gabriele-Verena Siemers,

Äbtissin im Kloster Wennigsen

Sie sind Supervisorin, Kontemplationslehrerin und im Leitungsteam der Schulung für MeditationslehrerInnen Via Cordis. Wie sind Sie dazu gekommen?

Im Ursprungsberuf bin ich Diplom-Pädagogin in der Erwachsenenbildung. Während des Studiums lernte ich zwar Methoden und Didaktik, doch was wollte ich eigentlich lehren? Mir fehlte der Inhalt. Als ich Mitte zwanzig war, begann ich zu meditieren. Dies war mir eine so große Hilfe, besonders in der dann folgenden turbulenten Familienzeit mit vier Kindern, dass ich die Meditation vertiefen, verstehen, schließlich auch weitergeben wollte. Eine mehrjährige Ausbildung als Meditationslehrerin bei Franz-Xaver Jans-Scheidegger, einem Tiefenpsychologen in der Schweiz, der die Weggemeinschaft Via Cordis gründete, bot mir die Möglichkeit, zunächst für meinen eigenen Weg, dann auch in der Leitung von Seminaren. Die Weiterbildung zur Supervisorin kam dazu, als ich merkte, ich brauche für die Begleitung von Menschen noch weiteres Handwerkszeug.

Was können die Besucher hier erwarten?

Es ist mir ein Anliegen, das Kloster zu öffnen für suchende Menschen. So wie die Wüste Oasen braucht, muss es in der immer schneller werdenden Welt Orte der Ruhe geben. Ausruhen und Aufatmen – das ist nichts Oberflächliches. In der Stille begegne ich mir selbst und meinen Fragen. Habe ich noch Kontakt zum Wesentlichen, zum Sinn in meinem Leben? Besucher können hier stille, schön gestaltete Räume erwarten, einen großen Garten, regelmäßige Meditationszeiten. Man kann als Gast kommen und für sich sein, auf Wunsch auch mit Gesprächsbegleitung durch Frauen der Geistlichen Gemeinschaft des Klosters. Man kann an Seminaren teilnehmen, zur Einführung und Vertiefung von Meditation und Herzensgebet oder zu Lebensthemen. Immer sind sie vom klösterlichen Gebetsrhythmus getragen.

Sie ist uns vorausgegangen und kann uns Vorbild sein. Sie hat sich der Liebe Gottes geöffnet und dann an sich geschehen lassen, was da werden wollte", erklärt Äbtissin Gabriele Siemers. Weil er innen so kräftig rot sei, stelle der Granatapfel ein altes Symbol der Liebe dar; die vielen Kerne stehen für die Fruchtbarkeit, und ihre Inhaltsstoffe bewirken Heilung.

„Christus wird häufig mit einem Granatapfel in der Hand dargestellt. Es ist ein Zeichen des Heils und der Heiligung, der Liebe Gottes: Das Runde ist das Zeichen seiner Vollkommenheit, des Eins, und enthält in sich die Vielheit der Welt, die vielen Menschen, mit denen Gott eine Liebesbeziehung hat", ergänzt die Äbtissin. Aufgegriffen wurden die bedeutungsvollen Motive in der grünen Passe der schlichten, schwarzen Chormäntel.

Offene Meditationsabende montags 19.30 Uhr. Kloster auf Zeit und Meditationskurse s. Homepage. Führungen finden einmal im Monat, immer an einem Sonnabend um 13 Uhr statt. Der Treffpunkt ist am Turm. Auf Anfrage sind bei Klosterführerin Constanze Kanz, Telefon (0 51 09) 6 33 50 und (0176) 61 20 17 38 Sonderführungen möglich.

Kleine Kostbarkeit

Stelle deine Gedanken
vor den Spiegel der Ewigkeit.
Stelle deine Seele
in den Glanz der Herrlichkeit Gottes.
Stelle dein Herz vor das Bild der Wesenheit Gottes
und forme dich selbst durch Betrachtung ganz um
in das Abbild seiner Gottheit.

Klara von Assisi

Rezepte aus Wennigsen

Apfelbrot

Alle Zutaten gut vermischen und über Nacht durchziehen lassen. Am nächsten Tag 500 g Mehl mit zwei Päckchen Backpulver dazugeben und gut verrühren. Zwei Kastenformen mit Backpapier auskleiden und mit dem Teig füllen. Bei 180 Grad etwa 50 Minuten backen. Im ausgeschalteten Backofen noch zehn Minuten ruhen lassen.

Zutaten:
750 g Äpfel, geschält und geraspelt
200 g Zucker
200 g Rosinen
125 g gemahlene Nüsse
Saft einer Zitrone
1 TL Zimt
2 Päckchen Backpulver
500 g Mehl

Holunderbeerpunsch

Zutaten:
1 l Holunderbeersaft
1-2 l Apfelsaft
Schale einer unbehandelten Zitrone
2 Zimtstangen und 3 Gewürznelken

Saft mit den Gewürzen erhitzen (nicht kochen) und nach Belieben mit Honig süßen. Heiß servieren.

Pflaumenmus

Die entsteinten und klein geschnitten Pflaumen mit dem Zucker und den Gewürzen ungefähr 24 Stunden bei Raumtemperatur stehen lassen. Dann etwa zwei bis drei Stunden im Backofen ziehen lassen. Anfangs bei 200 Grad, bis das Gemisch sprudelnd kocht, dann auf 130 Grad (Umluft) weiter ziehen lassen, damit die Flüssigkeit verdampfen kann. Bei Bedarf umrühren. Anschließend die Masse pürieren, in heiß ausgespülte Gläser füllen und diese gleich verschließen.

Zutaten:
2,5 kg Pflaumen
500 g Zucker
Gewürze, wie Zimt, Nelken oder Ingwer, nach Wahl zugeben

Zauberhafte Momente im Advent

Ein lebendiger Adventskalender stellt im Kloster Wienhausen einen besonderen Schatz dar

Geht der November zu Ende und brennt das erste Licht am Adventskranz, beginnt eine erwartungsvolle Zeit. Der Zauber von Weihnachten hält auch im historischen Ambiente des Klosters Wienhausen Einzug. Schon die Wochen vor dem 24. Dezember sind von einem besonderen Flair geprägt. Zu der stimmungsvollen Atmosphäre gehören Kerzenlicht, Tannenduft, Dunkelheit oder auch das Beobachten von Sternschnuppen. Nach einem vielfältigen Jahresprogramm mit zahlreichen öffentlichen Veranstaltungen ist jetzt ein wenig mehr Raum für andere Aktivitäten gegeben. Adventskranz binden, Plätzchen backen, Honig schleudern, Marmelade kochen oder das Basteln für den Weihnachtsmarkt stehen im Dezember im Vordergrund. Neben den turbulenten Augenblicken, zu denen der Wienhäuser Weihnachtsmarkt am zweiten Advent gehört, gibt es bei den Adventsandachten oder dem Adventssingen mit der großen Klosterfamilie Momente der Stille und Besinnung. Einen besonderen Schatz für die Menschen der Gemeinde und der näheren Umgebung bedeutet der vom Konvent gemeinsam gestaltete, Lebendige Adventskalender. Immer am vierten Advent öffnen sich die Pforten des Klosters

Kloster Wienhausen

Kloster Wienhausen, An der Kirche 1, 29342 Wienhausen. Telefon (0 51 49) 1 86 60, Fax (0 51 49) 18 66 39. www.kloster-wienhausen.de.
Klosterführungen finden statt vom 1. April bis Ende Oktober. Die aktuellen Öffnungszeiten finden Sie im Internet unter www.kloster-wienhausen.de oder telefonisch

Renate von Randow,
Äbtissin im Kloster Wienhausen

Wann beginnt für Sie die erste ruhige Zeit im Winter?
Ruhiger wird es im Kloster, wenn wir Ende Oktober unsere Pforte für die regelmäßigen Führungen schließen und nur noch angemeldete Gruppen führen, die sich der herbstlichen Kälte, die dann im Kloster Einzug hält, gewachsen fühlen. Abgesehen davon geht für mich die tägliche Arbeit unvermindert weiter.
Womit verbringen Sie dann Ihre Freizeit?
Auszeiten habe ich, oder besser gesagt versuche ich – mit zunehmendem Erfolg – mir über das ganze Jahr zu nehmen. Und die verbringe ich mit Lesen, Spielen mit Freunden, und von Zeit zu Zeit „fliege ich aus".
Welche Bücher lesen Sie gern?
Sachbücher, Biographien, Krimis und sehr viel mehr.
Wie gestalten Sie Weihnachten?
Das Weihnachtsfest feiert der Konvent gemeinsam. Gäste, wie Familie und Freunde, sind uns dann herzlich willkommen.
Haben Sie eine Vorliebe für Konzerte, beziehungsweise Literatur?
Ja! Das Kloster bietet über das Jahr eine Vielzahl von Konzerten und Lesungen an. So bin ich von Haus aus bestens versorgt und habe dazu noch das Privileg, Einfluss auf die Programmgestaltung nehmen zu können.
Wie verbringen Sie den Jahresbeginn?
Mit der Familie im Kloster.

Wienhausen für diese noch junge, aber immer weiter wachsende Tradition. Der Weg durch den nur mit Kerzenlicht beleuchteten Kreuzgang beginnt an der Fabiantür. Das Adventsfenster ist in dem ehemaligen Pförtnerhaus geschmückt. Dort nimmt eine Krippe aus Afrika der ehemaligen Priorin Elisabeth Niebuhr einen zentralen Platz ein. Das Dach für die Krippe baute der Gärtner aus altem Holz, und das Stroh brachte der Förster mit. Lichtengel, die das ganze Jahr über in den alten Klostertruhen schlummerten, stellt Konventualin Borghild Lindner aus ihrem Familienschatz zur Verfügung. „Diese etwa 100 Jahre alten Lichtfiguren aus dem Erzgebirge und Stralsund werden speziell in der dunklen Winterszeit und in der Zeit um Weihnachten herum zu einem wunderschönen Anblick. Mit ihrer stattlichen Größe und dem warmen Kerzenlicht, welches die Engel in Händen tragen, erhellen sie jeden Raum und jede Wohnung auf besonders gemütliche Art und Weise", erklärt die Konventualin. Die jüngsten Besucher dürfen den Raum betreten, sich auf einen Teppich setzen und den Geschichten über den Stern, die Engel, die Weisen und Hirten zuhören. Beim Lebendigen Adventskalender wird mit allen Anwesenden gesungen, gebetet und den Erzählungen gelauscht. Nach einem Moment der Stille freuen sich die Gastgeberinnen mit ihren Gästen beim Adventspunsch und selbst gebackenen Keksen auf ein gesegnetes Weihnachtsfest.

unter (0 51 49) 1 36 60. Von Juni bis Mitte Oktober können Sie die Ausstellung der Gotischen Bildteppiche mit Audioführung besuchen. Von April bis September bieten wir Sonderführungen »Mit allen Sinnen« und „Auf dem Holzweg" an. Anmeldung unter Telefon (0 51 49) 1 86 60 oder kloster.wienhausen@arcor.de. Gruppenführungen sind auf Anfrage auf Deutsch, Englisch, Französisch und Spanisch möglich.

Kleine Kostbarkeit

Schenke groß oder klein,
aber immer gediegen.
Wenn die bedachten
die Gaben wiegen,
sei Dein Gewissen rein.
Schenke herzlich
und frei.
Schenke dabei,
was in Dir wohnt
an Meinung, Geschmack
und Humor,
so dass die eigene
Freude zuvor
Dich reichlich belohnt.
Schenke mit Geist
ohne List.
Sei eingedenk,
dass Dein Geschenk
Du selber bist.

Joachim Ringelnatz

Rezepte aus Wienhausen

Apollonias Traum

Butter, Puderzucker und Vanillezucker schaumig rühren, dann Mehl, Mondamin, Kakao, Kardamom und Zimt dazurühren.
Einen Mürbeteig herstellen, zum Rechteck formen und im Kühlschrank gut durchkühlen lassen. Das Rechteck in vier Zentimeter dicke Scheiben schneiden und daraus Rollen formen. Von diesen Rollen kleine Stücke abstechen und Kugeln formen, eine Mokkabohne hineindrücken und wieder schließen. Kugeln auf ein Backblech setzen, bei ca. 175 Grad etwa 20 Minuten backen.

Zutaten:
220 g Butter
100 g Puderzucker
1 Päckchen Vanillezucker
75 g Mehl
250 g Mondamin Speisestärke
1 EL Kakao
1 TL Kardamom
1 TL Zimt
2 Tüten Mokkabohnen

Klosterpunsch

Die Zitrone spiralig schälen. Den Weißwein, den Madeira, den Weinbrand und den schwarzen Tee zusammen mit dem Zucker und der Zitronenschale in einem Topf ganz kurz aufkochen lassen. Sofort vom Herd nehmen und etwa drei Minuten ziehen lassen. Die Mischung durch ein Sieb gießen.

Zutaten für zwölf Becher:
2 Zitronen (Schale unbehandelt)
1,5 l trockener Weißwein
400 ml Madeira
400 ml Cognac
1 l starker schwarzer Tee
250 g Zucker

Klosterfreunde

Eier, Zucker und Vanillezucker schaumig rühren. Dann mit allen weiteren Zutaten gut vermengen und mit einem Teelöffel kleine Häufchen auf ein mit Backpapier ausgelegtes Blech setzen. Etwa zehn bis 15 Minuten bei 175 bis 200 Grad backen.

Zutaten:
4 Eier
250 g Zucker
1 Päckchen Vanillezucker
250 g Mehl
200 g geh. Mandeln
250 g Rosinen in Rum getränkt
250 g Raspelschokolade
200 g Zitronat
200 g Orangeat

Diese Rezepte sind entstanden in Zeiten, in denen man gemeinsam mit Familie und Freunden Weihnachtsgebäck hergestellt und ausprobiert hat.

Wo das Jahr in Stille beginnt

Der Winter ist im Kloster Wülfinghausen durch das Wechselspiel zwischen Licht und Dunkelheit geprägt

Die Wintermonate sind im Kloster Wülfinghausen vom Wechselspiel zwischen Licht und Dunkelheit geprägt. Es ist eine Zeit der Ruhe, der inneren Einkehr. Die Gebetszeiten und die Kurse sind in diesen Monaten von Stille geprägt. Der Lichtritus, mit dem an jedem Samstagabend im Kloster der Sonntag als Tag der Auferstehung begrüßt wird, gewinnt im Winter eine besondere Bedeutung: In die Dunkelheit der Krypta hinein leuchtet das Licht der Osterkerze, und während die Schöpfungsgeschichte aus dem ersten Buch Mose gelesen wird, zündet Sr. Betti die Kerzen auf dem siebenarmigen Leuchter an. Von dort wird das Licht zu den Betenden weitergetragen, deren Kerzen dann noch Stunden später als Gebetslichter in die Dunkelheit der Krypta hinein leuchten. Sie zeugen von der Gebetskraft, die in den klösterlichen Mauern verborgen ist.

Die Winterzeit beginnt im Kloster Wülfinghausen mit der seit vielen Jahren stattfindenden Advents-Retraite, die regelmäßig bereits Anfang des Jahres ausgebucht ist. Die Teilnehmenden möchten die Adventszeit bewusst erleben und erfahren diesen gemeinsam gestalteten Anfang häufig als den Beginn eines geistlichen Prozesses, der auf die

Kloster Wülfinghausen

Kloster Wülfinghausen, 31832 Springe. Telefon (0 50 44) 8 81 60, Fax (0 50 44) 88 1679, www.kloster-wuelfinghausen, info@kloster-wuelfinghausen.de

Sr. Reinhild von Bibra,

Äbtissin im Kloster Wülfinghausen

Was bedeutet es für Sie, als Äbtissin im Kloster Wülfinghausen zu leben?
Ich bin verantwortlich für einen wunderbaren geschichtsträchtigen Ort mit sehr motivierten und tollen Schwestern und Mitarbeiterinnen und Mitarbeitern. Gemeinsam engagieren wir uns für die Pflege und Erhaltung des Klosters und für die Gäste, die bei uns Stille und Begleitung suchen.
Was kennzeichnet diesen Ort?
Das Kloster Wülfinghausen ist ein Ort der Stille, des Gebets, der Gastfreundschaft und der gelebten Ökumene. Verschiedene Menschen können hier einen Ort des Rückzugs finden auf ihrer inneren Suche.
Wie verbringen Sie den Jahreswechsel?
Über Neujahr finden hier sechstägige Exerzitien statt. In dieser Zeit der Stille hat jede Teilnehmerin und jeder Teilnehmer die Möglichkeit, einen persönlichen Jahresrückblick zu halten. Dabei kann der Weg durch das Jahr auf kreative Weise nachvollzogen werden. Es ist wichtig, sich von dem Jahr zu verabschieden, Altes loszulassen, um sich befreit auf das neue Jahr einlassen zu können.
Dieses Ritual leben wir Schwestern mit unseren Gästen jeden Tag und jede Woche: dankbar zurückschauen auf die gelebte Zeit. Dabei spielt für uns die Vergebung und Versöhnung eine große Rolle. Es ist das Angebot des Evangeliums und treffend mit den Worten Dietrich Bonhoeffers formuliert: „Jeder neue Morgen ist ein neuer Anfang unseres Lebens."

Geburt des Gottessohnes vorbereitet. Somit ist es kein Wunder, dass die Klosterkirche am Heiligen Abend jedes Jahr überfüllt ist. Menschen reisen teilweise von weit her an, um den Heiligabendgottesdienst mit der Communität zu feiern.

Auch die Silvester-Exerzitien, die den Jahreswechsel in Stille begehen, sind sehr nachgefragt. „Hier im Kloster finden Menschen eine Alternative zu den üblichen Silvester-Aktivitäten, die kaum mehr Raum für eigene Kontemplation zulassen.

Die Kurse, die ab Februar angeboten werden, bieten Raum für diejenigen, die sich mit grundsätzlichen Lebensfragen auseinandersetzen oder auch Zeit finden wollen, eigene Lebensquellen aufzuspüren", ergänzt Nora Steen, Pastorin vom Kloster Wülfinghausen, ihre Ausführungen. Da eine Mitarbeit im Garten in diesen Monaten nicht möglich ist, nehmen die persönlichen Gebetszeiten in der Krypta oder den anderen Gebetsräumen im Kloster einen größeren Raum ein als in den Sommermonaten.

Die Pforte des Klosters ist dienstags bis freitags am Vormittag geöffnet, die Klosterkirche ist täglich von 10 bis 17 Uhr geöffnet. Gebetszeiten in der Krypta: dienstags bis samstags 8, 12 und 18 Uhr, sonntags 18 Uhr. Montags ist die Communität nicht zu erreichen. Kloster- und Garten-Führungen finden vor den monatlichen Gottesdiensten jeweils um 16 Uhr (Kloster) und um 17 Uhr (Garten) statt oder nach persönlicher Vereinbarung.

Kleine Kostbarkeit

Stimme eines Rufers in der Wüste:

Bereitet dem Herrn einen Weg!

Jesaja 40,3

Rezepte aus Wülfinghausen

Haferflockenplätzchen

Die Butter heiß über die Haferflocken geben und abkühlen lassen. Alle Zutaten dazugeben und gut vermengen. Den Teig zu kleinen, nussgroßen Kugeln formen und auf ein mit Backpapier ausgelegtes Backblech setzen. Bei 180 Grad zwölf Minuten backen.

Zutaten:
250 g kernige Haferflocken
200 g Butter
150 g brauner Zucker
125 g Mehl
1 Ei
1 Päckchen Vanillezucker
1 Prise Salz
2 TL Backpulver

Hirse-Gemüse-Gratin

Zutaten:
150 g Hirse
400 g Gemüse der Saison
Salz, Pfeffer, Paprika edelsüß
250 g Crème fraîche
150 g geriebenen Käse

Hirse in doppelter Menge Wasser garen. Gemüse waschen, klein schneiden und dünsten. Das Gemüse und die Crème fraîche gut mit der gegarten Hirse vermengen. Abschmecken. In eine gefettete Auflaufform geben und mit geriebenem Käse bestreuen. Für ca. 15 Minuten bei 180 Grad im Ofen gratinieren.

Warme Salatsoße

Die Zwiebel in Öl anbraten, Knoblauch und Currypulver und Zucker kurz mit anbraten. Mit dem Apfelsaft ablöschen. Essig und Nussöl dazugeben und gut verrühren. Mit Salz und Pfeffer abschmecken.

Zutaten:
2-3 EL Pflanzenöl
1 Zwiebel
1 Knoblauchzehe
1 TL Zucker
¼ TL Currypulver
ca. 100 ml Apfelsaft
3-4 EL Balsamico-Essig
ca. 90 ml Nussöl
Salz und Pfeffer